岡野八代
Yayo Okano

ケアの倫理

——フェミニズムの政治思想

Eurus
Notus
Boreas
Zephyrus

岩波新書
2001

目次

欧文文献の引用にあたっては、邦訳がある場合は邦訳を参照させていただいたが、原則として筆者が原書から直接翻訳し、出典注においてスラッシュのあとに邦訳のページ数を示した。

例：Gilligan 1993＝1982: 28/104

なお、邦訳から引用した場合はそのページ数を示した。

例：フリーダン二〇〇四：八

序章　ケアの必要《ニーズ》に溢れる社会で

ケアの倫理

ケアの倫理とは、女性たちの多くが家庭生活にまつわる営み、すなわちケアを一手に引き受けさせられてきた社会・政治状況を批判することから生まれた、人間、社会、そして政治についての考え方、判断の在り方である。その背景には賃金労働が生活を支える主な収入源となり、家庭生活と就労の領域が分離されたという歴史がある。ケア――気遣い、配慮、世話すること――は、誰かの手、労力、声かけ、注視、そして時間などを注がれることによってしか生きることのできない人びとが人間社会には必ず存在することから、人間社会の存続には不可欠のものである。また、その他の人間の活動の多くと比べ、ケアする／される者たちの関係性はしばしば、能力の差が極めて大きい非対称的な関係であるために、ケアする者に比してケアされる者たちは暴力に晒されやすく、弱い立場に置かれがちである。ケアの「倫理」は、こうしたケアとケア関係が維持されるためにどのような判断、態度、そして思考を必要とするのか、そして社会全体でいかにケア関係を最良のものにしていくのかをめぐって、主にフェミニスト研究者たちによって見いだされ、論じられてきた。

現在でも日本社会を見れば、女性たちの多くは、環境に傷つけられやすく脆弱な人びとのニーズを満たす役割、労働、活動を担っている。他方で、そうした営みは、女性らしさや母性に安易に結びつけられてしまうがゆえに、女性たちが無償で担うことが当然視されてきたし、有償であったとしても、その報酬は、男性らしさに結びつけられてきた職種と比べると、安価に抑えられてきた。

女性たちの労働が無償であること、あるいは安価に抑えられていることは、女性労働の収奪や搾取であるとして、その不当性は長きにわたって論じられてきた。ケアの倫理研究は、なぜ女性たちが主に担ってきた、担わされてきた役割、労働、活動が、経済的にだけでなく、社会的、そして政治的にも評価されずにきたのかを探るなかで、それでもなお、ケアという営みは、人間にとって、そして人間社会の存続にとって不可欠であることを見いだしてきた。いや、自らもケアに深くかかわってきたフェミニストたちは、そのことを実感してきたといってもいいかもしれない。だからこそ、ケアの倫理は、その営みを通じて身に着けていく、発見されていく他者との関係性の紡ぎ方、その関係性のなかでの応対の在り方、非対称的な関係性に特徴的な態度や善悪の判断の仕方を、哲学・倫理学・政治学で主流とされてきた道徳的判断の在り方との対比のなかで、明らかにすることができたともいえる。

ケアの倫理は、経済的に報酬が多く得られることに価値を置き、経済力のある者が善い市民であるかのように、政治的にも発言力が高まる新自由主義と呼ばれる現在の社会状況のなかで、ひときわ重要性を増している。なぜならケアの倫理は、例外なくひとは他者との応答のなかで、身体的、精神的なケアを受けつつ生きている、具体的でかつ傷つけられやすい存在である事実を認め、そこから社会を構想しようと呼びかけているからだ。

しかし、ケアの倫理がこのように、新しい社会の構想を呼びかけ、現在の政治体制の見直しをも迫る倫理へと鍛え上げられていく道筋には紆余曲折があったし、かつさまざまな毀誉褒貶にも晒されてきた。そもそも、ケアの倫理が生まれてきたその背景である、フェミニストたちの運動や運動に強く影響された思想についても、しっかり理解されてきたとはいえない。またそれゆえ、すでに社会化・専門職化されてきたケア労働としての看護、介助、介護の現場において蓄積されてきた倫理や医療倫理と混同されるきらいがある。

本書では、じっさいに女性たちが置かれた社会状況、その女性たちが担った運動や上げてきた声と切り離せないフェミニズム思想の展開のなかにケアの倫理を位置づけることで、ケアの倫理に内包された豊かな女性たちの経験と知見、その葛藤を描き、ケアの倫理がどのような新しい社会や政治を展望しようとしているのかを明らかにしてみたい。ケアの倫理の歴史は、フェミニズムの歴史とも呼応しながら、非暴力的な社会を、そしてあらゆるひとのニーズ、あらゆるひとの声を聴き取る政治とはいかなる政治なのかを模索してきた長い歴史である。したがって、本書もまた、新書という体裁をとってはいるものの、フェミニスト理論家たちの葛藤と模索という長い道のりを辿ることになるだろう。しかし、本書で触れられる多くのフェミニストたちの声のなかに、読者の方の

〈いま現在〉がまたこだましていることも確かであると信じて、その一筋縄ではいかない道のりをいまから辿っていくことにしたい。

遍在するケア

わたしたちの社会はケアの必要《ニーズ》に溢れている。

〈わたし〉は、朝起きて、身支度をし、食事の準備をなるべく簡単にすませ、食べ、食器を洗う（かどうかを時に迷う）。歯磨きを済ませ、また鏡を少し見てから玄関を出て、ゴミをもち、出勤途上でそれを捨てる。住まいがマンションなら、管理人さんが玄関や共用部分を掃除してくれているかもしれない。出会えば朝の挨拶とともに、「ご苦労さま」と声をかけ、ゴミの収集車とすれ違いながら、出勤のために最寄りの駅に向かう。

あるいは、まだ言葉を解さないような小さな子どもを育てていれば、〈わたし〉は、また違った朝を迎えるだろう。出勤時間に間に合うよう、子どもを保育園に連れて行かなければならない。子どもを起こし、オムツをかえ、顔や手を拭いてやり、今日一日元気で過ごせそうか熱を測る。子ども用の食事を与え、食事を楽しむ子を見届け、また汚した顔や手を拭いてやり、嫌がるのをなんとかなだめながら歯磨きをさせ、時間がないなか、絵本をもってきたりすれば、時間を気にしながら少し読んであげる。今日一日の天候と気温を気にしながら服を着替えさせ、もう一度オムツを確かめ、保育園用の持ち物をチェックする。こうした時間と気遣いと手間が、右記の自分の出かける準備に加わるだろう。

子どもの世話は自分の身支度よりも随分と時間も手間もかかるだろう。自分の身体のことなら、調子が悪いかどうか、確かめるまでもなく分かる。気候についても、体感で今日の服装を決める。しかし、子どもはあくまで他人であり、言葉を解さないならばなおさら、その日の具合は、起きたときの様子や食事のとり方、うんちの具合、体温など、あくまで外から推し量るしかない。自分のことであれば、いちいち確かめなくてよいことを、つねに気にかけていなければならない。自分自身については、その隙間になんとかこなさなければならない、いや、自分のことなら、子どもの世話のついで程度にできることが多いだろう。

たとえば食事後の歯磨きは、習慣化していれば忘れることはまずないだろうが、他人の身体ケアは、身体的なニーズを実感できないために、時にし損ねてしまうかもしれない。他人の身体への気遣いには、つねに意識しておかなければ忘れてしまうかもしれないケアが含まれるため、〈何を今するべきか〉と気にかけなければならないといった緊張感が伴う。

もちろん、さまざまな事情、たとえば他者に対するケア負担が重いといった理由から就労していない場合でも、〈わたし〉は、汚れ物を洗い、部屋の掃除をし、冷蔵庫をチェックし日々必要な買い物に出かけるのかもしれない。朝食後もまた、子どもや高齢になった親の世話をし、子どもの成長に合わせた食事をつくり、衰えていく親に必要なケアは何かを考え、足の衰えた親なら病院にも付き添わないといけないだろう。親が別居しているならば、たまに会う親のために買い物や、そろそろ介護の相談を始めないといけないのではないかと、老親の今後のことを考え、語りあう時間も必要だろう。障がいのある子がいれば、まずその障がいがどのような状況なのかを、専門家をつうじて〈わたし〉が学び、その子の状態を見極めるスキルを身に着け、現在何が必要で、今後どのような未来を描いていくのかといったことが頭から離れないかもしれない。

わたしたちがどのような朝を迎えるのか、一人ひとりがどのような関係性のなかで生活を送っているかによって、千差万別なのはいうまでもない。雪国であれば、朝早くから、除雪車が道路を整備してくれているだろう。〈わたし〉を目的地まで運んでくれる公共交通機関についても、駅の構内から車両に至るまで、わたしたちを不快にさせないよう、そしてなにより安全のために、多くのひとが整備に携わっている。直接の対人的な関係のなかだけでなく、わたしたち人間は、なにかを気遣い、何事かを配慮し、じっさいに時間や手をかけ、自然界を含めた人間社会を整え、維持し、時に修復するような活動を行っている。

ケアし／ケアされる存在としての人間

〈わたし〉の朝のほんのひと時を一部だけ切り取ってみても、わたしたちの社会には、ケア（気遣い・配慮・世話〉を必要としている対象が数え切れないほど存在していることがわかる。上述した例は、ある特定の年齢層の、「健常者」に限定された視点から見た一こまに過ぎないが、それでもまだ、気づいていないケアの対象が〈わたし〉の周りには遍在している。母子の事例のみに特化しても、ケアの対象である子へのケアは、直接・物理的に世話をしていることに加え、時間の経過のなかで、〈昨日の夜の具合はこうだったから、今日はこんな感じだろうか〉とか、出かける前の天気予報をチェックしたり、子どもの今日の予定から服装を考えたりと、気遣い、配慮は〈今・ここで〉をこえたプロセスとしての営みである。

あるいは〈わたし〉は、ケアを待つひとであったり、自分に必要なケアとは何かを理解しない者であったりするかもしれない。また、〈わたし〉は、誰が、何に対して、どのようにケアしているのかについて、その全体像を決して知りえない。目の前でケアの対象をつねに見ながら、それをケアしているひとたちについては思いも及ばないことが多々あるのも、事実だ。

いやむしろ、ケアという用語を文字通り、気遣いや配慮、世話といった意味に理解するならば、わたしたち人間は、つねになにかに気を配っている。そして、なによりも、〈わたし〉の身体は、放っておけば維持すらできない。身体は、成長するために、あるいは生きながらえるために、多大なエネルギーを補給し、手をかけてやらないと衰える一方である。健康で自らの身体に違和感がないときは、自分もまたケアの対象であることを意識すらしないかもしれないが、自身でケアできない状況になれば、自分の身体でありながら思うままにならず、他者によるケアが必要となる。つまり、例外なくわたしたち自身が、つねにケアを必要としている存在なのだ。

他方で、少子高齢社会を迎えた現代において、高齢者介護、また医療看護や障がい者介助、そして保育にかかわる営み等をケアワーク(=労働)として捉え、よいケアとは何か、ケアする者とされる者とのよりよい関係性とはどのようなものか、あるいは、そのよりよい関係性を築き、支えるためにはいかなる社会制度が必要なのかといったことを論じる専門書は、いまや枚挙にいとまがない。人間の存在様式の一側面といってよいケア(気遣い・配慮・世話)のなかでも、これらのケアワークは、専門職化される傾向もあり、職種によってその程度にかなりの差があるとはいえ、社会制度のなかで確固とした地位を占めることもある。

前者の一般的なケア(気遣い・配慮・世話)については、身の回りの世話であったり、労働であったり、あるいは思いめぐらす時間そのものであったり、その対象もひとやモノ、自然・環境であったりと、人間の気遣いの対象はどこまでも広がっている。これら一般的なケアは無限であるかのようであり、あらゆるわたしたちの営みがケアであるともいえるために、あまりに茫洋としている。他方で後者(看護、介護など)については、たとえば医療看護については専門職として認められてきた歴史が長く、議論はあるにせよ、ケアに必要な態度や関係性、そして行為がある程度明確化されている。しかしながら、高齢者介護や障がい者介助、乳幼児の保育や子の育児については、ケアの受け手とケアの与え手との関係性のあり方によって、もっと具体的にいえば、そのケア関係が家族関係と重なる場合、専門職化されたケアワークとは異なる性格を帯びる。その理由の一つとしては、看護職とはちがって、介護・介助・保育・育児については、いまだ家族によるケアを原型、あるいは、理想としていることを指摘することができるかもしれない。またそれゆえに、しっかりと社会化されその労働力に応じた報酬が認められているとはいいがたい状況にある。

ケアという言葉について

ケアという言葉の語源を遡れば、現在の意味とは相反するような意味が込められていることも分かってくる。ケアは、古ゲルマン語のkaro（悲しみ）に由来し、そこから派生する古英語caruは、悲しみのほか、気がかり、不安、心配、嘆き、困惑などを意味している。つまり、ケアは、思わずそこに注意を向けてしまうような、心の動きを表している。そうした意味の複雑さから、ケアという活動は、やりがいを感じさせたり、対象への愛着を生んだりする一方で、極度の疲労と、時に嫌悪感を伴うような労苦ともなる。

このように、ケアは〈気にする／気にしない〉といったわたしたちの微細な心の動きまで意味してしまうために、いったいいかなる文脈・関係性において、ケア、あるいはケアワークといった用語が使用されているのかについて、まずしっかりと見極めておかなければならないだろう。こうしたケアに込められた複雑な意味あいからも、個別のケアだけを取り出すのではなく、個別のケアが行われている文脈や歴史が注視されなければならない。こうしたケアをめぐる複雑さは、本書のテーマ、ケアの倫理の特徴の一つである、行為が生まれる文脈や関係性に即した論理構成を生む理由でもある。

ケアの倫理とフェミニズムの歴史——本書のねらい

では、本書のテーマであるケアの倫理とは、どのようなケアをめぐる倫理を論じているのだろうか。上述したように、ケアという用語は、文脈によってその意味するところを大きく変化させる。たとえば、労働の現場において、その生産物やサーヴィスの受け手に対する気遣いや、生産者として、あるいは被雇用者としてのあるべき態度、その職業に期待される社会的役割に付随する責任などは、一般に職業倫理と呼ばれている。したがって、先に触れた看護職のように職業として社会的に確立された仕事については、職業倫理の一つとして看護倫理が存在する。

本書でこれから論じていくケアの倫理の背景となるケアは、ある文脈のなかで、実践され、発見され、そして分節化されてきた。その文脈とは、フェミニズムの歴史、女性たちの抵抗運動、そしてもう少し丁寧にいえば、男性社会のなかで生き延びるための権利を主張してきた女性たちの葛藤の歴史である。すでに触れたように、ケアはわたしたちの社会に遍在している。だが、女性たちが歴史的に担わされてきたケアは、その価値を貶められ、人間らしい活動とも考えられてこなかった。女性にふさわしいとされたケアを担うがゆえに彼女たちは、人間的に価値ある活動や領域から排除され、あるいはそこにアクセスすることが叶わなかった。その歴史とそこでの葛藤から、フェミニストたちが紡ぎあげた思想が、ケアの倫理である。この文脈を見失うと、ケアの倫理がもつ、男性中心主義社会に対する異議申し立てや、そこに潜在する抵抗の力、革命をめざそうとした女性たちの運動、そしてあらゆる個人に政治への参加の権利と価値を認める民主主義との連関が見えなくなってしまう。

それどころか、ケアの倫理は、せいぜい互いに顔が見える親密な関係性にとって必要な倫理だとして限定的に評価されるか、悪くすると、狭い閉じられた人間関係のなかでの個別の事例を扱う偏狭な倫理観にすぎず、公的領域においては私的な人間関係を優先する身びいきの温床になるからと批判の対象になってしまう。そしてじっさいのところ、長らくそのように論じられてきた。本書でこれから見ていくように、フェミニズム政治思想内でも、ケアの倫理は、既存の公私二元論を再強化する、母性主義や女性性を固定化するような本質主義として、極めて強い批判をあびてもきた。この問題については、第3章において詳しく論じられる。

上野千鶴子によるケアワーク論

では、本書でケアの倫理を位置づけようとする、フェミニズムの歴史・女性たちの抵抗運動の歴史とはどのような歴史なのだろうか。そのことを考えるために、現時点の日本での研究において、フェミニズムの歴史のなかでケア（ケアワーク）を論じた先駆者の一人である、上野千鶴子の議論を参照することで、本書のねらいをさらに明確にしておきたい。

社会学者の上野は、本書のアプローチとは異なる形でケアとは何かを分節化しようとするが、議論の出発点として、歴史的制約や価値判断をなるべく排した形での上野の定義からケアとは何かに接近してみよう。彼女が依拠するケアの定義は、イギリスの社会政策学者で、ジェンダーと福祉国家の関係を明らかにし、なぜ国家にケアの視点が必要かを二〇年近く模索してきたメアリー・デイリーによるものである。まず、上野が引用するデイリーのケアの定義を紹介しよう。

依存的な存在である成人または子どもの身体的かつ情緒的な要求を、それが担われ、遂行される規範的・経済的・社会的枠組のもとにおいて、満たすことに関わる行為と関係（上野二〇一一：三九）。

このデイリーの定義とともに、上野は自身の問いをさらに明確にしている。すなわち、ケアをめぐって考察されるべきなのは、どのような文脈において、ある行為はケアとなり、またケアが労働として社会的に認知されるのはどのような場合なのか、という問いである。上野はデイリーにならい、ケアとは何かという「本質主義的な」概念規定を離れ、むしろ、人間の諸活動がいかなる文脈と条件のなかで、ケアとなったり労働となったり、あるいは愛の行為となったりするのかを分節化していくことが重要だと説く。

フェミニズムの歴史におけるケア

広義の、社会に遍在する一般的なケア（気遣い・配慮・世話）ではなく、むしろ文脈依存的な個別の実践経験としてのケアワークの現実を捉える必要性を説く上野はまた、ケアを前景化したフェミニズムの歴史の重要性に触れている。というのも、すでに日本では世界に先駆けて一九六〇年代から、また世界的にも第二波フェミニズム運動を契機に、「家事労働」「不払い労働」「愛の労働」といった概念を駆使した理論が長く積み重ねられており、ケアワークこそを理論前提とし、ケアがむしろ労働でない場合の「特殊ケース」の個別の文脈や歴史性を問うことができるからである。とくに、「不払い労働」という概念によって、なぜ特定のケアワークは労働であるにもかかわらず無償なのかを厳しく問うことが可能となったからである。

本書もまた、ケアの倫理が、フェミニズム思想の歴史のなかで、どのような問いと葛藤から生まれてきたのかを読み解いていくことを一つの目的にしている。たしかに上野がいうように、多くのフェミニストたちは、ケアの営みを労働として捉えることで、主流社会において有償労働ではないからという理由で労働から排除されてきた女性たちの営みの価値や社会的意義を問い返してきた。そのなかでもたらされたパラダイム転換は、上野自身が認めるように、フェミニズム思想の歴史のなかで、もっとも大きな成果の一つである。

ケアからの出発

しかしながら本書では、フェミニストたちが多様な女性たちの経験に耳を澄ませてきた歴史を重く捉えるからこそ、ケアをケアワーク、すなわち労働とみなしてよいかどうかといった問いを含めて、論じることが必要だと考えている。この問い返しは、かつて繰り返された、愛という名の下でケアは無報酬であるべきだとか、経済的な利益を求めないからこそ価値があるのだとかいった、フェミニストたちのケアワーク論に対して向けられてきた反論と同じではない。むしろ、本書の意図はその逆に、ケアという営みの特徴を分節化することによってケアに潜在する価値を描き、そうしたケアを否定してきた価値観・世界観・人間観そのものを問い返す点にある。そしてその問い直しのなかで、近代の政治社会が前提としてきた公私二元論を突き崩す力、新しい世界を展望する可能性をケア概念のなかに見ていきたい。そして、それこそが、フェミニストたちによるケアの倫理研究である。

したがって、上野がケアと労働とを比較可能とするためにケアワークを理論前提として扱うのとは異なり、むしろ本書では、政治思想・哲学の文脈において、ケア活動がなぜ、人間的なものとして認められる価値ある活動から排除されてきたのかを問うことから始め、とくに女性たちが担ってきたケアがもつ、人間世界における意義や価値を問うていく。なお、ここでの活動とは、政治活動はじめ、わたしたちの一挙手一投足から、休息や観想までをも含めたあらゆる行いを指している。なお、本書では、思想と理論をときに互換的に使用するが、かつて上野が理論と思想を区別したことに倣い、現状分析や概念分析に重きを置く場合は理論を、理論に加え人間観や社会観を論じる規範的な議論に重きを置く場合は、思想を使用する。

『もうひとつの声で』のインパクト

第2章で論じられるように、ケアの倫理が幅広く人文社会科学に大きなインパクトを与えた契機の一つは、アメリカ合衆国(以下、合衆国と略記)でのキャロル・ギリガン著『もうひとつの声で――心理学の理論とケアの倫理』(一九八二年)の公刊といってよいだろう。そして日本においても、ケアの倫理を論じるさい、多くの著作や論文がギリガンから論じ始める。しかし、彼女が一九七〇年代に行ったインタヴュー調査・研究に基づいて『もうひとつの声で』が執筆されているにもかかわらず、その背景にある男性中心主義に対抗しようとする議論、すなわち家父長制をめぐる合衆国のフエミニズム理論状況のなかに『もうひとつの声で』が位置づけられることは、これまでほとんどなかった。本書における議論を先取りする形で強調しておけば、『もうひとつの声で』が扱う女性たちにとっての道徳的ディレンマの一つは、中絶をめぐるディレンマである。『もうひとつの声で』は、中絶をめぐる女性たちの語りのなかで立ち上がる、胎児も含めたさまざまな人間関係や社会関係のなかでの、つまり合衆国の家父長制のなかでの、女性たちの選択や責任について論じた書物だといっても過言ではない。

ギリガンに立ち戻ってケアを捉え返すならば、ケアワーク、、、に特化したケアをめぐる議論とは異なり、ケアの倫理から出発するケアをめぐる議論は、自己へのケア、自己理解、自他の関係、そしてあるディレンマに立たされた文脈への注視や社会構造に対する関心や批判といった、けっして労働に還元することのできないケアの営みに光が当てられていることが明らかにされるだろう。

ケアの倫理の展開——人間像の見直しと新たな社会構想へ

ケアの倫理の嚆矢《こうし》となる『もうひとつの声で』がいかに合衆国のフェミニズムの歴史と密接な関係にあったかについて、ここでは、ひとまずギリガン自身の声を聴いてみよう。二〇一一年に公刊した『抵抗への参加——フェミニストのケアの倫理』において、すなわち『もうひとつの声で』刊行から三〇年近くを経てギリガンは、次のように自著を振り返っている。

ギリガンは、一九六〇年代後半、すなわち合衆国における民主主義やリベラリズムの形骸化が厳しく問いただされた時代、女性と道徳に関する研究をハーバード大学で始める。彼女は、発達心理学の大家で、フロイトの伝統を継ぐ精神分析家のエリク・エリクソンと、ピアジェの伝統を継ぐ道徳性発達理論の権威、ローレンス・コールバーグという二人の大家を同僚に、かれらとともに講義を担当し、研究・調査を進めるなかで、既存の心理学の枠組みが女性を深刻なディレンマに陥らせていることに気づいた。というのも、社会が期待する女性らしさを規範として生きざるをえない女性たちは、その社会で〈善い女性〉と認められる態度や特徴のために、心理学的にはその道徳能力が未発達だと判定されてきたからだ。

ギリガンの関心は、道徳的な難問、すなわち中絶という問題に直面した女性たちの実際の声を聴いてみること、既存の心理学の枠組みのなかでその声を断罪しないこと、ある社会のなかであたかも二つの声に引き裂かれるような女性たちの姿をまずは描いてみることであった。なぜなら、女性たちの声を聴くなかで、自分が望むこと——子どもをもつことであれ、中絶をすることであれ——を自己中心的《セルフィッシュ》と考え、他者が自分に望むことに従うこと——無私《セルフレス》であること——を善いことと考えるために、この二つの考えの間で自己が引き裂かれるような、女性たちの解離に幾度となくギリガンは出会うからである。

『もうひとつの声で』公刊後も、男性ばかりを調査してきた既存の心理学研究に対抗するかのように、女性の発達心理を研究し続けてきたギリガンは、二〇一一年にははっきりと、ケアの倫理を理解するためには、次のような区分が重要だと論じるようになる。ケアは、家父長制的な社会において、女性らしい倫理として捉えられてしまうが、民主的な社会においては人間的な倫理となるのだと。

ギリガンが振り返るように、六〇年代の合衆国フェミニズム運動、すなわち女性解放運動の中心的な課題であった中絶の合法化は、ギリガンにとっても大きなテーマの一つであった。そして、第4章で詳細に検討するように、自らの身体に宿る新たな生命をめぐる女性たちの語りは、ギリガンが家父長的な秩序と呼ぶ男性中心主義的な社会に対して上げられた声、つまり『もうひとつの声で』から約三〇年を経たギリガンが新しい著作のタイトルに付したように、抵抗に参加する声でもあった。

公的な倫理としてのケアの倫理

「わたしたちはみな誰かお母さんの子ども」。これは、やはりケアの倫理がいかに公的な倫理として重要であるか、そして誰もが——母を含めて——他者からのケアを必要とするときには、ケアを受ける権利があることを主張した、エヴァ・キテイの言葉である。中絶するか否かは、たしかに女性だけが——もちろん、すべての女性ではないことはいうまでもない——直面するかに見える問題である。それゆえとても奇妙なことだが、一方では、中絶は、女性自らの身体についての決定であるにもかかわらず、現在でも日本も含めたほとんどの国で公的規制を受けており、日本では妊娠にかかわった男性の同意がないと中絶のための施術が受けられない。他方で、中絶が犯罪とされた――日本ではいまだに、刑法上の「堕胎罪」が存在する――当時は、中絶をめぐる当事者の女性たちの葛藤には、まったくといってよいほど耳を傾けられてこなかった。中絶が正しい行為か否かは、人類の歴史上、男性たちが決めてきた。だからこそ、中絶に具体的に直面する女性たちが感じる葛藤や戸惑いは、男性たちが議論するに値しない問題であり続けたのだ。

しかし、キテイが指摘するように、わたしたちは誰もが圧倒的な母の身体への依存のなかから生まれてきた。わたしたちの依存という普遍的な事実は、依存する者だけでなく、依存者をケアする者までもが不利な立場に追いやられる現在の社会の在り方を根本的に問い返す契機になるのではないだろうか。

本書において、ケアの倫理の源流を七〇年代以降のフェミニズム思想、とりわけ第二波フェミニズム運動から生まれたフェミニズム思想に位置づける意義の一つは、『もうひとつの声で』公刊後ギリガン自身が、家父長制に対する抵抗を前面に出して主張するようになったように、ケアの倫理は母子関係といった特別な関係性を扱う倫理では、、、、なく、むしろ、わたしたちの社会の底にいまなおしっかりと埋め込まれている、家父長制、あるいは男性中心主義の構造を、根本から問い直す倫理であることを明らかにするためである。いやもっと正確にいえば、ケアの倫理は、母子関係はけっして特殊なものではないこと、母子関係があたかも偏狭な関係で母親としての経験については論じるに値しないと考えてきた、伝統的な人文社会科学こそが偏狭であったことを、告発しているのだ。

本書の構成

ケアの倫理をフェミニズム思想の歴史のなかで文脈化すると同時に、ケアの倫理の嚆矢とされる『もうひとつの声で』をフェミニズムの理論と運動の歴史に位置づけ直すことも目的とする本書は、以下のように論じられる。

第1章は、すでに述べたように、ギリガンも言及する合衆国における第二波フェミニズム運動を中心に、女性解放運動が何を問題にし、その後どのような理論展開を見せたのかについて論じる。そこでは、上野がすでに指摘しているように、マルクス主義フェミニストたちが発見する再生産労働をめぐる議論と、女性のセクシュアリティをめぐる議論に焦点が当てられるだろう。

第2章では、ケアの倫理を論じるほぼすべての著書において言及される『もうひとつの声で』をじっさいに読んでみることにしよう。日本では、ギリガンの著作が認知発達心理学の権威、コールバーグに挑戦した女性研究者の功績として紹介されてきたためか、じっさいに彼女自身が振り返るような、家父長制に対する抵抗の書と読まれることは、稀であった。しかし、第2章では、家父長制を現在のわたしたちの社会にも根づいた制度として定義し直したうえで、『もうひとつの声で』が、他者に依存する者たちだけでなく、その依存する者たちをケアする者たちを貶め、その関係性を私的領域に留めおこうとするような人間像に大きな転換を迫っていたことを確認しよう。

第3章では、公刊直後に『もうひとつの声で』がフェミニストからどのように受け取られたかを詳しく見ることで、認知発達心理学の専門書として公刊された本書が、いかに倫理学や哲学へと結びついていったのか、その理路を明らかにする。そしてここでは、ギリガン自身が編み出した、「ケアの倫理」と「正義の倫理」といういっけんすると対立するかのように思われる二つの倫理観が、その後のフェミニスト倫理学・哲学の議論のなかでいかに論じられ、その両者の間に存在するかのように見える軋轢《あつれき》がどのように解消されていくかが明らかにされる。その解消とは、少なくない論者によって論じられてきたような包摂でも統合でもない。むしろ、ケアの倫理は、既存の正義論が前提としてきた公私二元論を批判し、新しい社会を展望する倫理を鍛え上げる契機となったのだ。

第4章では、ケアの倫理が公私二元論に対する根源的な批判を行っていると論じる第3章を引き継ぎ、むしろ主流の正義の構想を、ケアの倫理から捉え直す試みについて概観する。ケアの倫理からの正義論の再考は、ケアとは何をする／されることなのか、といったフェミニストたちの探求から／によって生まれた。そこで第4章では、ケアの倫理をいまだに悩ましつづける、母性主義批判について検討されるであろう。ケア実践への注視は、母性主義的であるどころか、社会的に強要されてきた母性主義から、ケアを解放する試みであった。

第5章では、これまでの議論をまとめる意味でまず、ケアの倫理が新しい人間観と社会像を提示していることに触れた後、ケアの倫理から民主主義を鍛え直す政治理論を紹介し、さらにグローバルな倫理としてケアの倫理を組み入れた平和論と環境正義論について論じる。

終章では、現在の日本の政治に対して、今なぜ「ケアの倫理」を論じるのかをあらためて考えてみたい。「ケアの倫理」が示したもっとも民主主義的な態度、それは、他者の声、自分の想像を超えた他者の声に耳を傾けようとすることである。主流とは異なる「もうひとつの声」は、現に日本社会に溢れているにもかかわらず、わたしたちは、そこに耳を傾けてこなかったのではないか。そうした声に耳を閉ざす社会は、どんどんわたしたちの生きる幅を狭め、想像力を殺《そ》ぎ、ありうるかもしれない未来を夢見る力を奪っているのではないか。ケアの倫理が示す可能性に照らしながら、わたしたちが生きる社会はどれほど、この社会で生きるさまざまなひとをケアしているのだろうかと問うてみたい。社会とケア、諸個人間のケア、そして政治とケアをそれぞれ論じ直し、現在の日本社会を批判的に考察してみたい。そして、ケアに満ちた社会に向けて政治を動かしていくために、わたしたちが今、何を求めていくべきなのかといった小さな提言を試みる。

第1章　ケアの倫理の原点へ

1　第二波フェミニズム運動の前史

母性主義の歴史

序章ですでに触れたように、ギリガンが研究を始めた一九六〇年代、そして『もうひとつの声で』にかかわる共同研究が行われた七〇年代は、合衆国で、社会的、政治的、そして文化的にも大きな変革を求める波が押し寄せた時代であった。その波は、戦争を含め、権力者たちの国家的な決定に翻弄されてきた女性が経験してきた動揺が、幾重にもなって生みだされた大波だったともいえよう。

第二次世界大戦後、経済的にも軍事的にも世界の大国としての地位を確立した合衆国では、成人男性の多くが海外に派兵されている間に社会進出が進んでいた女性たちを、再度家庭へと引き戻す流れが強まった。

合衆国の社会福祉制度の歴史を振り返ってみると、子育てをする母親の役割を重視する傾向が強く、たとえば全国レヴェルの社会保障制度も、南北戦争以後に他の欧米諸国に先駆け手厚い形でつくられた母親手当に始まっている。そこでは母親たちは「共和国の母」と呼ばれて母親役割が称賛され、二〇世紀初頭の女性参政権運動においても、母親としての徳をもつとされた女性たちは、権力を争うなかで汚れてしまった男性とは異なる形での政治的貢献をなしうるといった、母性主義的な主張はひときわ説得力をもって受け容れられていた。

したがって合衆国では、子育てをする母親が働くという選択は、公民権を認められていないだけでなく厳しい人種差別に晒されながらも働かずには生きていけなかった黒人女性を例外として、ほとんどの女性たちには開かれていなかった。また、黒人女性たちが就ける職種といえば、白人家庭の家政婦を始めとした、ごく限られた、しかも低収入の仕事に限られていたことはいうまでもない。三〇年代の大恐慌時代になると、二六もの州で既婚女性の政府機関での就労は禁じられるようになった。その背後には、夫に養われている既婚女性が、男性の仕事を盗むことは許されないと考える風潮があったといわれている。

第二次世界大戦と女性労働の変化

それでは、男性の多くが動員された第二次世界大戦によって、女性たちの役割にどのような変化が生じたのか、主にサラ・エヴァンズの『アメリカの女性の歴史』を参照しながら見てみよう。第二次世界大戦中、メディアを巻き込みながら、政府や産業界は労働力不足を女性労働によって補わ

ざるをえなくなる。しかし、いざ女性たちに労働市場の門戸が開かれようとしたときには、その要請に応えた女性は、男女それぞれにふさわしいとされた領域、すなわち家庭と職場のあいだに引かれた境界線を越えてしまうことで、社会的な制裁を受けるのではないかと怯えていたと伝えられるほどであった。とはいえ、戦時中であった一九四二年の統計によれば、女性たちの雇用は広がり、女性が歓迎される職種が二九%から五五%に急増し、働く女性は増えた。しかしながら、肉体労働を中心とするブルーカラー職では女性差別が横行し、中産階級出身の女性たちの多くは事務職に参入した。

戦争がもたらす女性の就労形態の変化は、参戦した各国において顕著であったことはよく知られた現象である。合衆国では、一六〇〇万人(男性労働力人口の約四分の一)が兵役に就いたため、一九四〇年から四五年にかけて、一五歳以上の女性の就労人口は二八%から三四%に増加する。しかしながら、当時の女性たちの就労はあくまで男性不在の間の臨時的措置であったために、戦争終結によって男性が帰還すれば、当然のようにして、女性は工場から追い出された。

他方で、戦争中の就労経験は、女性たちだけでなく、雇用主たちにも、それまで男性にふさわしいとされていた機械工などの女性就労に、なんら問題がないことを印象づけた。たとえば、合衆国の女性史を紐解くと、"We Can Do It!"という吹き出しつきで、腕まくりをした女性が、その右腕の筋力を誇らしげに見せているポスターに必ずといっていいほど出会う。その図は、戦争中の一九四三年に電気工場で働いていた女性労働者たちを鼓舞するために描かれたものであった。当時は工場内でのみ使用されていたが、八〇年代初期に再発見されると「リベット工のロージー」と呼ばれるようになる。その後は、男性に並んで軍需工場で働く女性たちのイメージとしても有名になると同時に、合衆国のフェミニズム運動の象徴としても再発見されるようになったポスターである。

女性労働者の割合は、主にサーヴィス業を中心にその後も増え続けるものの、男性にふさわしいとされた製造業にかかわった女性たちは、戦後の合衆国社会には不要とされ、家庭に戻るか、他の業種へと移っていった。ちなみに、二〇二一年の合衆国労働省の統計によれば、合衆国の女性たちがもっとも多く就く職業は看護師(ただし、統計上資格登録している女性の数)であり、男性の職業は、トラックを始めとした運転手と営業職が一番多く、小中学校の教師、秘書と続く女性の職種を占める上位三つは、男性が多く就く職種と重なることはない。

女性たちのディレンマ

女性にふさわしい領域、つまり家庭と、男性にふさわしい領域、つまり労働市場その他の公的領域といった境界は、戦後のベビーブームの高まりのなかでさらに母親業に対する社会的期待が大きくなるのと比例して、よりはっきり線引きされるようになった。

ただ戦前から、合衆国女性の高等教育は、後に触れるベティ・フリーダンが学んだスミス・カレッジを含むセブン・シスターズと呼ばれる有名私立女子大学を中心に、他の欧米諸国と比べても、大衆化した形で進んでいた。たとえば、日本でも多くの翻訳が公刊されている、文化人類学者のマーガレット・ミード――彼女もまた、セブン・シスターズの一つ、バーナード・カレッジ出身である――は、戦後すぐに公刊した研究書のなかで、女性たちは、学生時代も就職後も、能力を発揮することを期待される一方で、ひとより優秀であってはいけない、つまり男性を出し抜くような成功を収めてはいけないというディレンマに悩んできたと分析している。また、女性たちが就職したとしても、満足できる地位が得られるわけでもないと考察している。ミードの分析からも、戦後もなお女性たちは結婚か就職かの選択に悩まされ、就職を選んだ女性たちは、労働者としての未来を厳しいものだと予感していたことが分かる(ミード一九六一:九六)。

「名前のない問題」の発見

そうしたディレンマに苦しめられた一人が、一九六六年に全国組織としての「全米女性機構 National Organization for Women」(以下、NOWと略記)の初代会長となったベティ・フリーダンであった。彼女の思想・運動は、本書で中心的に論じていくケアの倫理を重視するフェミニストからは、むしろ批判的に再検討を迫られるリベラル・フェミニズムを代表するものであり、また、白人中産階級を中心としたものであった点など、当時の議論状況からも、現在から振り返ってみても、多くの限界があった。とはいえ、一九六三年に出版された直後、一〇〇万部を超えるベストセラーとなったフリーダンの『女性らしさの神話』――邦題は、『新しい女性の創造』――は、二〇世紀でもっとも大きな社会的影響を与えた一冊であることは確かである。彼女の著作に白人の主婦層が共感し、それまでさざ波のように彼女たちの心を揺さぶっていた言葉のないディレンマがその後、第二波フェミニズム運動という大きな波へと広がっていくのである。

一九四二年にスミス・カレッジを心理学の学士号とともに卒業したフリーダンは、その後さらに心理学を学ぶためにカリフォルニア大学大学院に進む。しかし、博士課程に進む奨学金を得ながらも、のちに夫となる恋人のために進学をあきらめ、労働組合の雑誌などの専属のジャーナリストとして活躍していたが、第二子誕生を境にフリーランスのジャーナリストとなっていた。その才能に自信をもちつつも、能力をいかんなく発揮できないもどかしさを感じていた彼女は、一九五七年、一五回目を迎えるスミス・カレッジの同窓会のために、同級生たちの卒業後の経験を中心とした調査を行う。そこで彼女は、同級生たちも、自分と同じような痛み――フリーダンが「名前のない問題」と名づけた葛藤――を、多かれ少なかれ抱えていることに気づくのだった。

フリーダンは、その調査に基づいてたて続けに記事を発表し、主婦層から多くの反響を得、ついに、『女性らしさの神話』を公刊する。それは、次のような、名づけようのない主婦たちの気持ちの描写から始まるのだ。

長い間、ある悩みがアメリカの女性の心の中に秘められていた。二十世紀の半ばになって、女性たちは妙な動揺を感じ不満を覚え、あこがれを抱いた。郊外住宅の主婦たちは、だれの助けも求めずにひそかにこの悩みと闘ってきた。寝床を片づけ、食料品を買いに出かけ、子供の世話をし、夜、夫の傍に横になるときも、「これでおしまい？」と自分に問うのをこわがっていた(フリーダン二〇〇四：八)。

さらにフリーダンは、少なくない主婦たちが虚無感を抱えていると訴えた。当時の合衆国では、主婦になることを将来の夢と考えていた女性も多い。しかし彼女は、当時の社会に順応し幸福を感じている女性たちを、ナチスの収容所にいたユダヤ人にもたとえるほど厳しい言葉を使って、女性たちは自分自身を捨てているのだと、自戒を込めて分析した(フリーダン二〇〇四：二二六―二二七)。

先ほど参照したミードも戦後いち早く、女性たちは、自分自身の役割に自信がなく、不満をもち、破壊的傾向さえ見受けられるとし、四人に一人の女性が精神的な悩みに苦しんでいると論じていた。

しかし、フリーダンはさらに一歩踏み込み、高等教育を受けているにもかかわらず、家庭で一生を終えるような人生を夢見る女性を生み出す教育は腐敗していると考えた。そして、主婦を疲労困憊させ、悪くすれば抑うつさえ引き起こしているのは、夫や子どもたちといった他者のためにのみ生きることを要請する社会が病んでいるからであって、女性に問題があるのではないと合衆国社会を強く批判した(コーエン一九九六：八七)。

2　第二波フェミニズムの二つの流れ——リベラルかラディカルか

公民権運動とフェミニズム

合衆国の六〇年代前半は、ケネディ大統領とかれを継いだジョンソン大統領の下で貧困との闘いや社会福祉の充実などの社会改革を推進した「偉大な社会」政策が採られた。また、一九六一年にケネディ大統領によってエレノア・ルーズヴェルトが委員長に任命された「女性の地位に関する大統領委員会」が設置され、一九六三年には男女同一賃金法が成立した。そしてなにより、人種、皮膚の色、性、宗教、出身国に基づく雇用差別を禁止した公民権法第七編が、一九六四年に成立した。

こうした政治的な変化の背景には、五〇年代後半から始まる、黒人差別に反対する公民権運動に触発されたさまざまな解放運動の存在があった。そうした運動によって、合衆国社会の建国の理想である自由や平等は形骸化しており、白人中心主義、男性中心主義、そして異性愛中心主義が社会構造の根底を支えていることが暴露され始めた点は強調されなければならないだろう。

こうした波に押される形で、ウィメンズ・リベレィション（以下、リブと略記）、つまり女性解放運動が始まる。その後合衆国最大の女性団体となるＮＯＷは「女性たちを合衆国社会の本流に導き入れ、女性のための完全な平等を勝ち取り、男性との完全に平等な協力関係を打ち建てるのに必要な行動を起こそう」と呼びかけ、運動を開始する。現在では、合衆国全土に五〇万人以上の会員を誇り、合衆国政治に少なからず影響を与える圧力団体の一つとなったＮＯＷは、フリーダンの言葉を参照するならば、女性のみのクラブではなく、公民権運動組織であった。そして、彼女は男性の公民権運動活動家たちとも連帯できるようにと、当時大学生を中心に広がっていた新左翼運動に傾倒する女性たちとは一線を画そうとしたのだった。

「平等」か「差異」か

六〇年代に登場する第二波フェミニズム運動のなかでは、後に理論的な開花を見せる社会主義フェミニズムやマルクス主義フェミニズムは前面には出てこない。むしろ、運動としては、ＮＯＷの創始者であるベティ・フリーダンに代表されるリベラル・フェミニストたちによる、男性社会に平等に参加する権利や機会を求め、雇用を中心とする法改正を求めていく運動と、公民権運動や学生運動のなかに存在する男性中心主義的なものの見方、あからさまな女性差別に直面し、むしろ自分たちに身近な親密圏にこそ女性抑圧の根源が存在しているのではないかと訴え始めたラディカル・フェミニストたちが、合衆国におけるフェミニズム運動の中心であったといえよう。ラディカルという英語は急進的と翻訳されることが多いが、ラディカル・フェミニストとは、ラディカルの語幹が〈根っこ〉を意味することからむしろ、女性抑圧の根源とは何かと問うと同時に、あらゆる支配の根源に女性抑圧があるのではないかと問いかけるフェミニストたちを指す。

リベラルとラディカル、この両者の運動を支える思想は、二つの点で大きく対立している。まず、男女のあいだにある性差をどう捉えるかについて、そして、そのことと密接に関連する平等観についてである。

第二波フェミニズムとはどのような思想であったかを理論的に紹介するジュディス・エヴァンズによれば(Evans 1995)、リベラルな主張とは、性差については「両性具有」、平等については「ジェンダー・ブラインド」を特徴とする。すなわち、男女が同じであることによる平等が目指される。両性具有とは、男性と女性がまったく同じとまではいわないまでも、社会の諸機構に参加する個人としては、男性も女性も異ならないとする主張である。だからこそ、彼女たちの求める平等もまた、既存の社会階層のなかに位置づけられた男女が、等しく競争できると考える〈機会の平等〉に帰着する。したがって、エヴァンズは、既存の社会が不平等であることには目を向けず、むしろその諸階層のなかで少しでも上位に進むことを望んでいるにすぎないとして、リベラルを厳しく批判する。

じっさい、ラディカル・フェミニストの一人で、多くのリブ運動団体を創設するロビン・モーガンによれば、NOWは、中流で職業をもつ白人女性たちの団体であり、現在の体制内の改革をめざすにすぎない。それは、かつての女性参政権運動、つまり第一波フェミニズム運動と同じ過ちをおかしている。なぜなら、NOWは、階級と人種問題を解消しようとしないし、なによりも、家族制度こそが女性たちを構造的に抑圧しているという視点をもたないからだ。

NOWに代表されるリベラルな平等観に対して、たとえば、婚姻制度を奴隷制度として批判したり、共同育児を提案したり、また階級闘争や売春問題にも取り組んだラディカル・フェミニストたちは、むしろ既存の社会構造と諸制度の変革を唱えた。社会参加の門戸が開かれたとしても、つまり機会が平等になったとしても、社会のなかで各人が位置づけられている状況、その機会を摑むにいたる諸条件が異なれば、同じように競争できるわけがないからだ。

彼女たちは、新左翼運動からも影響を受けつつ、あらゆる種類の抑圧に抵抗しようとした。しかしそのうえで、男性の活動家たちが注目することのなかった、あるいは意識的に運動の争点からは排除してきたセクシュアリティこそが女性の抑圧の原因だと考え、男性と女性の「差異」に大きな意味を見いだそうとする。したがって、リベラル・フェミニストたちの「平等」とは異なり——「同じであること」によって平等を手に入れようとする彼女たちにとって、「差異」の強調は平等を否定しかねない危険なものであった——、彼女たちが求めた平等は社会主義的な運動に近づく。なぜなら、必要に応じた財の配分を含んだ、所有をめぐる改革にも言及するようになるからだ。〈必要に応じた財の配分〉という立場が示すように、ラディカル・フェミニストたちの平等観には明らかに、高度に発展した共産主義社会においては〈各人はその能力に応じて（働き）、各人はその必要に応じて（受け取る）〉が、社会の基本原理となると考えたマルクス主義の影響が見られる。

あらゆる支配の根源に女性の抑圧が存在すると主張する彼女たちにとって、女性たちが直面する抑圧の原因を探り、それを取り除くことが、理想の平等が実現した社会を構想する以上に先決問題であった。したがって彼女たちは、合衆国社会の基本構造、すなわち、持てる者と持たざる者の分断を許している資本主義を批判する。だが、それ以上に彼女たちは、男性には男らしさを求め、男性が活躍するにふさわしい領域、すなわち公的領域を設定し、女性には女らしさを求め、女性がその能力を発揮すべき領域、すなわち私的領域を設定する家父長制を批判することをめざした。そして、男性も女性もそうした社会のなかで抑圧されていることを認めつつ、なお、両性は異なる形で傷つけられており、かつ女性のほうがより危害を被っていると現状を分析する彼女たちは、その原因を家父長制に求めていくようになる。

3　家父長制の再発見と公私二元論批判

家父長制の歴史

家父長制とは、家族形態を表す概念であり、家族を構成する者たちのなかで、男女であれば男、男のなかでも年齢の長じた者が独裁的な支配権をもっている集団として制度化された家族形態を意味していた。そこにおける家族 familia とは、現在わたしたちが連想するような愛情や情緒によって結びついた親密な人間関係とは異なっており、古代ローマ時代に典型的だったように、家長に属する家内奴隷、つまり財産の総体を指した言葉であった。

一家の長の絶対的な支配と、それに服従する家族といった主従の関係は、君主と臣民とのあるべき関係性にも適用され、一家の長が家政(オイコノミア＝家内一族と財産に対する経営)を管理命令するように、国家全体のレヴェルで、住民、財産、人びとの行動に対して、君主が監視し、管理命令することを模範とする統治形態をさすようにもなる。一国の人口・財産を総体として把握する経済という考えの根幹にあったのは、家政を意味するオイコノミアであった。国家大に広がった家政が、political economy、つまり現在のわたしたちがイメージする経済の原型である。

しかしながら、一方では家長と君主の右記のようなアナロジーは、すでに一七世紀の市民革命によって否定され、他方では、土地と結びついていた財産が、産業革命によって資本へと転化していくなかで、家族はむしろ、愛情や情緒によって結びつくという近代家族観が登場する。したがって、家父長制はもはや前近代の遺物であると考えられるようになる。だが、ラディカル・フェミニストたちは、女性に対する抑圧を表現する概念として、家父長制という用語を現代において再発見する。

公私二元論批判へ

こうした政治思想史の文脈を背景にすると、ラディカル・フェミニストたちによる家父長制の議論は、近代の市民社会・国家の背骨ともいってよい公私二元論に対して、大きな衝撃を与えるものであったことが分かる。なぜなら、家父長制という概念が再発見されることによって、近代国家が前提とする公私二元論の矛盾が露わになったからだ。

近代の公私二元論によれば、私的領域として固定された家族制度に、男女間の能力に優劣が刻印され最終的な決定権を男性がもつといった、あからさまに不平等な特徴が残り続けたとしても、そことは別個の公的領域として確立されまったく異なる目的をもつとされる政治・法制度は、自由で平等な市民(=男性)たちから成立しうる。しかも家族制度における夫と妻の不平等は、かつての宗教的な権威の下での強制ではなく、自発的で自由な私的契約の下で、より自然な形で維持されていることになっている。フェミニストたちは、私的で親密とされる関係性にこそ、強い政治力が働いているのではないか、そして公私を別個の領域として捉えさせる公私二元論が、その政治力を見えなくしているのではないかと問いかけ始めたのだった。

ラディカル・フェミニストたちの運動

六〇年代後半、男性たちが支配する新左翼運動内でのあからさまな差別に対抗して、革命をめざすラディカル・フェミニストたちは、多くの団体を立ち上げた。男性たちと共に活動するなかで期待された性別役割や自らの身体、セクシュアリティに関する課題について問題提起すると、左翼運動に分裂を起こすとして批判されたり、彼女たちの要求がしばしば嘲笑やあからさまな差別の的にされたりしたからである。

こうしてラディカル・フェミニストたちは、地域に根ざした、互いの顔が見える小規模のさまざまな団体を立ち上げていく。たとえば、一九六八年のハロウィンの日、合衆国における金融の中心地、ニューヨークのウォール街での抗議デモと共に生まれたWITCH (Women's International Terrorist Conspiracy from Hell. 略語の意味は「魔女」)は、「地獄からの国際テロリスト集団」というその過激な名前からも衆目を集めたが、その後数週間で、ボストン、シカゴ、サンフランシスコなど他の都市にも広がり、東京にも伝播した。そのコスチュームから、企業や大学、結婚式場でのデモンストレーション——彼女たちは、魔法をかける、という意味のhexという言葉を使用した——まで、女性に対する抑圧の歴史的な象徴でもある魔女にちなんだその活動は、時にユーモアを交えながらも、婚姻制度や女らしさを強要する文化、そして資本主義に対する抗議の声を上げた。

当時、リブに参加した女性たちは、同時にいくつもの団体にかかわっていたが、たとえば、WITCHの創設者の一人であったロビン・モーガンは、一九六七年には「ニューヨーク・ラディカル・ウィメン」の創設にも加わった。そこでは、ケイト・ミレットやシュラミス・ファイアストーンらも活動を共にし、さらに、ファイアストーンは一九六九年、リブの運動手法としてコンシャスネス・レイジング（意識覚醒）を重要視する団体を創設する。その名も「ニューヨーク・レッドストッキングス」。それは、政治的な議論が禁止されていた一八世紀に、イギリスの知識階級に属する女性たちが文芸について語り合う集会であった「ブルーストッキングス」を継承しつつ、また革命の色は赤色であることにちなんで名づけられた。その結成時の宣言をここで見てみよう。

女性は、抑圧された階級である。わたしたちに対する抑圧は、全体に及び、生活のあらゆる面に影響を与えている。わたしたちは、性的対象として、子を産む者として、家内使用人、安価な労働力として搾取されている。わたしたちは、劣った存在であり、その唯一の存在目的は、男性の生を豊かにすることだとみなされてきた。〔…〕わたしたちは、自分たちの抑圧者とあまりに身近に、しかし互いに孤立して生きてきたために、自分たちの個人的な苦しみを、政治的な状況としてみることを妨げられてきた。〔…〕個々の男性と女性の間の軋轢は、集団的にのみ解決される政治的軋轢なのだ(Morgan 1970: 533-534. 強調は原文)。

シスターフッドへの呼びかけ

「レッドストッキングス」は、女性たちが抱える問題は、女性たちが結集し政治的な行動に出て初めて解決できると訴え、女性たちにシスターフッドを呼びかけた。こうした呼びかけの前提には、女性であれば同じような困難に直面しているという想定があり、人種間の緊張を招くことにもつながりがちだ。だが、白人女性が中心のNOWとは異なり、ラディカル・フェミニストたちは、当時の限界はあったにせよ、人種差別には意識的で、人種差別の解消なしに革命はありえないと考えていた。じっさい一九七〇年に、リブ運動のなかでモーガンが編んだアンソロジー『シスターフッド・イズ・パワフル』のなかには、黒人女性とメキシコ系アメリカ人女性のエッセイが積極的に収録されている。階級問題に劣らぬ深刻な問題である人種差別を抱える合衆国で、白人女性とは異なる経験をするマイノリティ女性たちの声が聴かれることは大切だと考えたからだ。

本書では合衆国のフェミニズムの歴史を背景としながらケアの倫理を読み解くことが目指されるために、日本におけるリブの歴史には分け入っていくことはできないが、イギリスの「ブルーストッキングス」の活動が、日本で一九一一年に創刊された『青鞜』に影響を与えたように、日本でも同様に、新左翼運動に対する幻滅から、女性独自の運動が模索され始めたことは注記しておこう。彼女たちもまた、男性たちの手による運動が、〈階級闘争の末に体制が変革されれば女性もまたその抑圧から解放される〉と訴えたことに疑問をもち、女性たちだけのデモ行動やリブ集会を開催するようになったのだった。公的領域から排除された女性たちの運動が、国家内で周辺化される一方で国際的に共鳴・影響しあっている在り方は、現代的にも興味深い現象である。

〈個人的なことは、政治的である〉

ラディカル・フェミニストたちは、多くの女性たちを代弁するような単純なものの見方を拒んだ。なかでも、白人女性と黒人女性の経験の違いは、ラディカル・フェミニストたちにとってもっとも大きな課題の一つである中絶をめぐっては際立っていた。貧しさゆえに働かざるをえなかった黒人女性たちはむしろ、子どもを自由に産み、自らの手で育てる権利を福祉権運動という形で訴えたからだ。夫に頼り子育てに専念するという経験が少ない彼女たちにとっては、有償労働は解放ではなくむしろ搾取に他ならなかった。したがって、彼女たちは、働かなくとも独立した収入源となるようなしくみ、たとえば一定額の所得がつねに保障される権利と、母親となる権利、つまり避妊を強制されないという意味での生殖に対する権利という二つの権利を要求したのだった。

異なる経験からなされる権利要求の違いに敏感でありながらも、女性たちの経験に共通性を見いだすことで、集団としての女性の結集力を高めようとする政治戦略は、女性たちを惹きつける動員力をもっていたと同時に、それぞれの女性たちが抱える問題を自分自身で発見し、変革を求めていくための重要な方法でもあった。それが、女性たちの沈黙を破ったコンシャスネス・レイジング（以下、CRと略記）と呼ばれる、女性たちの活動である。

夫への不満、自分の将来への不安、なにより、現在の自分の立場を肯定できない葛藤、それらは、家庭内の問題ではなく、むしろ政治的に引き起こされた状況なのだということに、女性たちは気づいていく。「レッドストッキングス」の宣言にもあるように、まさに〈個人的なことは、政治的である〉といった意識が、女性たちにこの時期急速に高まっていった。なお、〈個人的なことは、政治的である〉というリブの主張は、六九年に発表されたキャロル・ハニスによる記事のタイトルによって、フェミニズムの標語として定着していく。ハニスによれば、このタイトルはファイアストーンの発案であった。

ミレット『性の政治学』の問い

モーガンと共に「ニューヨーク・ラディカル・ウィメン」に参加したミレットが一九七〇年に発表した『性の政治学』は、ファイアストーンの『性の弁証法』（一九七〇年）と並んで、この時期のラディカル・フェミニストの代表作である。七〇年代初頭には、ここまで触れてきた『シスターフッド・イズ・パワフル』を始め、家父長制についての著作がいくつも発表されるようになるが、そのなかでも、もっとも理論的な考察を加えたミレットによる家父長制の議論をここでは参照しておこう。なお、モーガンは、『性の政治学』の第一章を『シスターフッド・イズ・パワフル』にも収めている。

『性の政治学』を合衆国人気作家のヘンリー・ミラーの小説『セクサス』の引用から始めるミレットは、まず第一章で、小説に見られる男女の性行為の描写のなかで、男性優位、男性による力の支配を誇示する部分がいかに多いかを描き出した。第二章では、そうしたあたかも個別の男女の身体的な行為に見られる現象が、じっさいには、より大きな社会的文脈のなかに埋め込まれたものであることが説明される。彼女にとって、小説に描かれる男女関係は、わたしたちのさまざまな行動や価値観を形作る性の政治が、個人的な次元に現れているにすぎない。したがって、いかに暴力的で、女性とその身体を侮蔑的に扱った小説であったとしても、その描写は、自然で、むしろリアルであると高く評価されたのだ。

だが、もっとも私的で、公の光が当てられることの少ない――じっさい、合衆国で『セクサス』は一九六五年まで発禁処分を受けていた――男女の性的な関係と、政治とがいかに関係しているというのだろうか。男女の関係を、政治的に分析することなど可能なのだろうか。こうした疑問に答えるために、政治とは何か、そして権力とは何かとミレットは問う。

まず、政治とは、もっとも単純にいうと、ある集団が、別の集団、あるいは他者の権力によって統制されるしくみである。理想としては、権力を介さない、合理的な原理に従った政治も存在しうるかもしれないが、合衆国の現実においては、人種、身分、階級、そして性別によって、一部の集団が、下位の集団を支配抑圧する権力構造が存在している。公民権運動を通じてようやく、人種間の関係が搾取と暴力を伴う政治的な関係にほかならず、生まれによりある人種にカテゴリー化された集団が、別の人種にカテゴリー化された集団を制度的に支配していることが批判されるようになった。そしていまや、そうした生まれによって支配者となる集団は、急速に減ってきている。にもかかわらず、古代から、そしてあたかも普遍／不変であるかのように、性をめぐっては生まれによる支配が残存し続けている。

権力についても、支配と服従の関係を作り出すのが権力だと一般には理解されているにもかかわらず、男性がその生まれによって手にする、女性に対する支配権力については、権力論のなかで精緻に議論されるどころか見過ごされてきた。おそらくその理由の一つは、この権力構造は、もっとも巧妙な形で、「内的な植民地」、すなわち、支配される者たちもまた支配者たちの抑圧を自然視するほどの、支配形態が達成されているからだろう。軍隊、産業、技術、大学、科学、公職、経済など、社会におけるありとあらゆる権力を作動させる領域は、男性たちが独占している。その理由とは、あらゆる歴史上の文明がそうであったように、わたしたちの社会が家父長制から脱却できていないからである。

社会化を通じた家父長制のしくみ

もっとも私的な領域——その最たるものが、身体だろう——から、公職といったもっとも公的な領域にいたるこの全的な支配はしかし、かつての絶対君主の下での家父長制のように、神の権威や露骨な暴力に訴えて維持されているわけではない。ハンナ・アーレントの暴力論を参照しながらミレットは、性の支配をめぐる権力は、暴力によって強制される権力ではないという。むしろその権力は、家父長的な基本体制に順応するための社会化を通じた、両性の合意によって維持されている。その社会化は、性格、役割、地位という三つの点で、男女を振り分ける。

まず、性格については、男らしさや女らしさといった、性に関するステロタイプ、しかもそれは、支配層、つまり男性たちのニーズや価値観に基づくステロタイプにそった個性をそれぞれの男女に形成する。性別役割は、そうした性格の形成を支えるような形で、男女別に与えられる。たとえば、子育てや家内サーヴィスは女性の役割であり、その他、人間にこそふさわしいとされる役割、つまり社会的偉業や、野心や利害関心を必要とする役割は、男性に割り当てられる。女性には限定された、しかも社会的評価が低い役割しか与えられず、女性たちの経験は、動物に限りなく近い、生物学的な経験とみなされてきた。そして、社会的な地位は、こうした役割に付随する。

こうして、性格、役割、地位は、わたしたちの世界を形作る心理学的、社会学的、そして政治学的な構成要素であり、それぞれの領域を形成しているものの、分かちがたく連動している。家父長制の下では、高い地位にある者は、支配者としての役割を与えられ、下位にある者を抑圧する、あるいは、そこまで強権をふるわなくとも、下位にある者を決して同等者として認めない性格を帯びる。

家父長制の再発見

そして、家族制度こそが、私的／公的と分断されているかのように見える社会全体に、そして一人ひとりの個人へとこうした家父長制を浸透させるための、不可欠で中心的なしくみである。家族は家族を取り囲んでいる社会を映し出す鏡のような存在である。それは個人と社会を結びつけ、社会に従順な個人を育てる場となる。社会全体が家父長制であり、そのなかの一単位として家族が存在しているのだ。個人ではなく家族こそが社会の一単位であることが、いかに家族が社会制度として重要かを物語っている。したがって、家父長制の下で女性たちは、たとえ市民権を得ていたとしてもじっさいには家長を通じて支配されており、それゆえ政治的な世界との公的な関係を、直接的にはほとんど築かない。

家族によるこの切断が、男女領域の二分化そのものの政治性を見えなくしている。女性たちの経験は、家父長制の下であたかも個人的な、あるいは時に生物学的なものへと押し込められる一方で、そうした分断を強制している法制度や社会制度を支える政治的領域には、女性たちは存在しないために、女性たちの異なる声は届かない。こうして、公的領域は、あたかも支配服従のない自由で平等な議論の場であるかのように構成される。抑圧されている者たちは、閉鎖的な私的領域であると政治的に設定された領域に留まっているからだ。

ここに、一七世紀に政治的な家父長制が市民革命のなかで批判されたことによって、別個の存在とみなされるようになった私的領域と公的領域の双方は、家父長制の再発見によって、社会全体を貫く権力構造をそれぞれ異なる仕方で、しかし協同して支える二領域として把握されるようになる。第二波フェミニズムの標語となる〈個人的なことは、政治的である〉は、彼女たちが再発見した家父長制概念を、一人ひとりの女性たちの実感により近い形で表現した言葉であるとも理解できよう。そして、以後公私二元論は、フェミニズムにとって、それをいかに克服するかも含め、もっとも重要な議論対象の一つであり続けている。

4　家父長制批判に対する反論

フェミニスト内からの疑義

ミレットに代表される家父長制の再発見は、わたしたちの生全体——個性から、社会的地位、法制度まで——が、家父長制という支配体系のなかに取り込まれていることを告発した。ラディカル・フェミニストたちの告発は、すでに触れた公私二元論批判や、本書で今後見ていくように、家事労働やケアの倫理の発見、市場中心主義や軍事力批判、さらに、本書では触れることができないが性暴力やポルノグラフィ、性売買をめぐる問題など、八〇年代以降のフェミニズム理論の深化と拡散に大きな影響を与えることになる。

他方で、世界観を変えてしまうほどのインパクトをもった主張は、フェミニストたちからも大きな反発と批判を招くことになる。そうした批判は、第2章で詳述するギリガンに対する批判にも当てはまるものがある。さらには、ポスト構造主義と呼ばれるようになる、差異に敏感で、かつ主体でさえ言語行為や他者との相互行為によって構築されると論じる、現代のフェミニズム思想への展開を促す力にもなった重要な論点を含むので、その要点を確認しておこう。

第一に、そしてもっとも根本的な問いは、家父長制の下で、わたしたち一人ひとりの性格さえ決定づけられるとするならば、いったいどこに解放の余地があるのだろうかという問題である。さらには、解放を求めながらも、皮肉なことに、家父長制を批判するフェミニストたちの議論は時に、個人の自由を圧迫する全体主義的な議論に聞こえるといった問題も指摘された。

ファイアストーン『性の弁証法』の議論

たとえば、著書『性の弁証法』でファイアストーンは、支配構造の原因を辿り、その構造を変革することによって自由を獲得するというマルクスの議論を援用しながら、男性支配の原因を、男性と女性のもつ生殖機能の違いに求めていく。国家や社会の抑圧が家族に凝縮して現れるという示唆をマルクスに読み取った彼女は、さらにフロイトの精神分析を考察しながら、生物学的な機能の違いによって女性を支配したいという権力志向が男性に生まれ、従属的な心理が女性に生まれることを跡づけていく。

こうして政治・経済構造についてはマルクスに、人間の心理構造についてはフロイトに学んだファイアストーンは、人間の生殖機能上の差異を基礎に形成される生物学的家族は、時代や地域によっていくらかのヴァリエーションはあるにせよ、男女と子どもという組み合わせを一つの単位としてきたことは有史以来揺るがなかったと断言する。彼女によれば、そうした家族構成が維持されてきた理由は、以下の四つである。第一に、妊娠を含めた生殖機能をめぐる変化が、避妊や中絶などによってコントロール可能となるまでは、女性たちはその生理上の脆弱さのために男性に依存しなければならない。第二に、人間の幼児期の長さは、成人への依存を不可避にしている。第三に、あらゆる社会・時代に母子の相互依存が存在しており、成人女性と幼児の心理を形成してきた。最後に、男女の生殖機能の違いが性別分業の原因であり、その後の経済・文化における階級差別の根源となっている。

ファイアストーンのねらいは、そうした根本的な問題がいかに維持されているのかをつまびらかにしたうえで、だからこそ、こうした自然を克服し、生物学的な諸条件から自分たちを解放するよう訴えることであった。

しかしながら彼女の主張のなかでもとりわけ、選択であるとは断りながらも、女性だけでなく人工生殖によって男性も妊娠できるようになれば、あらゆる階級差別の根源である生物学的家族は支配的でなくなり、権力を志向する心理も芽生えないだろうと論じたことは、多くの反発を呼んだ。その主張は、一方では、多くの女性たちの現実生活を脅かすと同時に、子を産むことに対する罪悪感を喚起さえした。他方では、彼女は生物学的な決定論から解放されることを唱えているにもかかわらず、あらゆる社会的差別を生殖機能の違いへと還元してしまう議論であるため、彼女自身の議論こそが、生物学的な決定論に陥っているとして批判されることになった。

コンシャスネス・レイジング（CR）をめぐって

ラディカル・フェミニズムは全体主義的であるという批判は、個人の意識を変革することにも向けられた。たしかに、もっとも自由であるはずの個人の心の問題が、集団の力によって変更を迫られるようなイメージが、女性たちの集団的なCRにはつきまとう。とりわけ個人の自由や選択の自由が尊重される時代に、他者がどのような形で個人の心のなかに介入できるかは、大きな議論の余地がある。じっさい、〈個人的なことは、政治的である〉という標語じたい、CRは傷をなめあうセラピーであると一部のフェミニストから批判されていたことに対する抗議でもあった。しかし、女性たちの心理や意識の問題を正面に据えた点こそが、ラディカル・フェミニズムがラディカルなゆえんであり、第2章で見るように当時の多くのフェミニストたちの研究が心理学へと向かった理由でもある。

もちろんこうしたイメージは、集団内の上下関係をなくし、いかなる意見をも受け容れるという安全な環境を作りながら、自らの心境を見つめ直す場を創造したリブの女性たちの活動に対する、大きな偏見から作り出されたものともいえる。彼女たちの経験を語り合う場であるCRは、当時の中国共産党の取り組みから学んだものであるが、新左翼の男性たちによる同様の実践は革命的であるとして賞賛されたのに対して、彼女たちの取り組みは、「独身女のパーティ」と揶揄《やゆ》されたことにも現れているように、こうした批判のなかには、女性差別的な視線が存在していたことは注記しておかなければならない。それでもなお、女性を含めリブに批判的なひとたちにとっては、解放のためとはいえ個人の自由の砦ともいえる、心への介入が危険なものとして捉えられたことは、確かである。

過度な一般化と本質主義

第二に、すでにモーガンも気づいてはいたように、さまざまな社会的立場、文脈、そして歴史的背景も異なる女性たちが直面する問題を、家父長制の下での女性差別として一括りにして論じるのは、あまりに一般化しすぎであり、また、非歴史的であるという批判である。たとえば、革命前の中国の一部で見られた纏足《てんそく》も、西洋の魔女狩りも、当時の合衆国女性たちのファッションや中絶の犯罪化も、家父長制に起因する同じ現象であると論じられることが多かった。たしかに、文化や歴史を越えて、女性の身体や性が男性に支配・搾取され、生殖に対する権利が奪われ、男性中心の文化や社会、経済、そして政治から、女性たちが排除されている点において、さまざまな形態の差別に直面する女性たちの経験には共通したものがある。

他方で、たとえば、合衆国社会における女性たちの整形手術の問題と、一部地域の女性性器切除の問題を女性差別といった同じ視点から論じてよいのか。後者の場合はむしろ、資本主義や植民地主義が生んだ、苛烈な南北問題を反映しているのではないか。女性たちが直面する問題の過度な一般化は、その深刻さや、そうした問題に直面させるその社会的歴史的背景について見誤らせるのではないかといった疑問に晒された。文化や地域を越えた女性たちの課題共有の難しさは、現在でも、グローバル社会において、普遍主義か文化相対主義かといった枠組みのなかで幾度となく浮上する問題である。

第三に、さまざまに異なる女性たちの経験を比較可能だと考えるその前提には、女性たちは本質的に同じだという想定がある。こうした想定は、むしろ一人ひとりの経験を大事にしようとしてきたラディカル・フェミニストたちの態度と矛盾するのではないか。

なによりも、本質的に同じだという前提のために、異なる経験を抑圧し、むしろ人種差別や階級差別に苦しむ女性たちの存在が周縁化されるという本質主義の問題は、ケアの倫理をめぐっても絶えず繰り返されることになる批判の一つである。

5　マルクス主義との対決

左翼運動への失望とマルクス主義批判

六〇年代の公民権運動や新左翼運動を始めとして、さまざまな解放運動と連動しながら台頭したリブ運動のなかで、ラディカル・フェミニストたちはマルクス主義の影響、とくに社会構造を明らかにすることから解放が始まるという考えに影響を受けつつも、男性中心的な当時の実践や運動から は批判的な距離をとっていたことはすでに触れた。とりわけ、ジェンダーやセクシュアリティの強調は、運動のなかに分裂を起こすといった理由で、彼女たちの関心は二の次とされ、それどころか、彼女たちの要求はむしろ嘲笑やあからさまな差別の的になることもあった。そうした男性中心的な状況のなかで、ラディカル・フェミニストたちが自分たちの経験に基づいて、家父長制やセクシュアリティに関する理論を構築しようと格闘したのは、当然といえよう。たとえば、同時代を経験した上野千鶴子によれば、リブ運動を牽引した初期の担い手たちは、学生運動を通じてマルクス主義に失望した女性のマルクス主義者だったという(上野一九八四:二五〇)。

ミレットらの著作によって家父長制という概念が浸透するにつれ、またファイアストーンも女性抑圧の根源、労働分業の根源を家族制度に見いだしたマルクスに注目していたように、では、家長の支配の下で女性たちは何をして(させられて)きたのかといった、家事労働をめぐる議論が活発化する。それは皮肉なことに、第2章でも詳しく見るように、一般社会にフェミニスト嫌いが蔓延し、七〇年代という反動の時代に入り、リブ運動の大きな波が収束に向かうのと軌を一にしていた。そして、リブが運動のなかでマルクス主義に失望する一方で、リブ運動を継承した女性研究者たちは、マルクスさえ前提としていた女性の再生産労働の自然視、公私二元論を徹底して批判しつつマルクス主義を読み直したのだった。

ここでは、合衆国におけるラディカル・フェミニズムの理論的深化を代表する、二つの著作に注目してみよう。一つは、一九七五年に公刊されたゲイル・ルービンの論文「女たちによる交通――性の「政治経済学」についてのノート」、もう一つは、一九八一年にリディア・サージェントが編集した論文集『マルクス主義とフェミニズムの不幸な結婚』――原題は、『女性と革命』、副題が「マルクス主義とフェミニズムの不幸な結婚をめぐる論争」(以下、『不幸な結婚』と略記)――である。

ルービン「女たちによる交通」

ルービンは「女たちによる交通」のなかで、家父長制という用語は使用してはいない。だが、彼女は、文化人類学(レヴィ＝ストロース)、精神分析(フロイト、ラカン)、そしてマルクス経済学を批判的に考察しながら、人間はいかに性的欲求を満たし、人類を再生産してきたのか、また、どのように新しい世代に社会規範を教え込み、男性である・女性であるといったアイデンティティや、男性らしいふるまい・女性らしいふるまいといったジェンダー規範を身につけさせるのか、つまり「性/ジェンダー・システム」を明らかにしようとした。

ルービンの論文の要点は、①マルクス主義の再生産概念批判、②性/ジェンダー・システムの解明、そして、③フェミニズムの目的といった三点にまとめることができる。以下、順を追って見てみよう。

『資本論』においてマルクスは、賃金と労働力との交換が等価交換ではなく、労働力は支払われる賃金以上の価値を生んでいること、つまり剰余価値がつねに資本家の手に入るしくみを見いだすことによって、資本が増大するシステムを明らかにした。そのさい、多くのフェミニストたちが着目するようになる、労働力の再生産といった概念がマルクスによって導入された。すなわち、労働者の賃金は、労働時間内に生産したモノの価値ではなく、労働者が日々自らの労働力を再生産し、また世代をまたいで労働者を再生産する——つまり、次世代を産み育てる——モノによって規定されることをマルクスは突き止めた。

この再生産労働概念を高く評価しながらルービンは、マルクスが労働力を再生産するのに必要なモノを、「商品」という生活手段の量によって決定することに、かれの限界を見いだす。なぜなら、労働者が賃金によって購入する生活に必要な商品の多くはそのままでは消費・使用できないからだ。たとえば食料については、買い物に行く、調理をする、片付ける等の労力が必要だ。現在では調理済みのものがあるとはいえ、たとえば、次世代の労働力となることが期待されている乳児に関しては、必ず誰かが食物を口に入れてあげなくてはならない。衣類も買いに行くだけでなく、洗濯するなどの維持や修復のための労働が必要だろうし、居住に関しても、その機能を維持するために必要な家事労働は、数え上げられないほど——手抜きができるとはいえ——必要だ。

ルービンはそうした家事労働こそが、労働力の再生産にとって必要であるにもかかわらず、マルクス経済学によってその価値が否定される一方で、資本家はこうした家事労働からも利益を得ていると論じる。

『資本論』はたしかに、女性たちに担われる再生産労働が資本主義によって有用であり、資本家が手にする剰余価値に貢献していることを示唆した。しかしながら、それこそが、女たちの抑圧の根源であることを突き止めようとはしなかった。むしろ上野千鶴子も指摘したように、マルクスは、資本の拡大にとって不可欠な労働力の再生産を、労働者の自己保存本能と生殖本能とにまかせておくことができると考えている。

人間生活にとって不可欠な身の回りの世話や、子を産み、育てることは、果たして本能のなせる技なのだろうか。そこで、ルービンは、レヴィ＝ストロースとともに、親族システムを考察することで、性／ジェンダー・システムの精緻化に進むのである。

ルービンにとって、レヴィ＝ストロースら人類学者の親族システム研究が重要なのは、その研究によって、親族における地位は生物学的に決定されているのではなく、社会的に規定されていることが明らかになったからである。しかも、いかなる社会においても存在する、親族を形成する性／ジェンダー・システムこそが、人間社会と動物的世界とを分ける契機である。この発見は、そもそも家庭内で女性が担う活動を本能として、すなわち動物的な行いなのだから論じるに値しないと見なしてきた、それ以前の社会科学の在り方に大きな変更を迫るインパクトをもっていた。

そのシステムは、性的欲求を満たす相手をいかに選び子孫をいかに残すのかといった家族構成から、男女のふるまい、性別分業のあり方までをも規定している。さらにこのシステムは、集団間で女性たちが交換されることを通じて人間社会を形成していく。たとえば、近親婚の禁忌《タブー》は、集団間の婚姻的交換を可能にするという社会形成上の目的のための手段であり、けっして生物学的な規則ではない。

こうしてルービンは、「女たちによる交通」によって社会を構造化する原理としての性／ジェンダー・システムを見いだし、現代的な性別分業は近親婚のタブーのように、異性愛的な婚姻以外の性的な配置を許さないための規範として機能していると考えた。労働の性別分業は、男らしさ・女らしさといったジェンダーを創出するだけでなく、異性愛も創出している。同性愛が社会的に抑圧されるのは、女性たちを従属的な分業体制のなかに縛りつけ、彼女たちを抑圧する同じシステムによる作用の一つに他ならない。

ルービンは人間のセクシュアリティ——竹村和子の定義によれば、性実践・性欲望・性的指向などエロスをめぐる意味づけの総体——の社会的配置を人類学の親族理論から学びながら、つまり、一般的に近親婚のタブー、強制された異性愛、そして性の非対称な分割こそが、セクシュアリティを規定しているのであって、決してその逆ではないことを見いだすと同時に、そうした親族システムに生きる諸個人の心理にどのような痕跡が残されているかを学ぼうとする。すなわち、ルービンは、ある親族システムに生きることによって、子どもたちがいかにして性とジェンダーの慣習を刻み込まれるのかについて解き明かそうとした。そして、当時ルービンが訴えたのは、親族関係における革命なしに、真の社会変革はありえないということだった。

『マルクス主義とフェミニズムの不幸な結婚』

ルービンが家族における女性たちの経験から、マルクスを読み直し、セクシュアリティを本能ではなく、社会的制裁を伴うタブーを通じた社会編成の一機能として位置づけたように、『不幸な結婚』もまた、マルクス主義の批判的読解を通じて、女性たちの経験に肉薄しようとした論文集である。『不幸な結婚』は、一九七五年にハートマンがエイミー・ブリッジズと共同執筆した同タイトルの論文に対して、多くのフェミニスト研究者たちが呼応し、一大論争を巻き起こした一連の論文が収められている。その後、同書公刊に合わせてハートマンが再度「不幸な結婚」論文に修正を加え、リード論文とした。フェミニズムとマルクス主義をめぐる一大論争とは、すでに何度も触れてきたように、女性たちを抑圧する根源的なシステムとは何かをめぐる論争であり、より具体的には、家父長制と資本制の関係をめぐるものであった。

ハートマンは、女性たちの次世代の再生産こそが家父長制を支える物質的基盤だと看破したファイアストーンを高く評価した。他方で彼女は、伝統的マルクス主義者たちが、労働を市場労働に限定し、資本制が打倒されれば女性差別もなくなると考えてきたとして批判した。家父長制は、たしかに資本制と密接に連関しあっているが、異なる歴史をもち、いずれかに還元することはできない。資本制と家父長制は、たとえば資本制の発展によって、女性たちが有償労働のために家の外で働きに出る場合など、利害が相反することもあるが、家父長制下において男性たちは、女性たちの従属によって利益を得ている限り、現状を維持しようとするだろうと論じた。

ハートマンの議論に対して『不幸な結婚』では、家父長制と資本制という二重のシステム論を展開するよりも、資本制的家父長制という統一されたシステムとして分析するべきだといった反論や、マルクス主義を意識するあまり、あらゆる人間の活動を生産活動として考えることは間違っているといった反論が提起された。各論文は、リブ運動の影響の下で手にした家父長制という概念を、いかに女性たちの抑圧を分析するために使用するべきか、また本書の原題にある革命という言葉が象徴するように、いかに新しい社会・政治・文化を構想できるかといった熱意ある関心に溢れ、現代でも示唆的な論考が多い。しかしここでは、次章から論じ始めるケアの倫理をめぐる議論を先取りする形で論じられていると位置づけられる、ナンシー・フォーブレとアン・ファーガソンの共著論文「家父長制と資本制の不幸な結婚」を、ハートマン論文に対する批判を中心に詳細に見てみよう。

フォーブレ、ファーガソン「家父長制と資本制の不幸な結婚」

後に、フェミニスト経済学とフェミニスト哲学をそれぞれ代表する理論家となるフォーブレとファーガソンによれば、私的領域に属すると見なされてきたために理論的な考察がなされてこなかった「性＝情愛生産(sex-affective production)」——以下に見るように、母親業、身の回りの世話、セクシーであること——をめぐる女性の葛藤に注目することは、社会変革にとって重要な戦略である。マルクス主義にとって、資本制に内在する矛盾を明らかにすることが革命につながるように、家父長制と資本制との間で生じる矛盾を生きる女性の経験のなかに、社会変革への糸口が見いだせるからである。こうした彼女たちの戦略は、前節で見た、ラディカル・フェミニストに対する批判の一つ、つまり、どこに解放の契機があるのかといった批判に応えたものであることはいうまでもないだろう。

　では彼女たちは、どのような矛盾を家父長制と資本制の間に見ていたのだろうか。その矛盾は、グローバルな市場中心主義、ネオ・リベラリズムが席巻する現代社会に共通するものでもある。彼女たちによれば、当時女性たちが担うことが当然とされてきた性＝情愛生産には、母親役割《マザーリング》、養育《ナーチュランス》／身の回りの世話、そして性的に魅力的であること、といった三つの活動が必要とされている。しかし、資本制が発達するなかで、そうした活動に携わる者たちは自らの欲求や利害を犠牲にする一方で、家族のなかで安定した地位を得られるわけでもない。女性たちにも賃労働への門戸が開かれ、資本制が煽る競争や私的利潤に対する倫理観に社会が侵食されればされるほど、それとは異なる倫理観に基づくとされる母親役割を担う者の心理的葛藤は大きくなる。
それどころか、たとえば性的に魅力的であろうとすると、物理的暴力に晒されやすい《ヴァルネラブル》状況をも作り出してしまう。つまり、女性として魅力的であることは、あくまで男性の規範に従順である限りであり、従順であることは男性の暴力にも抵抗しないかのような受け取られ方をされる危険がある。他方で、男性規範による魅力的であることから外れることは、社会的バッシングという象徴的な暴力だけでなく、じっさいに物理的危害に結びつきかねない。

　他者の期待に応えるために女性らしさを身に着け、あるいは女性役割を果たすがゆえに社会的には不利益を受ける状態は、現在では母親罰、あるいはケア罰と呼ばれるようになった。女性たちが置かれたこのような状況をすでに指摘していたフォーブレらは、しかしだからこそ、矛盾のなかで葛藤する女性たちは、家父長制か資本制かではなく、両者に対する批判的な視点をもつだけでなく、不満や苛立ちをエネルギーに変換し、社会的変革に参加する可能性を秘めていると力強く主張する。

　家父長制における女性に対する期待と、資本制が要請する行動原理が矛盾していること、そしてそうした葛藤を生きる女性こそが、いずれの制度をも打破する力を秘めている、そう論じる彼女たちは、次のようにハートマンを批判した。

フォーブレらによるハートマン批判

第一に、ハートマンは、資本制と家父長制は別のシステムであるとしながら、両者のあいだには強力なパートナーシップが存在すると主張するのに対して、彼女たちは、資本制と家父長制の結婚の内実は、抗争状態だと考える。たしかに七〇年代当時の合衆国社会では、相互補完的に見えてはいるが、彼女たちは、それぞれの制度を維持するために必要なものが矛盾するために、その関係性は弱まりつつあると考えた。彼女たちは出生率の低下と女性の労働力率の上昇を分析しながら、資本の側からは、女性の労働力増加は歓迎され、逆に出生率の低下は労働力の減少を意味するため、改善されなければならない。しかし、家父長制の側からすれば、かつては労働力として期待されていた子どもは、現在では家計に貢献するどころか負担ですらあるため、子育てには経済的誘因はなく、女性の賃労働への参加は、家族への無償労働時間が直接奪われていることに他ならない。すなわち、フォーブレらは、資本家も家長も女性を抑圧することから共に利益を得ていたものの、女性のエネルギー、時間、労働をめぐってはじつは互いに競争者であったと論じる。

第二に、こうした資本制と家父長制との矛盾をハートマンが見極められないのは、性＝情愛生産と彼女たちが名づけた出産、育児、そして身の回りの世話などの家事や情愛および性的満足の供給が、その時代時代でいかなる社会的関係性のなかに置かれ、どのような機能を果たしているのか、またなぜ、性＝情愛生産が現在のような労働形態をとっているのかを認識していないからだと主張される。

「性＝情愛生産労働」概念が明らかにすること

では、性＝情愛生産労働に注目することにどのような意義があるのだろうか。以下四点指摘しておこう。

第一に、フォーブレたちは、人間や社会の再生産として捉えられがち——なので、マルクス主義の観点からは、生物学的過程や世代の再生産として理解されてしまう——な、子どもを産み、情愛や養育や性的満足を与えることを、むしろ生産過程にある労働の一つと考えるべきだと提唱する。なぜならば、そうした営みは目に見えるモノを生産する労働よりも社会的価値が低いといった思い込みは、払拭されなければならないからである。

第二に、生産過程と見なすことによって、あたかも生物学的な定義のように考えられてきた母親業を、社会的な定義に転換することである。まるで自然過程の一つのように論じられてきた産み・育てるといった行為は、決して一連のものではなく、理想の母親像が社会的に形成され、女性はそのような個性をもつよう社会化されることで、母親たちは育児に動員されてきた。また、性をも生産過程の一つと理解することで、女性たちは男性に性的満足を与える存在でもあり、男性から受け取る以上に、女性たちは与えてきたことを明らかにした。

第三に、マルクス主義が家庭生活を経済的ではないと特徴づけ、心理や文化的カテゴリーとして理解し、新フロイト学派に影響を受けたラディカル・フェミニストたちが、母親業がいかに子どものアイデンティティに影響するのかにもっぱら関心を示すのに対して、フォーブレらは、母親業という労働過程そのものが女性に与える影響へとその関心を広げた。

最後に、本書第4章からの議論にとって示唆的なのは、ハートマンの議論に対する次の反論である。ハートマンは、資本主義の発達によって女性が市場労働に駆り出されることになっても、家父長制、つまり個々の男性のために、女性が家庭内労働を担っている現状は維持されると論じた。フォーブレらはこの予測は、家事労働と、育児その他の世話や性＝情愛生産とを区別していないために生じた過ちだと反駁する。彼女たちはむしろ、ハートマンたちが非歴史的なカテゴリーとして捉えてしまった母親らしさ《マザーフッド》や、セクシュアリティこそが歴史的な産物であり、性＝情愛生産と彼女たちが呼ぶ労働こそが、男性の担う労働形態と連動していることを重視する。先述したように、資本制の発展のなかで、女性たちが賃労働に就く割合は上昇した。現在から振り返るならば、合衆国の女性労働力率は、たとえば過去五〇年、つまり一九七二年の四二％から二〇二二年には五六％へと上昇しており、二五歳から五四歳の平均は七五％を超えている。しかし、ここでの問題は、外部化が相対的に容易な家事労働ではなく、性＝情愛生産や世話といった、責任や注意力、そして思考力さえ伴うケア労働がなお、女性たちが担い続けることを期待されていることなのだ。

フォーブレたちは、文化的にも経済的にも社会が大きく変動しつつあった八〇年代初頭に、家父長制と資本制との関係が大きく揺らいでいることを背景に、国家がそれでもなお女性の生殖をめぐる能力・権力を規制するために家父長制を再強化する可能性にも言及しつつ、そのなかで女性たちが置かれた矛盾から変革の可能性を唱えた。彼女らは、いまだ「ケア」という用語は使用しなかったとはいえ、新しい世代を担う未来のひとを養育する者《ナーチュラー》、つまり母親業を担う者たちには、単なる労働とは異なる思考力や注意力、そして責任が伴うこと、そしてその営みは、経済的な豊かさをもたらす労働に劣らぬ価値があることを訴えた。たとえ、性＝情愛生産をめぐる社会関係こそが女性たちが抑圧される背景であったとしても、そこにはまた、ラディカルな文化が胚胎しているのだと。

　だからこそ彼女たちは、発展し、矛盾を深める資本制の下では、人間社会に不可欠なその営みを担わされてきた女性たちは、ますます葛藤を深め、ケアと資本の原理との矛盾から、社会変革をめざすだろうと期待したのだった。個人主義や競争、私的な利潤を追求する論理に抵抗する、分かち合いや協働、そして集団的なかかわりという倫理を掲げつつ。

第2章　ケアの倫理とは何か

――『もうひとつの声で』を読み直す

1　女性学の広がり

心理学への着目

第1章では、一九六〇年代後半からのリブ運動について前史を含め概観したうえで、ラディカル・フェミニストたちの議論を中心に、女性たちの多くの経験の場である家族、そして女らしさやセクシュアリティをめぐる七〇年代の議論を見てきた。そして、たとえば日本でも上野千鶴子が精力的に論じたフェミニズムによるマルクス主義批判を経て、フェミニストたちは、性／ジェンダー・システムを明らかにすることなしには、女性たちが被ってきた抑圧から解放される道は拓かれないという知見を蓄積していく。

他方で、〈個人的なことは、政治的である〉というリブのスローガンに体現されていたように、マルクス主義の再生産労働概念の抽象性を、女性の経験知・実践知から批判するラディカル・フェミニズムの議論のなかで、家庭内の養育やケア労働の特徴に焦点があたるようになった。

さらに注目されるべきなのは、性／ジェンダー・システム概念の導入、あるいは家父長制概念の再発見によって、女性らしさの社会化のプロセスや家父長制のなかで生きる女性たちの心理に多くのフェミニストたちが光を当てるようになったことである。じっさいに『不幸な結婚』を編集したリディア・サージェントも指摘したように、多くの議論には、心理学上の議論が反映されていた。なぜならば、ラディカル・フェミニズムの大きな功績の一つは、生産「と」再生産、男の領域(公的領域)「と」女の領域(私的領域)、資本制「と」家父長制というように別々に存在していると考えられてきた、わたしたちの社会を取り巻く二分法に対して大きな疑義を呈し、異なって見えているこの二つの領域の仕組みを明らかにし、その両者の関係性を捉えようと試みたことにあったからである。

心理学、とくにその一分野である精神分析は、哲学上の議論だけでなくわたしたちの日常にも影響を与えている精神と身体といった二領域が、どのような関係にあるかを解明しようとする。次々節で考察するギリガンも論じるように、身体を介してジェンダー・アイデンティティが自己形成にいかなる影響を与えるかに着目したのがフロイトの精神分析であった。つまり、心理学的知見は、アカデミズムが注目してきた領域、つまり生産、公的領域、資本制、精神といった領域と、アカデミズムが無視してきた領域、つまり再生産、私的領域、家父長制、身体といった領域を統合的に見る一つの手段だったのである。

ジェンダー・アイデンティティについて

すでに前章でのルービンの議論のなかで見てきたように、第二波フェミニズム運動にかかわったフェミニストたちは、社会構造を資本の論理によって解明したマルクス主義を一方で批判的に読み直しながら、他方では、ジェンダー・アイデンティティが自己形成に及ぼすしくみをエディプス構造によって解明しようとしたフロイトに始まる精神分析や心理学を批判的に再考した。マルクスとフロイト両者の批判的な読解こそが、女性の抑圧の根源を探ることにつながったからである。

とくに、フロイトのいうエディプス・コンプレックスは、乳児期の母子対から、母子分離によって成長する子の、ジェンダー・アイデンティティを含む「正常な」自我形成が男児のみに当てはまり、女児は理想的な母子分離を順調に果たせず、つねに不安を抱えると論じた。しかも、男女の自我形成プロセスの違いをフロイトは、性器の差異といった生物学的な性差に還元したとして、フリーダンやミレット、ファイアストーンだけでなく、多くのフェミニストたちが批判した。しかしまたフロイトの議論は、成長過程における養育のあり方、すなわち性別分業のために女性のみが実質的な子育てを担う現状が、大きくジェンダー・アイデンティティや自己認識に関連しているという知見をフェミニストたちに与えることになった。

心理学者たちのジェンダー・アイデンティティへの関心が第二波フェミニズムに与えた影響は、たとえば、現在ではすでに常識となった——セックスとジェンダーの二元論に対する批判も含め

――生物学的カテゴリーとしてのセックスと、社会文化的カテゴリーとしてのジェンダーという概念区別を確立したのがやはり精神医学者のロバート・ストラーであったことからもうかがえよう。六〇年代に急速に発展した生物学の知見、教育心理学、そして精神分析の知見を総合的に捉えたストラーの二巻本『セックスとジェンダー』(一九六八年)は、男性である・女性であるといった自己認識をジェンダー・アイデンティティと名づけ、何がジェンダー・アイデンティティの形成に大きな影響を与えているのかを考察した大著であった。かれの研究によれば、フロイトが決定的な要因だと考えていた生物学的性差がどれほどの影響を与えているのかは測定が難しく、むしろ、心理学的な要因がジェンダー・アイデンティティを大きく左右する。すなわち、身体的な特徴じたいではなく、むしろ外性器の形状や身体の刺激・感覚が与える認知や、養育者や子どもを取り囲む人びとの態度、期待、反応こそが、そのひとのジェンダー・アイデンティティを左右するのである。

このようにして、七〇年代の心理学は、フロイトの生物学的な決定論から、より複雑な性差をめぐる議論へと展開していくことになる。

女性学の興隆

合衆国のリブの運動のなかから生まれた、男性中心的な世界観(マルクス主義)や人間観(フロイト主義)に対する女性たちの異議申し立ては、大学など教育機関にも影響を与え始める。当時多くのフェミニストたちが女性の経験をより正確に語るために、社会制度と、そのなかに位置づけられる身体をもった一人ひとりの意識との関連を明らかにするために、母子関係や子と保護者の関係といった養育に密接にかかわる心理学に注目したことはすでに確認した。同じように、女性たちが、合衆国社会に生きるためにじっさい何を学んできた/学ばされてきたのか、そして何を学ぶべきなのかという教育問題は、フェミニズムに目覚めた女性教員たちにとって大きな関心となっていく。

既存のアカデミズムの領域設定や主題設定そのものの見直しを迫る分野として、七〇年代に女性学という研究分野が合衆国の大学教育に浸透し始める。たとえば、作家であり、かつフェミニスト活動家のフローレンス・ハウは、フェミニスト出版を創設し、一九七二年からは季刊誌『女性学ニュースレター』(一九八一年『季刊 女性学』へと雑誌名を変更)を、そして一九七四年に、女性学がどこで、誰に学べるのかを記した人名録を刊行する。さらに一九七七年になると、彼女は『七年が過ぎて——一九七六年における女性学プログラム』という報告書を発表する。本報告書は、一九七四年に国会内に創設された「女性教育プログラムに関する国家諮問委員会」からの委託を受け、ニューヨーク市立大学ブルックリン校やハワイ州立大学マノア校など、すでに比較的確立された女性学プログラムをもつ一五の男女共学大学を視察、分析し、女性学プログラムが大学内でどのように運用されていくべきか、またマイノリティ研究や階級問題といった課題をいかに取り入れていくべきかを論じた。

その後ハウは、一九三〇年からハーバード大学出版が公刊する『ハーバード教育評論』の五〇年近い歴史上初めてとなる、女性学に関する「女性と教育」特集号(一九七九年)に、巻頭論文「はじめに——女性学最初の一〇年」を寄稿する。ハウによれば、女性学とは、女性を一つの社会集団として、「女性の視点から」研究する学問・教育分野である。そして、その内容について、家父長制批判を研究上の根幹に据え、家父長的に営まれてきた社会において女性学は、より民主的な社会をめざしたジェンダー研究を重要課題の一つとして焦点化し、女性の平等という明確な政治的目的を掲げるものだと主張された。ここで、もう少し詳しくハウの議論を見ておこう。

六〇年代後半から、各学会の女性会員の構成——教授、准教授、助教など——のあり方、女性会員がどれほどいるのか、いないのかに関する調査が始まるのと同時に、教科書や学校のカリキュラムにおける女性の不在、あるいは女性を描くステロタイプにも注目が集まるようになった。学校教育のなかでは、家庭がテーマでなければ女性はほとんど登場しない。歴史や哲学には女性は不在で、文学作品のなかで存在していたとしても、女性たちは、天使のように純粋無垢な妻か、そうでなければ、「売春婦」として描写されがちで、女性たちのじっさいの経験の複雑さは歪められている。さらに、作品にしばしば登場する女性像とは驚くほど対照的に、作品を生み出す彫刻家、芸術家、作曲家には、女性はほとんど存在しない。

また、政治学、法学、経済学などの社会科学の分野では、女性について論じられることがないなかで、その唯一の例外が心理学である。しかしながら、後ほどキャロル・ギリガンが詳細に論じるように、女性は、「正常な」男性と比べ、「逸脱した」「欠陥がある」「神経症」の不完全な、あるいは未熟な人間として、研究対象とされたのだった。

女性の手による研究分野の見直し

リブ運動以来、女性たちの従属、沈黙、男性たちによるその経験の歪曲の歴史が、可視化されるようになった。ハウは、長きにわたる女性たちの沈黙、女性に関する広範な無関心・無視、そして何度も繰り返される女性をめぐる嘘と歪曲の歴史を変革し、さらにはそうした過去を償うことのできる教育カリキュラムを創造しなければならないと訴える。そして、リブ運動から一〇年のなかで発展し、当時すでに重要視されていた分野が、「女性と教育」特集号に寄稿された各論考で取り上げられたのであった。ハウにしたがって、以下簡単にその一〇分野を確認しておく。

1 歴史的な観点から、哲学的・社会学的に考察された家父長制理解について。
2 複雑でいまだ混乱の見られる、生物学的／心理学的性差に関する理解について。
3 バース・コントロールをめぐる医学史や法制史など、世界的な歴史的理解について。
4 芸術作品における女性の表象に関する理解について。

5　新フロイト主義が女性の運命をどのように支配しようとしてきたのかをめぐる理解について——エリクソンやコールバーグらの男性中心主義的な心理学理論が、いかに女性に危害を与えてきたのかに気づくこと。女性の発達理論をめぐる、女性中心の新しい理論に関する理解について。

6　異性愛やレズビアニズムを含んだ女性のセクシュアリティや生殖能力をめぐる権利に関する理解について。

7　女性の排除を支えてきた歴史と教育に関する理解について。

8　合衆国における、文化横断的な家族の歴史とその機能に関する理解について。

9　歴史を通じた、文化横断的な女性労働、経済と女性に関する理解について。

10　女性と社会的変革に影響を与える諸法律に関する理解について。

右に比較的詳しく紹介した5こそが、この特集号に寄稿したギリガンの論文「人間《マ》／男性《ン》のライフサイクルにおける女性の居場所」がテーマにした分野であった。この論文は後に加筆・修正され、『もうひとつの声で』の第一章となる。

2　七〇年代のバックラッシュ

フェミニストと中絶問題

七〇年代には大学を中心に、さまざまな学問領域のなかで、あるいは学際的に女性学が確立されていくと同時に、多くの女性研究者が、ときに在野の活動家たちと共に、新しい学問、つまり女性の経験から既存分野を読み替える、「女性中心の新しい理論」に挑戦し始めた。しかしながら、民主党政権の時代から共和党政権の時代へと転換したことにも象徴されているように、七〇年代は合衆国社会の保守化が進んだ時代でもあった。

六〇年代は、一九六三年一一月に起こったジョン・F・ケネディ大統領の暗殺のために、当時副大統領だったリンドン・ジョンソンが第三六代大統領となり、かれの提示した「偉大な社会」プログラムの下で貧困と闘い、公民権拡大をめざす、いわば福祉国家的な自由主義路線がとられていた。また、社会的にも、公民権運動、反ヴェトナム戦争運動、そして学生運動などを通じて既存の政治文化に異議申し立てをし、新たな価値を創造しようとした対抗文化《カウンター・カルチャー》が若者たちの間に生まれ育った。ウーマン・リブ運動もまた、そうした対抗文化の一つであることは、もはやいうまでもないだろう。

ここでは、次節以降詳しく論じる『もうひとつの声で』が多くの読者を惹きつけたと同時に、フェミニストたちの間に賛否両論を引き起こしたその背景となる文脈を理解するためにも、六〇年代の運動に対していかなる反動が生まれたのか、リブ運動の中心的な関心の一つであった中絶をめぐる議論に焦点をあてて確認しておこう。

ハウが取り上げた、女性学の新たな領域の3と6の分野として説明されているように、女性たち自身の経験が学問分野にまったく反映されていない状態は、1に挙げられている家父長制をめぐる議論と並んで、セクシュアリティと生殖能力に関してより具体的で切実な問題であった。荻野美穂が明らかにするように、女性たちが自らの経験を語り合い、共有することによって、広く政治的な問題へと自身をつなげていくCRのなかで気づいていくのは、中絶法によって国家(=男性)が、女性たちの身体、そして生き方自体をどれほど抑圧・拘束してきたかといった問題であった。

ロー対ウェイド判決——「犯罪」から権利へ

合衆国は、一九世紀後半からほぼすべての州で中絶を犯罪化しており、強いキリスト教文化もあいまって、中絶だけでなく避妊でさえ非難される社会であった。第1章でも言及した『シスターフッド・イズ・パワフル』には、NOWの全国中絶タスク・フォース共同代表であったルシンダ・シスラーの一九六九年の論文「バース・コントロール」が収められ、当時NOWが配布していた中絶相談のための情報が附録として掲載されている。シスラーによれば、中絶を禁止する州が多いなか、それでもおそらく毎年一〇〇万人――論者によっては、二〇万人から二〇〇万人と推計には開きがある――の女性たちが中絶を経験し、また、婚姻中の妊娠であれ、婚姻外のであれ、四人に一人の女性が一度は中絶を選んでいる。そして、そうした中絶件数のうち、「合法」なのは、約一％に過ぎない一万件という統計が紹介されている。

この中絶件数からも、当時の多くの女性たちにとって、望まない妊娠に対して女性自らが決定できることがいかに大きな課題であったかがうかがい知れる。したがって、中絶法をめぐっては、リベラル派のNOWも、ラディカル派のたとえばレッド・ストッキングスも喫緊の課題として受け止めるが、レッド・ストッキングスは、法改正ではなく完全自由化を求めた点でやはり、ラディカルであった。荻野美穂によれば、どのような理由であれ、自分たちの身体をどうするのかを決める権利は、当人の女性だけにあるはずだからである。

高い頻度で「合法ではない」中絶が行われていた状態は、逮捕の危険を冒してまでも、中絶は女性の権利であると主張した多くの女性たちの運動の末、一九七三年にようやく終止符が打たれた。中絶規正法は連邦裁判所によって違憲だという判断が下されるからだ(ロー対ウェイド判決)。ただ、すでにフォーブレらが懸念していたように(第1章参照)、二〇二二年にはこの判決が覆され、中絶する権利は憲法上保障される権利ではないとされ、なかには中絶をほぼ禁止する州が出始め、女性たちの性と生殖に関する権利《リプロダクティヴ・ライツ》をめぐる運動は全米に広がっている。

新しい保守層の誕生

六〇年代からの女性たちの行動が勝ち取った違憲判決はしかし、キリスト教原理主義と結びつくニュー・ライト(新しい保守層)の台頭を一気に加速させることにもなった。それは、一九二〇年の女性参政権を認める憲法修正条項一九条が成立した当時から、次なる女性運動の目標として一九二三年に起草され議会に提出されていた、男女平等憲法修正条項(ERA)の帰趨にも現れている。ここでは、ジェーン・マンスブリッジの説明に基づいて見てみよう。

男女平等憲法修正条項は、起草当初より、平等な権利は、特別な利益を終わらせることを意味しており、左右両派から大きな反対にあってきた。左派にとっては、男女の平等とは、女性労働者への特別保護を撤廃する結果を招きかねず、右派にとっては、女性にも徴兵制を適用せよということに他ならなかったからだ。しかし、戦後、女性の保護を重視する保護派よりも、NOWなどリベラル派の活発なキャンペーンを通じて兵役を含めた男女同等の権利を主張する平等派の影響が増すにつれ、一般世論にもERA支持が増えていく。

六四年には、そもそも人種差別禁止を目的とした公民権法第七編・雇用差別禁止条項に、性による差別禁止が——性差別禁止が加われば、保守派は第七編には反対するだろうという皮肉な予測の下で——追加されたうえで可決された。すると、女性に対する保護条項を無効とするのではという左派の懸念は杞憂であったことが分かった。なぜなら、第七編は、男性にも女性に限定されていた保護条項を拡大適用することで、「特別な」保護をなくすという形で効果を発揮し始めたからだ。こうしてERAに対する左派の懸念は沈静化していく。

ERAの挫折

ERAはこうして、紆余曲折を経て一九七二年に議会では可決されたものの、その後、憲法改正手続きに必要な各州議会の四分の三の承認を得ることなく、一九八二年には憲法改正発議の効力は失効してしまう。国会で圧倒的賛成を得て、保守層を含めた多数の市民がERAを支持していたにもかかわらず、なぜ、ERAは失効してしまったのだろうか。ERAがもし憲法に追加されていたとしても、じっさいには合衆国社会に影響を与えなかったであろうと論じるマンスブリッジによれば、二つの理由を挙げることができる。

第一に、まさにロー対ウェイド判決に象徴されたように、普遍的な原理に従って判断を下す連邦裁判所に対する、州議会と一般市民の反発である。中絶法を違憲とした最高裁判決は、じっさいにはERAとはまったく関係がなかったものの、州ごとの統治権が強い合衆国社会のなかで、これら二つの事例は、比較的保守的な州議会から、リベラルでコスモポリタンな最高裁判所へと権力が奪われるといった反感を増幅させた。

第二に、マンスブリッジは、合衆国社会は抽象的な「平等な権利」には賛成するものの、じっさいに男女の役割や個別の家庭生活を変革することを好まなかった点を指摘する。したがって、〈個人的なことは、政治的である〉などと主張する勢力が合衆国の伝統的な価値を貶めているのだと保守派は主張し、ロー対ウェイド判決とERAを重ねて批判することに成功した。合衆国の伝統的な右派にとっては、それまで国家防衛と共産主義の脅威が中心的な関心であったが、「女性問題」が多くの共感を呼ぶと気づくことになる。逆説的なことに、保守層にとっても初めて、家族や性生活、生殖、子どもといった個人的な問題が、政治的課題となったのだ。六〇年代の急激な価値観の変化に戸惑っていた市民は、自分たちにとってなじみ深い家族や教育をテーマに新しい組織形態を創り上げ始めた新右派《ニュー・ライト》へと取り込まれていく。

新右派は、福音派の原理主義的な教会と手を組み、州の議員へと働きかけると同時に、教区に根ざした草の根の活動を展開し始める。また、女性をめぐるテーマを扱うことで新右派は、旧来の右派では動員できなかった層、つまり主婦層を惹きつけることに成功する。中絶問題やERAが連邦議会や最高裁といった場で争われる一方で、新たに登場した右派はむしろ、〈個人的なことは、政治的である〉というリブのスローガンを、積極的にローカルに活用し、支持を集めることに成功していったのだった。

じっさい、一九七三年のロー対ウェイド判決以後、中絶問題は解決されるどころか、むしろ政治的にはさらに激しい対立が容認派(プロ・チョイス)と反対派(プロ・ライフ)の間に生まれ、現在もなお、合衆国社会を分断するような、政治的な争点の一つであり続けることになる。

3　ギリガン『もうひとつの声で――心理学の理論とケアの倫理』を読む

キャロル・ギリガンと心理学の出会い

現在では、誰しもがケアの倫理研究の嚆矢としてまっさきに挙げる、一九八二年に公刊された『もうひとつの声で』は、発達心理学という分野を越えてなぜこれほどの影響力をもつに至ったのだろうか。本節ではまず、ギリガンが心理学とどのように出会い、なぜ『もうひとつの声で』を書くに至ったのかについて、ギリガン自身の回顧、インタヴュー、そして、『もうひとつの声で』以降に公刊された論文のいくつかを検討することで、概観しておこう。

キャロル・ギリガンは、一九三六年に弁護士の父と保育士の母の下、ニューヨーク市に生まれる。少女時代は、ジョン・デューイの教育論に影響を受けた進歩的で創造的な教育、とりわけパフォーミング・アーツに力を入れていたことで有名な、マンハッタンのセントラルパークの西側に位置していたウォルデン学校に学び、モダン・ダンスとピアノに親しんだ。その後、フィラデルフィアにあるスワースモア大学で英文学を主専攻、副専攻に心理学と歴史学を選び、学んでいる。後に『もうひとつの声で』は、心理学の専門書というには文学作品からの引用が多く、検証可能なデータが不足し、科学的ではないとの批判を受けるが、彼女にとって、ヘンリック・イプセン、ジョージ・エリオット、そしてヴァージニア・ウルフといった作家は、『もうひとつの声で』の方法論に深く影響を与えている。

ギリガンは、文学を通じて心理学に出会うことで、個人の心理そのものというより、わたしたちが物事に触れ、理解するなかで語られていないこと、あるいは声の様子や人びとが紡ぎだす関係性の変化に関心をもつようになる。文学作品は読者に対し、一つの現実が別の現実のなかでこそその意味が詳らかにされたり、異なる現実がそれぞれ隣り合っていたりするなかで影響を受けあうことを描写する。『もうひとつの声で』を読むなかで具体的にその影響を見ていくことにするが、ギリガンがより関心を示したのは、内なる声がどのように一人の人物のなかで響きあったり不協和音を奏でたりするのか、そして自分自身を物語るひとが本当に語っていることと、語らないでいることの間で、その声の在り方と物事を見る視線がどのように変化するのかであった。

彼女にとって、自らが招いたわけではないある状況のなかでひとが決断できない、あるいは葛藤の末に何らかの行動に出るということについては、けっして一つの声では語りえないものである。そうした状況のなかにいる個人のいくつもの声は、幾層にも積み重なったり、矛盾しあったりする心理状態を表しているのだ。スワースモア大学で学んだ心理学は、人びとの認識の複雑な在り方について考えさせるもので、そこでギリガンは心理学に魅了されたという。

ハーバード大学でのギリガン

その後一九六一年に、マサチューセッツ州のラドクリフ・カレッジで臨床心理学修士号を取得すると、心理療法士をめざし、ハーバード大学大学院博士課程に進学し、論文『誘惑への応答――動機の分析』で一九六四年に博士号を取得する。しかし、ハーバードでの心理学は彼女をぞっとさせたという。なぜなら、そこではたとえば学生たちが公園で急に倒れたふりをして、どれくらいのひとが立ち止まり、助けてくれるのかを調査するといった実験が行われていたからだ。ギリガンにとって、人びとが生きる現実と心理との関係は重要であったので、ひとを欺いてまで行われる研究にはいかなる道徳的な正当性も認めることができなかった。

研究分野と自分自身の声とのつながりを見失った彼女の博士論文は七五頁の短い論文であり、スワースモア大学で教育を受けてきた彼女には、大学院での研究は容易に感じられた。博士論文提出を機に彼女は、モダン・ダンサー、社会活動家となり、もう心理学には戻らないと決めたという。

公民権運動のただなかで

ところで、すでに第1章で見てきたように、六〇年代の合衆国は公民権運動の時代であり、そこからさまざまな解放運動が誕生した。ギリガンは、スワースモア大学時代に直接参加をしなかったものの、人種隔離政策に反対するアラバマ州モントゴメリーのバス・ボイコット事件に触れている(一九五五年)。長男を授ったのを機に、精神科医で、その後暴力研究で著名になる夫ジェームズの都合でオハイオ州クリーヴランドに移ると、黒人の多い住宅地に住み、さまざまな出自のダンサーが所属するダンス・カンパニーでモダン・ダンスに打ち込む傍ら、地域の黒人を支援する活動に従事している。

黒人を選挙から排除するために利用されていた選挙人登録は、現在も身分証明を厳格にすることによって貧困層を排除するような効果をもつともいわれているが、当時は、識字能力を試すような嫌がらせもあり、黒人有権者のあいだには選挙のための登録を忌避する傾向が見られた。そこでギリガンは、近隣を一軒一軒訪ね、黒人たちに選挙人登録を勧めようとした。白人であるギリガンがドアの前に立っているのだから、訝しがられるのも当然だった時代、彼女はまだ幼かった息子をベビーカーで連れて——子どもを見ると、安心してドアを開けてくれた——、民主的な社会において自分自身の声をもつことがいかに大切かを、時間をかけて説いて回った。

その後も、彼女は、ヴェトナム反戦運動に深くかかわり、一九六五年から講師として初めて教鞭をとることになったシカゴ大学では、徴兵する学生を選ぶために成績表を提出せよという当局からの要請に対する抗議活動もしている。自分がかかわることができたあらゆる解放運動にかかわったと自任する彼女にとって、フェミニズムは六〇年代の公民権運動・解放運動の延長線上にあり、ある日突然目覚めたといったものではなかった。むしろ異なる声を上げる人びとの運動に耳を傾けてきたなかで、自分自身の声にも耳を傾けるようになった結果だといえるのではないだろうか。二〇代で結婚して、子どもを産むことが自然とされていた時代に、女性たちが母親であることや結婚について自らの経験を語り合い始め、自分だけの個人的な経験と信じていた事柄が、じっさいには共有された経験であることに多くの女性たちが気づいていく時代であった。こうした経験は、ギリガンにとっても啓示のような力をもった発見だった。

エリクソンに導かれて再び心理学へ

一九六七年、ハーバード大学に講師として戻ると、彼女はエリク・エリクソン(一九〇二―九四)の講座で一つの講義を担当するようになり、かれの影響で再び心理学へと関心を移すようになる。エリクソンは、「アイデンティティ・クライシス」や「ライフサイクル」で有名な発達心理学の大家である。ナチス・ドイツを逃れて合衆国にきた心理学者のかれからギリガンは、人生を歴史のなかに位置づけることの重要性、ひとのライフ・ヒストリーは歴史のなかでしか理解しえないことを学ぶ。

人びとが抱く自己に対する認識を関係性のなかで読み解こうとするギリガンの『もうひとつの声で』は、単に研究分野を共にするという以上の影響を、エリクソンから受けている。人間の心理を社会性のなかで読み解くという方法論や、心理上の危機を心理発達の契機とみなす視点に加えて、たとえば、エリクソンは「ライフサイクル」の講義をイングマール・ベルイマン監督の映画『野いちご』(一九五七年)を学生に見せることで始めていたことをギリガンは印象深く記憶していた。そして、『野いちご』は、他者との「分離」と「つながり」が心理発達に果たす役割、そしてつながりを維持するケアという『もうひとつの声で』の重要なテーマに対する文脈を与えており、エリクソンの研究からギリガンが大きなインスピレーションを受けていることがわかる。

こうしてエリクソンによって再び心理学へと招き入れられたギリガンは一九六九年、同じくハーバード大学教授であった、道徳性発達理論の権威であるローレンス・コールバーグに初めて出会う。かれの研究助手となった彼女は、かれとの共同研究、そしてかれの講座のなかで講義を担いながら、道徳の社会的重要性、当時の合衆国の政治状況のなかでいかに生きるか、何をすべきかを問う心理学の魅力を学ぶことになる。そして、コールバーグとの共同研究、コールバーグの講座のなかで担当した「道徳的・政治的選択」についての講義を通じて、『もうひとつの声で』において重要な位置を占める、中絶をめぐる決定に関する研究への道が開かれるようになる。なぜギリガンが中絶をめぐる研究に着手したのか、その経緯については、次章で触れるギリガン批判への応答の一つともなりうるので、少し詳しく見ておこう。

コールバーグとの出会い

ギリガン本人が、彼女自身の心理学を確立するために影響を受けた第二の研究者と呼ぶコールバーグは、もともとは哲学を専門とする研究者である。かれは、第二次世界大戦時のホロコーストの余波のなかで、心理学者が道徳的な相対主義の立場をとることはありえないと考えており、心理学を価値中立的な社会科学、あるいは一般化や法則の発見をめざす自然科学へと近づけようとする当時の風潮に敢然と立ち向かう思想家でもあった。人種差別やヴェトナム戦争といった不正義と闘う学生たちが溢れるキャンパスで、いかに生きるべきか、何をすべきかと問うことなく、心理学を教えることもできなかった時代である。かれは、心理学とは道徳哲学に他ならず、人生における重要な問いに向き合うことなくひとの発達を語ることは不可能だとも考えていた。

そうしたコールバーグの下で講義を担当するようになったギリガンは、学生たちの強い要望で、不正な社会でいかなる政治的選択がありうるのか、個人としてどのような道徳的振る舞いが求められているのかを考えるための講義を担当することになった。コールバーグについての思い出を語るなかで、ギリガンは興味深いエピソードを語っている。ある女子学生がコールバーグの講義のなかで、多くの人びとが飢えていることを知っている自分が何をなすべきかについて、コールバーグの理論は何を語ってくれるのかと手を挙げて質問した。他方、ギリガンが担当する講義では、当時誰もが議論していたヴェトナム戦争——は正しい戦争なのか、否か——をめぐり、男子学生は、徴兵制については固く口を閉ざしていた。

沈黙する男子学生

ギリガンが理解したのは、かれらは、〈徴兵に抵抗すべきかどうか〉という問いによって、徴兵制度や戦争の正・不正といった問いだけでなく、徴兵によってかれらが大切にしている関係性や人びとがどのような影響を受けるのかを考えさせられることを知っているがゆえに、沈黙するしかなかったということだった。そうした男子学生たちの沈黙は、ギリガンにとって、コールバーグ理論の限界を示すものでもあった。つまり、当時の大学の講義において活発に論じられた道徳的な問題枠組みでは、かれらが悩み、葛藤を抱えざるをえなかった問題について語ることができなかったのだ。

　こうした男子学生の態度から、ギリガンは次のことを発見する。男性としてかれらは、私的な関係や自分が大切に思うひとたちの感情を慮る態度は、女性的で道徳的に未発達だと感じ、自制していたのだと。公の場で、自分自身が決めかねていることを語ること、あるいは本当に自分が考えているのとは逆のことを発言する偽善性よりも、かれらは沈黙を選んだのだった。

　ギリガンは、こうした男子学生の態度を見て、道徳的葛藤や選択をめぐるじっさいの経験についてインタヴュー調査を計画するようになった。それは、ギリガンが目にした沈黙の奥のもう一つの声についての研究として、その講義に参加する男子学生が在学時と徴兵に直面する卒業時にどのような経験をしているのかを調べるものであった。ところが、ニクソン大統領は、一九七三年になるとヴェトナムから米軍を撤退させ、徴兵制度を停止する。そしてまさに同年、前節で見たように、合衆国最高裁は中絶を合法化することになる。ギリガンはその時を振り返り、ジェンダー研究には関心がなかったものの、これで計画してきた研究が続けられる、ここにもう一つの切迫した選択問題があると考えたという。中絶は、徴兵のようにあれかこれかを選ばざるをえない、そして、決して個人的な問題ではなく、大きく人間関係を揺るがす選択であった。『もうひとつの声で』が、当時の政治的文脈とフェミニズム運動のなかでこそ生まれたことがよく分かるエピソードである。

「異なるの声」の発見

こうして、そもそも男子学生を対象にしようとしたギリガンの調査は、女性を対象とした調査に変更された。内面の葛藤、自省に関心があったギリガンは、調査者に対しいかに自分を表現するかといった質問を続けることになる。すると、当時公的に議論されていた、権利を中心とする中絶問題とはまったく異なる声が聞こえてきた。〈胎児の権利〉か〈女性の権利〉かといった議論に終始するかぎり、この異なる声は聞こえてこない。彼女たちが本当に考え、感じていることから発せられた言葉は、権利を中心とした「公的な場」では、殺人者としてのそれか、何でもないことにいちいち思い悩む者のそれとしか聴き取られない。

コールバーグの研究助手として、コールバーグが考案した仮想のディレンマ問題――ハインツのディレンマ――についてインタヴューするなかで、ギリガンは、女性たちが〈わたしが考えていると思われるようなことを知りたいのか、それとも〈わたしが本当に考えていることを知りたいのか〉と聞き返すことに気づかされる。女性たちが本当に思っていることをいえば、理解されることが難しくなる。それどころか、他者との関係性が壊れてしまうかもしれない。自分が考えていることを話すと、なぜか経験不足だと非難されることすらある。そして、ギリガンが講義のなかで出会った徴兵制に悩む学生たちが正しくも理解していた――からこそ、女性のように聞こえてしまわないために口を閉ざした――ように、本当に思っていることをいえば、コールバーグの道徳性発達のモデルでは、低い段階にあると評価されてしまうのだ。

ここで、ギリガンが声《ヴォイス》に込めた意味を確認しておこう。英語のヴォイスには、能動態・受動態といった用語に使用される「態」の意味もある。徴兵制を自分自身の問題として考える男子学生たちは、自分が本当に考えていることを語ってしまうと、自分では決められないことや、自身を思いやるであろう近しいひとたちとの関係性に踏み込まざるをえなかった。そこで、口を閉ざしたのだった。つまり、声にはそのひとが結んでいる関係性が反映されている。さらに、ギリガン自身『もうひとつの声で』第二版に新たに収められた「一九九三年、読者への書簡」(以下、「読者への書簡」と略記)でも述べているように、声は言語を伝えるだけでなく、発声者の身体や心理、そしての声を聴いているひととどのような関係性を結んでいるかによって、広がったり縮んだりもする。

男性のみを対象にした道徳性の発達モデルでは、後に見るように、ある個人が置かれた文脈よりも、そのひとが、あれかこれかの選択を迫られ、自分の考えを合理性や普遍性といった原理に照らして明確に語ることが高く評価されるのだった。しかし、現実の道徳的問題に対峙するさい、ひとの声は、そのひとが置かれている個別の文脈のなかから発せられるために、他者の思いを語ったり、言いよどんだり、語った途端に逆のことを言ってみたりと、けっしてたった一つの声としては語られないのだ。

中絶をめぐる経験を語る女性たちの声のなかに、これまで心理学者が注目してこなかった語りがある。エリクソンやコールバーグが論じてきた人間の発達のなかでは、ひとが他者とのつながりのなかで直面する葛藤がどのようにして人びとの内面のなかで解決され、あるいは解決されずに、未来へとつながっていくのかが論じられてこなかった。ギリガンにとって、こうした問題に触れない心理学は、人間世界を捉え損なっている。ギリガン自身も、心理学の講義を通じて、ある問題については〈そうした問題は大切な問題だけど、この場にはふさわしくない〉と学生に応える経験を幾度もしてきた。彼女の経験も含めて、女性たちの声と経験を理解しようとしたとき、ようやく彼女のなかでフェミニスト心理学が誕生したといってよいだろう。そして、それまでずっと目の前にあったのに気づかなかった事実、つまりコールバーグの研究は、八四人の白人の男児のみを研究対象にしていたという事実にも目が覚まされたという。つまり、男性心理学者こそが、ジェンダーを基にして調査対象を選んできたのであった。それは男性に関する研究であって、決して人間に関する研究ではなかった。にもかかわらず、なぜかその調査は、当時の合衆国の社会文化を代表してもいたのだ。

著名で、ギリガンも尊敬する心理学者は、女性がいないことになんら疑問も感じず、女性たち自身もまた、自分たちがどこにも存在しないことを問題だと考えてこなかった。彼女にとって、女性たちの語りのなかで聞こえてきた異なる声は、「女性の声」というよりも、それまで当然視されてきた会話の枠組みそのものを変えるような声として響いたのだった。いや、もっと正確にいうならば、ギリガンがなそうとしたのは、これまでの会話のなかでは沈黙させられてきた声を告発の声として響かせるような、会話の在り方そのものの組み換えだった。こうして、『もうひとつの声で』が誕生する。

『もうひとつの声で』を読む

前節で確認したように、『もうひとつの声で』は、六〇年代から七〇年代にかけてのフェミニズム運動と、その運動から生まれた、家父長制を支える文化や思想、社会構造を批判的に考察する女性学の文脈から生まれてきた。六〇年代後半に誕生した——ハウの報告書で明らかなように、制度的に、すなわち大学で女性学の講義が最初に開講されるのは一九六八年——女性学の目的は、学術の場に女性たちの経験をまずは反映させることであった。その意味で、ギリガンの研究が、女性たちへのインタヴュー、とくに、カウンセリングとクリニックを通じて紹介された女性を対象に、中絶をめぐる葛藤についてのインタヴューを中心に論じられていることは、フェミニズムとギリガンとの関係を考えるうえで重要である。

じっさい、『もうひとつの声で』の「序」で明示されているように、同書は、自己と道徳をめぐる構想と、軋轢と選択の経験についてインタヴュー調査した三つの研究、すなわち「大学生に関する研究」(コールバーグの道徳的・政治的選択に関する講義を受講した大学生のうちランダムに選ばれた二五人を対象)、「妊娠中絶の意思決定に関する研究」(一五歳から三三歳、異なるエスニシティ、社会階級の二九人を対象)、「権利と責任に関する研究」(ライフサイクルに応じて、六歳から六〇歳まで総勢一四四人の男女を対象)から成り、そこで検討される仮説とは、①ひとが自己を振り返るその語り方は、道徳的に重要な意味をもち、②どのようなことばを用い、いかに物語を構成していくかは、ひとが理解し行為する世界を映し出している、という二つであった。したがって、次章でさらに検討しなければならないが、ギリガンとしては、男女の差異に焦点を当てたというよりも、既存の心理学が捨象してきた世界観や人間観を描こうとしたのだった。

ギリガンが強調するのは、社会のなかで、しかもさまざまな属性――ジェンダー、人種、エスニシティ、宗教、階級――をもつ集団から階層化されている合衆国において、偏った対象を調査することで作り上げられた理解の枠組みが、いかにそうしたさまざまな背景をもつ人びとの声を聴き取るのか、異なる声がいかに解釈されるのか、その違いこそが明らかにされなければならないということである。つまり、男女の語り方、声に反映されている道徳観の違いに焦点があてられるのは、その違いを一般化し、そもそも男女は異なるのだと主張するためではない。

心理学者としてギリガンは、男女の差異がなぜ生じるのか、といった社会的背景を問うのではなく、一人ひとりが抱える道徳的葛藤に、既存の心理学が見向きもしなかった人間観や世界観を見いだそうとした。彼女の関心が、個々の語りに耳を傾けることによって浮かび上がらせようとする異なりをいかに解釈するかにあることは、『もうひとつの声で』がその後、他分野に大きな影響を与え続けていることを考えるうえでも、いくら強調しても強調しすぎることはないだろう。本章第1節ですでに触れた『ハーバード教育評論』に初出の第一章「人間《マ》／男《ン》性のライフサイクルにおける女性の居場所」は、一読すると、男女の性差を強調しているように読めなくもないが、強調点はむしろ、その差異がどのように解釈されてきたか、そう解釈されることによって、歪められ、かつ見えなくなっているものは何か、である。

そうしたギリガン自身が明示する関心に沿って読むならば、いかに彼女が、心理学に限らず、客観性や中立性を装う科学的知見こそが男性性に固執し、つまりジェンダー化されているだけでなく、そのジェンダー規範からはずれた者たち(＝女性)を、劣った者として規定すると同時に、女性たちの内面をも構築してきたことを批判しようとしたかを読み取ることができる。すなわち、『もうひとつの声で』の批判点は二つある。一つは、男性ジェンダーを人間《マン》の規範として、そこから逸脱する者を蔑視する「普遍性」に対する批判である。もう一つは、社会一般にも通低するその規範により、自分たちが見ているもの、生きている世界、その世界で生きている自分、そして自分を見つめる他者の視点が乖離した状態で構築される、(とりわけ女性の)アイデンティティをいかに理解するかをめぐる批判である。

しかし、ここで急いで付け加えられなければならないのは――そして、ここに『もうひとつの声で』を理解する難しさがある――、現実に劣位に留め置かれてきた女性たちは、そうした規範の下にアイデンティティが構築され、自身の判断に自信がなかったり、無力感に苛まれたりする一方で、自分以外の声や他者の視点に敏感であることを、ギリガンは女性の強さとしても評価している点である。

『もうひとつの声で』の構成

なお『もうひとつの声で』をよりよく理解するために、その構成について確認しておくことが一つの助けになるだろう。日本では二〇二二年に新訳が公刊され、ギリガン自身が一九九三年に「読者への書簡」として『もうひとつの声で』公刊後の一〇年を振り返りつつ執筆した自著解説も所収されることになり、ギリガンとフェミニズムの関係もより鮮明となった。そのなかでギリガン自身が説明するところによれば、第一・二・六章は、伝統的な道徳性の発達心理学による解釈と、ギリガンらによる調査を経て得た知見(解釈)とが対照的に示される理論編であり、第三・四・五章は、ギリガンらが行った女性を中心としたインタヴューについて、関係性を維持しようと葛藤する女性たちの声を中心に、理論編を通じて得られた女性における心理的発達が再構成される実践編と考えてよいであろう。

第一章はしたがって、フロイトに始まる男性中心的な心理的発達理論は、男性に人間を代表させ、かつ男性の目線で人生、そして女性をも解釈してきたことがまず批判される。

コールバーグら男性のみを主な調査対象にしてきた心理学者たちは、人間の到達すべき道徳的な成熟を次のように捉えてきた。すなわち、ひとは成熟するにつれて、自身が経験する人間関係や社会の規則をより普遍的な正義の原理に従わせることを当然視する道徳観に至る、と。男性のライフサイクルのなかで登場する女性たちについては、競争社会での成功をめざす男性たちの活動の場の外にいるために、男性たちの業績を助けてくれる協力者である場合以外は(第六章)、男性たちは女性の価値を認めようとはしない。つまり、男性たちにとって女性たちの居場所は、誰かを育て《ナーチュラー》、誰かをケアし《ケアテイカー》、誰かを補助する《ヘルプメイト》者としてのそれであり、女性自身もまた、そこで編み上げたネットワークに頼って生きることになる。そのため、女性たちが自分自身の価値を見いだすのはその居場所しかない。しかしながら、男性たちから、そして社会的にも、女性たちが担うケアは、労働市場にあるか否かにかかわらず、経済的評価を受けず、心理発達の理論も、市場にならうかのようにその価値を低く評価してきた。女性たちからケアを与えられることは、男性も社会も当然のこととしながら、である。

男性に求められる自律的思考——自身の力で発見した普遍的な法律にのみ従って行為すること——、すなわち、他者の判断や人間関係、環境に左右されることなく、誰にでも当てはまる原理によって何をなすべきかを判断する思考は、ギリガンによれば、偏った男性中心の活動の場が必要とする思考である。たしかに、女性たちが社会的な弱者として位置づけられてきたことは事実であり、その立場ゆえに、女性たちは他者への配慮や共感を身につけてきた。ギリガン自身「読者への書簡」でははっきりと、身体や家族関係、そして社会文化的にどこに位置づけられているかの違いが、ひとの心理に深く影響することを認めている。

だからこそギリガンは、コールバーグらとは異なり、女性もまた伝統的に男性だけに限られてきた活動の場に足を踏み入れさえすれば、自分の道徳視座の不十分さに気づき、より高い段階に発達するとは考えないのだ。ギリガンはそこに、女性たちのライフサイクルを大きく規定するパラドクスが存在すると考える。なぜなら、当時の合衆国――そして現在の日本社会――では、伝統的な女性の善良さとは、なにより他者のニーズをきめ細やかに感じとり、それをケアする態度とされ、自己主張をする女性は、わがまま／自己中心的であり、本来社会から期待されてきた他者への責任を放棄する危険があるので、社会に混乱をもたらす者として大いなるバッシングを受けるからだ。ここに、少女たちが青年期へと成長するさい、あるいは成人した女性たちの多くが経験する、自分自身と社会的に期待される女性像との解離が現れる。

ギリガンによる知識批判の先見性

フェミニストたちに批判されがちであったギリガンのこうした考察に、「知識批判」としての先見性を見たのは、日本においては江原由美子である。たしかに普遍的正義に基づいて判断しないとされるがゆえに、女性たちは劣った存在として規定されてきた。しかし江原によれば、女性たちがじっさいの社会において厳しい非難を浴びるのは、公正さや普遍的正義に基づいて判断し、声を上げるときなのだ(江原二〇〇〇：一三二)。

こうしたギリガンの「知識批判」は、本書の第4章以下で見ていくような、公的領域と私的領域、正義とケアといった境界を越える可能性をケアの倫理に見いだしていくその後の研究を大いに鼓舞することになる。成熟した人間が体得するとされる普遍的な正義論が、じつは男性の、ケアを当たり前に受け、しかもその価値を貶めてきた者たちの視座から構築されたものであるならば、人間としての包摂を女性たちが求めるさい、成熟の定義そのものだけでなく、発達とは何かについて、あるいは人間社会全体についての理解もまた変革されなければならないだろう。さらに、本書の関心からは、このようにも問えるかもしれない。つまり、男性の観点からすれば、あたかも補助者のようにしか思われていない者たちが身につけ実践する道徳的な視座は、果たして、男性たちが当然視するように、家庭にこそ／のみにふさわしいものなのだろうか、と。

　男女の差異に注目するのではなく、むしろその解釈に関心があるというギリガンは、さらに、競争の成果をめぐる男女の異なる反応についての理解の仕方にも注目する。男性のみの研究では、成果を求める動機には「成功願望」と「失敗恐怖」という二つが見られた。しかし、女性たちを対象に研究すると、そこに「成功不安」という、男性だけに注目した研究からは考えられない傾向を見いだすことができる。一方では、女性が示す不安は、女性が男性に競り勝つことに対する否定的な社会評価を怖れてのことだと考えられる。他方で、女性たちが成功を前に示す葛藤は、その成功の裏側に、他者の失敗を感じ取るからだとも考えられる。すなわち、一人の成功が他者の失敗を意味するように決定づけてしまう競争そのものに対する疑義を、女性たちの躊躇のなかに見いだすことも可能だ。しかしギリガンは、これらの二つの解釈を前に、次のように問い返す。男性をあたかも不動の基準にしながら、女性がなぜその基準には当てはまらないかを考えるのではなく、そもそもなぜ男性は、勝者と敗者を分かつ成功がもたらす人間関係への影響を配慮することなく、安易に自分の成功を喜べるのか、成功を自分だけの手柄のように喜べるのはなぜなのかを考えるべきではないのか、と。

既存の道徳観との対決

こうして『もうひとつの声で』第一章では、競合関係にある権利を、公正さや普遍的価値に基づいて順位づける倫理と、人間関係のなかで自分とは異なる立場にある他者への責任を重視する（がゆえに、葛藤する）倫理とが抽出される。そして、なにより重要なのは、この二つの倫理の違いを浮かび上がらせようとする背景には、これまでコールバーグらが展開してきた道徳性の発達理論が歴然と存在しているということである。それは、人間の成長を、前慣習的レヴェルから、他者からの期待や全体にあわせることが正しいとする慣習的レヴェル、そして、多数の意見を尊重しながらも、実定法をも超える普遍的な原理を自らの力で妥当だと判断し、行動する脱慣習的レヴェルへと発展するものと捉える、男性中心的な基準に他ならない。

ギリガンの主張には、普遍性を騙《かた》りつつ、じっさいには男性のライフサイクルを正当化し維持する結果となる道徳観への批判が込められていることを強調しておこう。この批判的な視座が見失われると、ギリガンが依拠する、女性の自己像をめぐる議論（＝アイデンティティ論）に沿って解釈される女性たちの語りの特異性が際立ち、その特異性が生来のものなのか（＝本質主義）、家父長制による結果なのか（＝文化本質主義）、あるいは、女性の社会的劣位による結果なのか（＝社会構築主義）といった論争に終始することになろう。

こうして、厳しく既存の社会科学を批判し、異なる人間観・世界観の可能性を示唆する第一章において、二つの道徳のあり方が示される。一方は、諸権利が競いあう場合に、客観的で公正な原理に基づき、形式的に優先順位をつけて道徳問題を解決しようとする思考様式であり、他方は、責任がぶつかりあうことから生じてくる道徳的問題を、具体的な語り《ナラティヴ》のなかに文脈づけることで解決しようとする考え方である。前者は公正としての道徳概念であり、つながりより分離を強調する傾向があり、後者はケア活動にかかわるなかから構想されてくる道徳概念であり、つながりのなかで生まれる責任を重視する傾向がある。

「正義の倫理」と「ケアの倫理」

こうして抽出される二つの道徳概念は、第二章「関係性の複数のイメージ」以下で、「正義の倫理」と「ケアの倫理」として対比的に考察され、ギリガンはケアの倫理の観点から、これまで劣っているとされてきた女性たちが異なる発達の過程を経て成熟に至ることを、第六章「成熟の姿」で論証しようとするのだった。

第二章では、有名なハインツのディレンマ（＝「ハインツという名の男が、自分では買う余裕のない薬を、妻の命を救うために盗むべきか否か」）が主に検討され、共に一一歳の女の子エイミーと男の子ジェイクの回答の違いをいかに解釈するべきかについて、異なる解釈枠組みを与えることで、新しい道徳性の発達の形が見いだされるかどうかが検討される。

ジェイクは、ハインツは薬を盗むべきであるという明確な意見をもっており、財産より生命のほうが価値があるという論理によって正当化する。ハインツは法律を犯しており、逮捕されて裁かれるのではと尋ねられても、法律も間違うことがあるとして、ジェイクの主張に揺るぎはない。そこには、道徳的価値について同意と社会的コンセンサスの存在が想定されている。コールバーグの指標では、ジェイクの道徳観は、社会的同意を得た、広く共有される慣習に依拠して公正性を捉える慣習的レヴェルに位置づけられるものの、そこには、道徳性と法律を区別する能力と正義に関する原理的な構想が芽生えている。

他方で、エイミーは、盗むべきかもしれないけど、妻のことも心配だしと、自信のないような回答をする。「もしハインツが薬を盗んだら、妻を助けることができるかもしれません。その時はそれでよいかもしれないけど、きっと盗んだら牢屋に行かなければならなくなるでしょう。そうしたら、妻はもっと病気が悪くなってしまうかもしれないけれど、ハインツはもう薬を持ってくることができないから、よくないと思います。だから、本当にただただよく話し合って、お金をつくる他の方法を見つけるべきです」と(Gilligan 1993=1982: 28/104)。

エイミーが注目するのは、財産や法律よりも、盗みがいかにハインツと妻との関係に影響を与えるかである。ハインツが薬を盗んで逮捕されてしまえば、そもそもの目的であった、妻の命を救うことができない、なぜなら、妻をケアするひとが誰もいなくなってしまうからだ。彼女の道徳問題は、数学的な論理によって解決するのではなく、時間のなかで編まれる人間関係をいかに維持するかという対応をめぐるものである。そして、問題となっているディレンマは、財産や生命といった諸権利の競合から生まれているのではなく、助けることができるのに、助けようとしない薬屋の応答の失敗から生まれてくると考えている。

しかし、既存の発達段階を指標とする面接官とのやりとりでは、彼女の答えは、どんどんと不確かなものになっていく。エイミー自身が想定する人間関係のなかで問題を解決しようとする彼女の回答は、コールバーグが期待する解決から逸脱しているため、論理の失敗、自分自身の判断で物事を考えることができないと面接官に受けとめられてしまうからだ。そもそも、エイミーは〈財産か生命か〉というディレンマの核心を理解していない。したがって、エイミーの回答は、ジェイクのそれより一段階低い、自己中心的な公平さの理解と、対人関係のなかに公平さを見る理解が混在している状態だと評価される。人間関係やコミュニケーションによって問題を解決しようとするのは、女性の従属的な態度や認知的な未成熟を表しているかのように解釈されるからだ。

他者とのつながりと応答責任

しかし、とギリガンは異なる解釈枠組みを挿入する。ギリガンによれば、解釈枠組みは、人びとの経験から離れたところにあらかじめ設定されたものではなく、むしろ語るひとが置かれた文脈、つまりエイミーの語りが映し出す世界である。エイミーの世界とは、人びとがつながりあっており、そうした存在の在り方に気づくことが、互いの応答責任の存在を認めることへとつながっていくような複数の関係性と、やはり複数存在する心理状態から織りなされている世界なのだ。それは、ハインツのディレンマを構築するために、コールバーグによって屈折させられた世界とは異なる世界である。財産か生命かという諸権利の対立を解決しようとするジェイクの世界には、ハインツと薬屋しか登場しない一方で、エイミーの世界では、ハインツ自身もその継続に依存している、妻との──そして、おそらくかれを取り巻くその他多くの──関係性があり、そうしたつながりから生まれる責任をハインツは担っている/担わざるをえないのだ。

他者とのつながりに気づき、そこに応答責任を見いだすケアの倫理は、客観的な公正の論理によって権利間の衝突を解決する正義の論理に、むしろ関係性を破壊する、あるいは勝ち負けといった暴力が内在していることに注意を向ける。第二章では、こうした二つの世界観から導き出される暴力観（ケアの倫理は競争に、正義の倫理は親密さに暴力的イメージを見る）、何によってひとは傷つくか（ケアの倫理は応答のなさに、正義の倫理は攻撃性が示されることによって）、責任の示し方（ケアの倫理は他者への配慮を示し要求によりいっそう応えること、正義の倫理は他者の行為を妨害したり危害を与えたりしないこと）の違いが示され、その世界のなかに存在する自分自身を関係性のなかで捉えるか（ケアの倫理）、それとも他者から分離したものとして捉えるか（正義の倫理）といった、自己像の違いが示されていく。

既存の心理学では、劣った未成熟な道徳性を示すと評価されてきた女性たちの物語からギリガンが聴き取った世界観や人間観は、なぜそこまでかき消されてしまっていたのだろうか。ギリガンによれば、それはなによりも、固定された解釈枠組みの設定、つまり理論によって観察じたいが阻まれてきたからである。それだけでなく／だからこそ、社会規範にも浸透する人間像（＝理想の男性像）から逸脱したとみなされる声が、聴き取られない、あるいはそれを表現する語彙が奪われてしまっている。後者は、女性の自己像、すなわちアイデンティティの形成に深くかかわる問題である。

社会から押し付けられる女らしさ、あるいは女性にとっての「善さ」といった観念は社会規範として女性たちも内面化しており、それゆえ、女性たちが本当に正しいと思っていることと、他者から善き女性だと見られることとの間に、葛藤が引き起こされる。その結果、エイミーが面接者とのやりとりのなかでだんだんと自信を失っていったように、女性たちもまた、自身が見ている世界のなかで何をすることが正しいのか、自分の判断を表明することを躊躇しがちになる。あるいはそもそも、自分たちが感じていること、知っていることを表す語彙がないことに悩み始める。そして、この葛藤が、男性と女性が異なる発達過程を遂げる鍵ともなっており、第三章「自己と道徳性の概念」、第四章「危機と移行」において、中絶という選択に悩まされる女性たちの声から、女性特有の発達過程が描かれることになる。

中絶をめぐる女性たちの語りから

第三章は、『もうひとつの声で』の各章のなかでも最初に公表された論文「もうひとつの声で——女性の自己と道徳性の概念」(一九七七年)を基に執筆されており、またギリガン自身が振り返る彼女の研究史から見ても、同書の中心をなす章である。そのテーマである自己と道徳は、同書の二つの仮説——自己の語りに道徳観が反映され、その物語には、自らが生きる世界像が描かれる——を検討し、さらに、規範とアイデンティティをめぐる批判的考察がなされる。そして、中絶の決定に関する研究でインタヴューされた女性たちが、そこでの語りの主人公である。

ギリガンは、中絶をめぐる葛藤に直面し、その抱える問題を解決しようとする女性たちが語る言葉に、彼女たち自身の道徳観・世界観が現れていると考えると同時に、そこに男性とは異なる道徳性の発達の在り方を見ようとする。そこで明らかになるのは、コールバーグらが想定するのとは異なる道徳観が存在する一方で、その異なる道徳観を抱く者たちもまた、自己中心的なものから、社会的な道徳観を経て、普遍的な観点に至るという、コールバーグらが想定したのと同様の発達の軌跡を示すことである。「発達」という物差しを使い、個別具体的な問題を解決しようとする女性たちの声を測るかのようなギリガンの議論に対しては、次章で見るように批判も多い。しかしここでは、女性の道徳的判断能力は男性に比べ——関係性に囚われるために——劣っていると評価されてきたことに異議を申し立て、道徳性の発達を測るさいの新しい視座を与えようとするギリガンの目的に沿って、その議論を見ていくことにする。

まず、この第三章は一九七〇年代からギリガンが行ってきた予備調査を基にしながら、〈道徳とは何か〉といった一般的な問いに対する女性たちの語りが精査されていく。そして、女性たちの語りから抽出されるのは、〈他者を傷つけたくない〉という望みと、〈誰も傷つかずに問題を解決する方法が道徳にはある〉という期待である。〈道徳とは何か〉といった一般化された、いかなる解答も想定されるような問いに対して、インタヴューを受けた女性たちは、他者を助けるひとこそが道徳的な人間であり、善きこととは奉仕《サーヴィス》すること、つまり、他者に対して負っている義務や責任を果たすことであると語る。こうした女性たちが抱く道徳観には、あるディレンマが内在しているように見える。つまり、他者を傷つけないという原理を貫くと自己犠牲を迫られる、あるいは、自己に忠実でいられないというディレンマである。他者に対して善きことをする、他者を傷つけないという道徳的信念に、なぜ自己犠牲がつきまとうのだろうか。

女性に固有の傷つけられやすさ《ヴァルネラビリティ》

ギリガンは、このディレンマを女性たちが抱え続ける理由の一つに、論争や選択肢を前にはっきりした態度を示すことができない、女性特有の「傷つけられやすさ」を見ている。それは、かつてジョージ・エリオットが、他者からの敵対的な意見に晒される少女たちの「感受性《サスセプティビリティ》」と呼んだものであり、女性たちの社会的な無力さに起因している。女性たちは、長きにわたり、自らの道徳的信念を語る権利がなく、もし語ったとしても、つねに自己犠牲の不安がつきまとってきた。女性には自らの人生を決定する選択権がなく、女性自身もそのことを知っていた。自ら選択し、その結果責任を引き受けることが前提とされる社会からの排除は、男性に依存して生きる、男性の決定に従って生きることを女性たちに強いてきたのだった。そして、そうした女性らしい生き方や態度から逸脱することは、社会的な制裁が課せられることを意味した。

政治的・社会的な権利を奪われていた女性たちは、他者を喜ばすことが善きことであると信じていた。じっさい、当時の合衆国では、細やかな感情をもち、他者の感情にも機敏に気づき、配慮する親切さをもちあわせ、自身はか弱く、優しい表現を好み、誰かに安全を求めるような女性が社会的に望ましいとされてきた。ここで、女性たちがこうした性規範にそって善き女性であろうとすることは、コールバーグの発達段階の第三段階にあたる正しさ、すなわち〈社会や他者の期待に沿って行動すること〉に相当することも思い出しておこう。そしていうまでもなく、合衆国では一九七三年のロー対ウェイド判決まで女性たちが強いられたこの圧倒的な受動性や自制は、もっとも個人的で、私秘的なセクシュアリティ、生殖能力の領域にこそ顕著だった。

女性たちは、こうした長い抑圧のために、優柔不断であったり、言葉を濁したり、自らの欲求を抑え、異論に対して強い態度で挑まず、相手の顔色を伺ったりし(なければならなかっ)た。ギリガンはここでも、エリオットの小説を参照しながら、男女の違いとしてステロタイプ化されてきた二元論、すなわち、男性は思考力や正義感覚に優れ、女性は感情的で慈悲深いといったジェンダー間にある特徴として捉える考え方からの脱却を唱える。つまり、こうした違いは、公私という二つの異なる道徳領域で要請される、それぞれの判断様式の対比として現れてくるのだとして、既存の解釈枠組みを変えてみることを提案する。男性中心的な道徳性の発達理論からすると、公的領域によって鍛えられるとされる判断力はより発達し、より正しく、私的領域にふさわしいとされる未成熟な判断力を克服していくとされるが、果たしてそうなのだろうか。

理論上の批判とアイデンティティをめぐる批判

ここで彼女がなそうとするのが、先ほど指摘した二つの批判、男性だけを基準にした理論で、私的領域で育成されるとされた判断能力を正しく測ることができるのか、という理論上の批判と、政治的制約のために、女性たちが自分自身の声で公に語ることを躊躇ってきた現実をどのように理解するかという、女性のアイデンティティをめぐる批判なのだ。男性中心的な心理学は、女性は男性のように理論的・普遍的な思考を展開することができるのかをめぐって論じてきた。ギリガンは、そうではなく、女性たち自身が道徳について語ることばや解釈のしかたのうちに、道徳性の発達が見られるかどうか、そこから発達の基準を見いだすことができるかどうかを探求しようとする。そのためには、彼女たちが選択する力をもち、自らすすんで自分の声で語る場所を見つけなければならない。その場こそが、女性たちの生殖能力をめぐる道徳的判断の場、とりわけ中絶するか否かの選択が迫られる場であった。

　生殖をめぐる男女の関係は、女性にとって、その道徳能力を縛り、アイデンティティさえも規定してきたという意味でも、重要である。なぜなら、産む性として強く規制されてきた女性たちは、その生殖能力から必然的に女らしさが生まれるという母性をめぐる神話に晒され、子どもレヴェルを超えることのないその知性に見合った道徳能力と、他者への気配り《ケア》と配慮《コンサーン》に富んだ美徳を兼ね備えているとされてきたからだ。合衆国では、中絶が非犯罪化されると同時に、突如として、生物学的に決定されていると思われていた妊娠が、女性自身の選択の問題として立ち現れた。

　こうして、中絶をめぐって、自分自身の力を取り戻しつつ――自己主張が強く、社会的に期待された責任を果たさないわがままな悪い女とされる危険がある――、かつ誰も傷つけない方法で――自己欺瞞や自己犠牲に陥る危険がある――道徳的問題を解こうとするこのディレンマについて、女性たち自らがどのように語るかが分析されていくのである。

そして、コールバーグが正義概念を中心に組み立てた発達段階に対して、ギリガンは、ケアの倫理の発達順序を、段階ではなくむしろ、三つのパースペクティヴ(視座)として描き出すことに成功する。第一の視座とは、自己の生存を目的に自分自身へのケアに焦点をあてた自己中心的なものである。第二の視座は、他者とのつながりに注目することで、責任概念と母性的な道徳性との融合にその特徴が現れる。そして第三の視座は、自己犠牲とケアを混同するために生じるディレンマの経験から、新たに、自己をもケア関係のなかに包摂する力で利己心と責任の葛藤を解きほぐしていく。ここにおいてケアは、他者関係や社会的評価を離れ、自らが選択した原理となり、個々のケースに即した関係性への応答や配慮においては心理的なものであるが、ハインツのディレンマにおける薬屋の無責任を批判するさいのように、搾取や危害に対する非難という点では普遍的なものとなるのだった。

女性たちの道徳性の変遷

第四章「危機と移行」では、妊娠中絶をめぐる意思決定をした直後に行ったインタヴューと、その一年後に行ったインタヴューを比較し、危機を契機に、利己心と責任をめぐって、いかに道徳性についての女性たちの理解が変化するかを捉えようとする。すなわち、右記の第二の視座と第三の視座との異同が詳細に語られる。そこでは、家族や夫、パートナーとの関係をなんとか維持しつつも、自身の判断が迫られる妊娠中絶をめぐって、女性たちはさまざまに自身の変化を語る。一方では、親や恋人から見捨てられてしまったことへの応答として、自身をも放棄する――中絶は自身の決定ではなく、状況によるものと捉える――者がおり、他方では、もっぱら自分自身の生存を中心にした利己的な中絶理解から考えを改め、関係性に対する責任を重視し、その関係性のなかに自身へのケアを含むようになる者もいる。

こうして、第五章において、一九七三年に中絶の権利を得た女性たちが、一九八二年にはERA批准の道を絶たれるなか、女性にとってはいまだ利己的だとみなされる選択と、自己犠牲と混同される責任とを、ケアの倫理に対する異なる視座のなかで捉え返すさまが描かれる。

女性の美徳と女性の権利

第五章は「大学生に関する研究」を中心に、いまだ社会に根強い女性特有の美徳――利己的であることは大罪であり、自己犠牲こそが理想――と、女性の権利を求める第二波フェミニズム運動を経た学生たちの選択と責任をめぐる葛藤が描かれる。そこでは、まさに女性の美徳が社会を覆っていた時代に、それでも権利にこだわった女性マギー・タリヴァーを描いたジョージ・エリオットの『フロス河の水車場』(一八六〇年)と、マギーを意識しながらも、自身の情熱に忠実に生きようとするジェーン・グレイを主人公とするマーガレット・ドラブルの『滝』(一九六九年)という二作品が取り上げられる。ここでは、社会背景が異なりつつも、責任と利己心のあいだで葛藤する女性たちの姿が導きの糸となっている。エリオットの時代から一〇〇年以上を経てもなお、女性たちの選択が利己的だとみなされる社会的圧力と、そうした理解を支える自己犠牲の美徳に拘束される女性の生きざまが、この二つの小説によってより鮮明に描かれているからだ。

しかし、第一章ですでに、伝統的に男性のみに与えられてきた領域で活躍できるようになれば女性もまた、権利を中心に見る正義の倫理へと到達するとナイーブに考えたコールバーグらを批判したギリガンにとって、一九七三年、長い闘いの末に中絶の権利を手にした直後の女性たちの葛藤には、なお他者の苦しみを避けようとするケアの倫理が強く投影されているかに見えた。しかしながら女性の権利獲得によって、ここでケアの倫理は、その道徳的視座を拡げ、他者だけでなく自己に対する責任をも担い、自己をあたかも孤立した者と捉えるのではなく、相互依存のつながりのなかの一人として捉えるようになる。たしかにそれは、正義の倫理のようにディレンマを一刀両断に解決できるような、諸権利間に優先順位をつけるような明瞭さには欠ける。しかし、権利をともなう自らの声を獲得した女性たちは、ディレンマが現れてくるその文脈において、あらゆる重要なことに目を凝らし、しっかりと対応するという道、決断よりも熟考することに道徳的な価値を見いだしていくのだった。

第五章の小括として、利己性と責任とのあいだの葛藤を乗り越え、自身の人生を全うしようと苦闘する、大学を卒業したばかりのケイトを観察するギリガン自身の言葉を参照しておこう。

> 人生を「一本道」ではなく、「網の目だから、そこではどんな時でも、さまざまな道を選べる。一本の道しかないというふうではない」と考え、紛争はつねにあり、「絶対の要因はない」ことを彼女は理解している。唯一「真に変わらないこととは、過程である」。それは、自分の知っていることに基づき、他のもっともな解決もありうることを理解したうえで、ケアしながら決定するという過程である(Gilligan 1993＝1982: 148/341. 強調は引用者)。

網の目のように広がる関係性のなかで、そこに生きる生身の人間たちへの影響、そして過去を振り返り、未来のことを展望しながらケアをともなう決定をするというその過程は、エイミーの回答にギリガンが見てとった、社会のしくみや慣習、法制度にまで目を配り、そもそも今ある社会は搾取や暴力を許してきたのではなかったか、という批判的な問い返しのプロセスでもある。

女性にとっての成熟とは

こうして、女性たちにとっての成熟した姿が第六章「成熟の姿」で明らかにされる。特定の社会に生きる男女のライフサイクルには、愛着「と」分離、親密性「と」アイデンティティ、関係性(家庭)「と」業績(仕事)といった二分法が、異なる力点をもって現れてくる。しかし、女性が権利を手にし、自らの声を取り戻し、傷つけられてはいけないという道徳のなかに、自分自身を含める権利があるのだと主張するようになると、女性たちを苦しめていた無私(を求める社会規範)と自己(に忠実な)主張との解離が、自己に誠実であれという原理によって克服されていく。他方、男性もまた、自他の違いや人間にとっての愛着の必要性を理解するようになると、判断を下すさいには公平さや平等だけでは不十分であることを経験していく。こうして、社会に対する解釈のしかたが、男性の経験のみに偏ってきたという歪みを正し、かつ、女性たちの(上げるに上げられなかった)声に耳を傾けるだけでなく、それがどのように発せられているのか、それは本当に解放的な声なのかといった、人文社会科学全体に通じる問いが投げかけられている。

こうして『もうひとつの声で』は、男性の発達過程と女性のそれとの違いは、両者がそれぞれの視座《パースペクティヴ》である正義の倫理とケアの倫理の存在に気づき始めることで、新たに獲得した視座によって既得の視座を補い、拡張し、融合《マリッジ》することで、「人間の発達に対する理解に変化をもたらし、人間の生に対する見方がより実り豊かなものとなる将来を思い描けるようになる」と締めくくられる

(Gilligan 1993＝1982: 174/393)。

しかし、次章に見るように、『もうひとつの声で』は公刊直後から、フェミニスト研究者から集中砲火と表現しても過言ではない批判を受けることになる。

第3章　ケアの倫理の確立

――フェミニストたちの探求

1 『もうひとつの声で』はいかに読まれたのか

新たなフェミニズム心理学の影響

前章で、ケアの倫理を発見した『もうひとつの声で』の公刊に至るまでの前史を概観したうえで、ギリガンが同書で訴えたかったこと――既存の心理学の理論枠組み批判と、女性のアイデンティティについての批判的読解――と、じっさいの女性たちの声を傾聴し、ギリガンがそこから読み取った女性たちが示す世界観とはどのようなものだったのかを、ギリガンの主張になるべく忠実に再現してきた。

しかしながら、心理学の著作としては文学作品からの引用が多く、女性たちが語っていることを読み取ろうとするギリガンの視線や文脈には、ギリガンの信念が強く反映されていることに気づかざるをえず、ある戸惑いを生じさせるのも事実だ。たとえば、多くのフェミニストたちを悩ませたのは、道徳性の発達理論を批判するギリガンもまた、「発達」という、能力の自然開花を連想させる概念をそのまま踏襲していることだった。すなわち、女性たちの中絶をめぐる葛藤に対して、個人的見解から、社会的見解・慣習的判断を経て、より包括的で普遍的な判断にいたる道筋を、彼女たちのインタヴューに先立って、ギリガン自身が設定しているようなのだ。

本章ではまず、『もうひとつの声で』発表後すぐに沸き起こったフェミニストによる厳しい批判を含めた評価について考察する前に、三〇年以上も前になされたギリガン評価を理解する補助線として、ギリガン自身も影響をうけたと「読者への書簡」ではっきりと記しているジーン・ベイカー・ミラーによる『女性たちの新たな心理学に向けて』(以下、『新たな心理学』と略記。邦題は、『Yes, But…――フェミニズム心理学をめざして』)における、支配=従属論に触れておきたい。ギリガンに先立つミラーの議論にむしろ、『もうひとつの声で』には鮮明であるとは言い切れない、個人の心理に反映される社会権力に対する批判が貫かれているからである。

ギリガンは、『もうひとつの声で』最終章で自身の心理学の新しさを論じるさい、一九七六年にミラーが公刊した『新たな心理学』を参照している。ミラーの分析テーマは人間関係における不平等であり、ミラーによれば、男性社会においては従属的立場にありながら、家庭生活ではケアを担う者としてむしろ支配的な立場にある女性の心理は、ケアと抑圧について考察するためには欠かせない研究対象である。女性に注目するミラーが掲げる新しい心理学は、不平等と力の行使にかかわる、より繊細な道徳的考察を可能にする。

ウーマンリブ以前の一九五六年から自身の精神科クリニックで女性たちの語りに触れてきたミラ

ーもまた、フロイトに強く影響を受けた精神分析において、男性の価値観から外れる者を抑圧する傾向があることを厳しく批判した。ギリガンとの違いは、ミラーはよりはっきりと、男女の差異を、男性支配＝女性従属の関係のなかで理解している点である。ギリガンだけでなく、ケアの倫理を論じる多くのフェミニストたちが、女性性を称揚し(すぎ)ているとして批判される傾向があるが、そうした批判がいかにフェミニズム心理学の原点を見失っているのかを確かめるためにも、ミラーの支配＝従属論は重要である。またそれは、『もうひとつの声で』では論じられなかったとはいえ、ギリガンの議論が、いかに一九六〇年代以降のフェミニズム心理学の展開過程に位置づいていたかをも明らかにしてくれるだろう。

支配＝従属関係への注目

『新たな心理学』は、女性の心理を理解するためには、その社会的地位とそこに働いている権力作用を分析しなければならない、という明確な訴えに始まる。その主張に従い、心理学の著作でありながら、同書の第一部は、支配＝従属関係という、ミラーが生きる六〇年代の合衆国社会に見られる不平等な男性中心主義的社会の特徴に焦点が当てられる。彼女は、ひとは他者との異なりに出会い、相互に関係しあうことで、自身を学び、成長していくことを前提に、他者との異なりには不平等が内在していることにまず注目する。

ミラーによれば、不平等には、子どもとその保護者のように、子の成長によっていずれは解消される一時的なものと、社会構造を構成する権力によって維持される永続的なものが存在している。前者は、より力に劣った者が、より優った者から知識や力を与えられることで、その潜在的能力をよりよく発揮できる状態へ導かれ、いずれ対等な者へと成長していく関係性のなかに見られる。対照的に後者は、平等になる過程ではなく、不平等を実践しながら強固にする関係のなかにある。この永続的不平等はしたがって、支配＝従属関係を形成し、その関係性を固定する。

女性は、一時的な不平等の関係性においては、子どもたちを育成する者(として期待されている者)であり、永続的な不平等においては、つねに劣ったもの、すなわち男性に従属する者として育てられ、期待され、また従属者としての役割をじっさいに担う。女性たちがその他の被支配者と異なるのは、支配者である男性たちと親密な関係に入ることが期待され、また、母や妻として、子どもや夫に愛着を抱くことが、彼女たち自身にとっての、何ものにも代えがたい幸福でもありうる点である。そうして差異＝不平等が固定され、それによって成り立っているのが、個人の心理に深い影響を与える家庭という制度化された領域である。永続的不平等は、公的・社会的な制度によって維持され、その不平等が結果として、諸個人の心理を形成する。

社会的支配者(＝男性)は、社会的役割の配分――価値があるとされる役割は自分たちに、自分たちにとって必要な、あるいは自分たちに奉仕するための役割は劣った者に――、社会的価値づけや権威づけ、そして人間理解を独占している。従属者は、知を独占するかれらから、生来的な身体的・精神的欠陥があるとみなされるがゆえに無能力者扱いされ、支配者は、従属者に自分たちと変わらない能力があると想像することさえできなくなる。より深刻なのは、価値観を決定するのは、〈自分たちのなすこと、考えることに価値が宿る〉とする支配者であるために、従属者自身が自分の(潜在)能力を信じられなくなりがちであることだ。こうした状態が打破されるには、すでに本書第1章で見てきたように、たとえば第二次世界大戦中のような、かつてないほどの多くの女性労働者が動員されるといった劇的な社会変化が必要とされる。

支配=従属関係が組み込まれた社会では、従属者は、何事も決められたことに従い、受動的で、他者関係においては素直で、頼りなく、行動力や決断力に欠け、無力で誰かに依存しているといった特徴を身につけると、社会によく適応できているとみなされる。他方で、支配者、つまりその社会における理想の人間とされる者と同じような知力や率先力、判断力を従属者が示すと、異常者あるいは、トラブルメーカーとの烙印を押されるようになる。そうした烙印は、誰もが婚姻することが当然視されていた六〇年代の合衆国においては、唯一無二であるべき親密さ(=夫との関係)が得られないこと、すなわち孤立を意味し、従属先のない女性は、その社会で生きることが極めて困難となるか、時に生き残ることすらできなかった。

しかし、従属者が無能、劣っているとされるのは、あくまで支配者側の価値づけであることに注意しよう。そして、従属者により多く見られる特徴は、その社会でよりよく生き残るために、身につける特徴であることも再度強調しておこう。

従属集団が生き残るために

ある文化にとって、正常とは何かを支配者が決めるために、従属する者とその者たちに担わされた――低評価であり、かつ身体をめぐる汚れ仕事によって、他者のニーズを満たし、他者に快適さを与える――仕事については、社会的な注目に値しないささいなことだというレッテルが貼られ、その内実について真に理解することは難しい。ミラーによれば、だからこそフロイトは精神分析という新しい手法を用いて、女性の心理に挑んだのだった。ギリガンが、女性たち自身の語りから、彼女たちの世界観を描こうとしたのに対して、ミラーは、女性たちの語りが、その社会で聞こえてこないのはなぜなのかを次のように説明する。

> 従属集団は、生き残ることという基本的な問題に専念しなくてはなりません。そのため、破壊的な扱いに対する率直で直接的な反応を避けます。自分の利益のために公然と自発的な行動をとることも、避けなければなりません。このような行動が自分たちにとって文字どおり死を意味することになる従属集団が、現に今もあるのです。西欧社会において、女性の率直な行動は、

経済的困難、村八分、心理的孤立、さらに性格異常という診断すらもたらします(Miller 1986=1976: 9/48. 強調は引用者)。

率直さを避ける女性たちの語りは、裏返せば、身近な支配者のこと、そしてそうした支配者からなる社会構造を熟知している証拠でもある。支配者が、従属者について知らなくてよいと考えるのとは逆に、彼女たちは、かれらがどのような時、何に快・不快を感じるかを把握している、いや把握しておかなければ生きることさえままならない。ひとの自己理解が、他者とのコミュニケーションや、自分が他者に与える影響力によって深まるとすれば、むしろ、支配者たちはそうした意味での成熟の機会を欠いている。なによりも従属者は、支配者に対して率直に自らを語ろうとはしないであろう。ただ逆にいえば、従属者は支配者のことはよく分かっていても自分自身については知る必要がないので、自分のことを理解していないこともあるだろう。こうして、社会全体としては、従属者についての知が蓄積されにくくなる。

従属者の役割

さらに、注目されるべきは、支配者がやりたがらない役割、価値をおかない役割、すなわち従属者に引き受けさせる役割についてのミラーの分析である。すでに不平等に関する説明で触れたように、女性に限らず従属者は、他者の身体的な要求に応え、快適さを与えるような仕事を引き受けさせられてきた。ささいなこと、価値がなく誰にでもできること――とされているが、じっさいには支配者たちは決してやりたがらないし、できないかもしれない――だとして、そうした仕事には低い社会的価値が与えられる一方で、その仕事は、支配者にとっては、力によって自分以外の誰かに押し付けなければならない、社会にとって不可欠な仕事でもある。こうした矛盾、女性がその役割に対して抱え込まされる両義性は、ミラーの診断によると、その社会の主要な制度が、人間の育成や発達を助け、支えるという考えに基づいて構成されていない証拠である。

ミラーは、こうした社会構造に関する知見に基づいて、彼女のクライアントたちの物語を分析していく。彼女の視点は、女性たちが従属者として担わされてきた役割や社会的地位――他者を労《いたわ》り、その成長を育み、他者との関係性を築き、維持し、そのなかで自らを理解する――にこそ、協働性や新しい自己理解の可能性だけでなく、社会の主要な諸制度を見直し、構築する可能性を見いだそうとしている。たしかに、女性たちが置かれた社会的地位は、歴史的に従属者としてのそれであった。しかし、その地位とその地位に振り分けられた役割は、けっして人間社会の外にあったのではなく、軽視され、蔑視されてきたとはいえ、わたしたちの情緒や結びつき、関係性を、人びとが抱える差異のなかでいかに育んでいくのかといった課題と密接にかかわっている。ギリガンも『もうひとつの声で』において引用するように、こうした社会的構造とそのなかで女性に強いられた地位から生じる、女性たちに特徴的に見いだされる心理の在り方に、ミラーは、生きることや活動について、男性中心に構築された知見とはまったく異なる、そして、より人間的なアプローチの萌芽を見いだすのだ。女性たちの経験においては、ひととの結びつき、愛着、相互依存関係は、自身が成長していくことと同じか、あるいはそれ以上に高く評価されるはずだと、当時ミラーはそこに、女性運動の未来を展望していたのだった。

ギリガンは、ミラーほどには、女性の心理を社会構造に結びつけて論じようとはしなかった。むしろ、第五章「女性の権利と女性の判断」で描かれたように、七〇年代に女性たちに初めて与えられた自由と権利を前に、従属的立場から解放されたかに見える女性たちの戸惑いにこそ、焦点が当てられた。ミラーとギリガンの焦点の異なりには、語弊を怖れずにいえば、女性が置かれた社会的地位を、リブを経て従属者としてのそれとしては単純に記述できなくなったという時代の変化が反映していたのかもしれない。

ではじっさい、八〇年代以降、とりわけ出版直後、『もうひとつの声で』はどのように受け止められ、また、その後どのような研究を切り拓いていくのだろうか。ここではまず、フェミニズム内の議論に焦点を当て、どのような評価や批判がなされたのかを見てみよう。

フェミニストからの異議申し立て

第2章第2節ですでに触れたように、合衆国では七〇年代に幅広い分野に女性学の視点が導入され始める。ここで再度、女性学が目指したことを繰り返しておけば、それは〈抑圧からの女性解放〉であった。『もうひとつの声で』が心理学という分野を越えて、その後さまざまな分野に影響を与えただけでなく、多くの批判や論争を巻き起こしたのは、その議論のなかに、〈何から解放され〉〈どこに行くのか〉といった、女性たちが直面していた問題に対する一つの答え、あるいは、そうした問いが抱え込まざるをえない葛藤が表れていたからであろう。そして、男性中心の心理学による否定的な評価——女性の道徳的判断は未熟である——を批判するためであったとしても、女性たちが発する声を彼女たちの経験に即して評価しようとする『もうひとつの声で』は、〈女性抑圧の元凶は何か〉という第二波フェミニズムのラディカルな問いを共有し、女性たちの解放をめざす当時のフェミニストたちの多くに、現状を肯定する危険な著作と受け止められた。

『もうひとつの声で』公刊後、ラディカル・フェミニストであるグロリア・スタイネムらが創刊したフェミニスト雑誌『ミズ(Ms.)』により、一九八四年の「ウィメン・オブ・ザ・イヤー」の一人にギリガンが選ばれるほど、『もうひとつの声で』は研究者に限らず多くの読者に恵まれた。『ミズ』がこの年ギリガンを選考した理由は、以前は否定的に評価されていた女性の感受性が受け止められ、ジェンダーについての新しい理解への道を切り拓いたからであった。その記事のタイトルがそうであったように、ギリガンはまさに、颯爽と現れた「もう一つの未来のためのリーダー」だった。しかし、『ミズ』だけでなく、保守的な雑誌からも注目された『もうひとつの声で』には、フェミニストたちから多くの疑義が投げかけられることとなる。そうした批判は、じつは、いまなおケアの倫理をめぐって払拭されていない。以下いくつか典型的な批判に触れておこう。

一九八五年には『フェミニスト研究』にさっそく厳しい批判が登場する。二年間の読書グループでの検討を経て、社会学者であるジュディ・アワーバックら四人の共著として発表された「ギリガンの『もうひとつの声で』について」は、『ミズ』の評価とは対照的に、ギリガンのいう男女間での道徳の違いは、すでに論じつくされたものだと反論する。つまり、より厳格な道徳観をもつ女性に投票権を与えることで公的領域の腐敗を浄化することができると主張した女性参政権運動から、道徳的に優れた女性たちが核兵器から地球を守ると主張した七〇年代のフェミニストたち、あるいは、政府の官僚的な支配から私的領域を守るためには女性独自の感受性を保守しなければならないと運動を広げた保守的なフェミニストまで、合衆国での多くの女性運動は、女性特有の感情や道徳観に注目していたのだった。ではなぜ、新しい主張、いやむしろ古くからある主張を繰り返すギリガンがこれほど広く受け容れられたのだろうか。

道徳性の「発達」に対する疑義

彼女たちによれば、それは、男女で異なるとされた二つのパースペクティヴがいずれ統合され、権利の倫理と責任の倫理が補いあう道徳の段階を提示したことが、それ以前の、どちらかといえば男女の間に断絶、あるいは対立を見ていたフェミニズム理論に新しい視点を加えたからだった。しかし、ギリガンがこの新しい視点に立つための根拠には、賛同しがたい問題がある。それは、発達心理学という学問体系が拠って立つ「発達」という概念について、ギリガンが検証することなく自らの議論もそこに依拠させているという根本的な問題である。

『もうひとつの声で』では、ギリガンが「成熟」と評する女性の道徳判断の事例がいくつも紹介されている。たとえば、男性の正義の倫理とは異なる形であれ、ケアの倫理の展開にも、一連の発達の過程があると論じる第三章でギリガンが、慣習的な段階を経て、ケアの倫理が普遍的な原理となった事例として取り上げるルースの場合を見てみよう。彼女は、二九歳の既婚女性で就学前の子どもの母親であり、大学院の学位取得を前にして妊娠に気づく。当初は、自分にとって必要なこと(=中絶)と、自分が負わされている責任との葛藤から目を逸らそうとする。しかし徐々に、妊娠を自分の二つの願望、つまり大学の学長になることと主婦になることという二つの願望が惹起する葛藤の現れだと認め始め、最終的に、女性らしくあると同時に、成人に期待される道徳観にみあう解決策を模索するようになるとギリガンは論じる。しかしながら、果たして多くの女性たちが直面する仕事か家族かといったディレンマは、個人がその考え方を変えたからといって解決できるものだろうか。

女性たちが直面する葛藤は、女性の成熟度や、女性の経験がいかに理解されるかが問題なのではなく、むしろ社会的に引き起こされる問題に他ならない。個人の道徳判断の成熟度を分析するのではなく、むしろフェミニストが問うべきなのは、性差別はいうまでもなく、人種差別や社会的階級によって個人の潜在能力が発揮されることなく抑圧されていることではないのか。

ギリガンは、先述したミラーに触れつつ、女性特有のケアの倫理と女性の社会的地位の低さとの関連を仄《ほの》めかしこそすれ、ミラーとは異なり、その直接的な連関を明示しないために、その後、ギリガンをめぐる多くの議論は、ケアの倫理は社会的に構築されたものなのか、生物学的、あるいは文化的に決定づけられたものなのかといった議論に悩まされることになる。〈構築主義か本質主義か〉、あるいは〈差異か平等か〉という、いっけんするとケアの倫理が免れえないかのように見える問題については、この袋小路をその後のフェミニストたちはどのように克服したのかを含め、第4章においてまた考えてみたい。

歴史家からの批判

ギリガンがインタヴューする女性たちの声のみが解釈され、彼女たちがじっさいに訴えてはいない――あるいは、ギリガンが聴き取らなかった――より広い社会的文脈に対する言及の少なさは、多くの歴史家から批判されることになる。一九八三年ともっとも早く『もうひとつの声で』の特集を組んだ雑誌の一つ『ソーシャル・リサーチ』において、ジェンダー史研究者で、近代における公私二元論の形成史にとりわけ注目するリンダ・ニコルソンもまた、『もうひとつの声で』が道徳観にジェンダーが大きく影響を与えていることを指摘するさい、ジェンダーが同時に人びとの具体的な生活環境にいかなる影響を与えているかを見損ねている点を批判する。ニコルソンによれば、ジェンダーがわたしたちの具体的な生活環境に大きな影響を与えることを考えるならば、その環境のなかに生きるひとの道徳的観点や道徳理論に影響を与えるのは当然である。しかし、そうであるならば、「女らしさ」や「男らしさ」という安易な説明を選ぶのではなく、むしろ、そうした環境の本質を深く掘り下げて検証する必要があるとニコルソンは訴える。つまり彼女は、ギリガンが男性のみを研究対象としているとして批判したコールバーグの道徳的観点も、ギリガンが聴き取った「異なる(女性の)声」も、個人主義的な西洋近代という大きな文脈のなかで捉え返すべきだと考える。こうしてニコルソンは『もうひとつの声で』に対し、二つの問題提起をする。

第一に、たしかに、コールバーグによる道徳性の発達理論が男性のライフコースから抽象化された理論であるというギリガンの批判は正しい。また、ギリガンは、後にそう批判されるほどには、文化や人種、階級について無頓着であるわけではない。とはいえ、歴史的な背景を語らず、「女性の声」といった表現で説明される語りは、過度な一般化を免れえず、その傾向は、ギリガンがコールバーグを批判するために提起する、女性に特徴的な発達段階の説明に顕著に現れる。ニコルソンもまた、アワーバックらが注目した第三章での議論に着目する。たとえばギリガンによって順を追って成長していく過程の第一段階のように論じられる第一の視点は自己中心的なものであり、その後第二段階(視点)として、慣習的な女性らしさを求められるとする。自己犠牲を厭《いと》わず他者を思いやるのは、白人中産階級の少女たちがその社会化の途上で求められる態度としては妥当であるとしても、多くの黒人や、貧しい非西洋出身の女性たちには妥当しない。

ニコルソンによれば、女性たちが歴史的に置かれた文脈に即してみるならば、第一の視点をとる女性たちは、自らの「生き残り」に専心せざるをえない状況に置かれた女性たちであり、第二の視点は、伝統的な性役割に忠実な女性を表し、第三の視点は、当時の白人社会のなかで社会的地位を得た女性たちが身につける判断力を示している。すなわち、これら三つの視点は、成長の段階を示しているのではなく、むしろそれぞれが置かれた状況への社会的な適応の結果身につける判断力である。以上から第一の問題は、ある視点をより道徳的に成熟したものとみなすことは、ある特定の社会集団が置かれた状況とそのなかでの反応を、誰もが従うべき社会規範として扱うことであり、ギリガンもまた彼女が批判したコールバーグと同様の過ちをおかしていることになる。

第二の問題は、その後も多くの、とりわけブラック・フェミニズムの立場からも問題提起されることになるが、なぜ正義(=男性)の倫理とケア(=女性)の倫理との二つの道徳しかないのかという、八〇年代以降フェミニスト理論が取り組むことになる女性のなかの差異をめぐる問題である。あらゆる社会理論にある程度の抽象化は必要であるとはいえ、合衆国の歴史文化において、人びとの声を二つに切り詰めてしまうことは、あまりにその代償が大きい。

また日本においても、山根純佳は、『もうひとつの声で』のケアの倫理は母親の倫理であり、女性たちが担わされてきたケア労働を女性たちが主体的に引き受けることを肯定的に描いているとして批判する(山根二〇一〇)。

ギリガンの応答

以上のように、ギリガンに対する批判は、ギリガンが自らの問題関心を、語る声のなかに現れる自己像とそのひとの世界観に限定し、その声がどこから発せられているかについての分析を控えていることに集中したといってよい。ギリガンの専門でもある心理学を含め、歴史学、文化人類学等の研究者たちによる学際的フォーラムという形で一九八六年、合衆国での先駆的なフェミニスト総合学術雑誌『サインズ(*Signs*)――文化と社会にかんする女性たちの雑誌』上でも、『もうひとつの声で』は多くの厳しい批判に晒された。それらの批判に対しては、応答するギリガン自身が、新しい研究に対して、〈間違えている、何も新しくない〉といった応答はよくあることだとして、自身の研究が理解されないことに苛立ちを見せるほど、ギリガンと批判者は問題意識や文脈を異にしていたのだった。

『サインズ』での厳しい批判に対して、ギリガンは次のように応えている。ギリガンは、女性に関する研究には、そもそも道徳とは何か、自己はどのように捉えられているのかといった根本的な問いについては、男性のみを対象とした既存の学問が設定した理論枠組みとは異なる枠組みが必要となると訴えてきた。しかし、ギリガンを批判する者たちは、ギリガンが聴き取った女性たちの声をなお、男性たちの手による既存の理論枠組み、既存の評価基準で聴き取っている。ギリガンが取り上げたのは、道徳や人間の経験についての異なる物語であった。だからこそ、『もうひとつの声で』は多くの女性たちが読み、彼女たちは自身の経験と照らし合わせ、ギリガンの主張を正しいと考えた。しかし専門家たちは、ギリガンの発見は、心理学研究の結果とは相いれないという。ギリガンにとって、それこそが『もうひとつの声で』の主張であった。すなわち、心理学理論と女性の経験は一致しないのだ。

ひとの経験をいかに評価するか、そもそも道徳とは何かについて、家父長的な理論とは異なる理論を女性たちは必要としている。こうしたギリガンの関心は、本書第4章で論じるように、一九八七年の論文「道徳の志向性と発達」で、ケアと正義の異なるパースペクティヴ論としてさらに展開されることになる。

2　ケアの倫理研究へ

フェミニスト倫理学との合流

『もうひとつの声で』は、歴史学、社会学、法学、文学、そしてギリガンが専門とする心理学の研究者からも多くの批判を浴び、ギリガンが後に「読者への書簡」においてその時の経験を振り返って、声を失うほど驚いたと述べているように、そうした批判の多くは次の論点をめぐってなされていた。すなわち、女性と男性は本当に（本質的に）異なっているのか否か、あるいは、男女いずれの性が優れているのかといった論点である。

　しかし、本質主義か構築主義かといった二元論のなかに『もうひとつの声で』が位置づけられてしまったことは、ギリガンにとっては不本意であった。だからこそ、公刊から一〇年後に書かれた「読者への書簡」のなかで、ギリガンはよりはっきりと、本章の第1節で論じたジーン・ベイカー・ミラーの洞察に賛同を示すようになったのだろう。女性たちの声のなかに彼女は、革命的な潜在力、家父長制による暴力の連鎖に対する抵抗を見いだすようになったのだ。『もうひとつの声で』が主題にしたテーマについて、ギリガン自身は次のように再分節化している。彼女自身は、なぜ男性の経験が人間《メン》の経験を意味してきたのかと問いかけただけでなく、その人間の経験を基に構築された理論が、いかに女性たちの生に影を投げかけ、女性たちから声を奪ってきたのかを明らかにしようとしたのだった。

理論に対するギリガンの深い疑念は、男性＝人間という定式化の、もっとも長く、かつ根強い伝統をもつ哲学、倫理学の分野に大きな影響を与えずにはいなかった。ギリガンが聴き取った異なる声を、道徳理論そのものへの批判として真剣に受け止めた一人であり、デイヴィッド・ヒューム研究者として有名な哲学者アネット・ベイアーを取り上げて、彼女の二つの論文「女性たちは、道徳理論に何を欲しているのか」（一九八五年）と、「正義を超えて必要なもの」（一九八七年）での議論を詳しく見てみよう。ギリガンに触発されたベイアーの議論は、人間の学として長い伝統を誇る哲学において、女性たちの経験がどのように扱われてきたか、すなわち、人間以下の烙印を押されたうえで、その声は封殺され、女性たちの営みが女性たち自身から疎外され、いかに搾取されてきたのかを明らかにしているからだ。

ベイアーの二論文の結論を先取りしておくと、ギリガンが批判対象としたコールバーグらが拠ってたつカント主義的なリベラルな道徳理論こそが、豊かな人間の経験だけでなく、社会にとって公に論じるべき多くの問題を不可視化し、不正義で不公平な社会を構築し、維持してきたのだった。

『もうひとつの声で』を手にしたベイアーは、読み終えたとき次のように自問せずにはいられなかったという。ギリガンが聴き取った女性たちの声と、そこから導き出された女性たちの態度と道徳的発達の分析が正しいとするならば、女性たちが紡ぐ道徳理論にもなにか違いが生まれるだろうか、と。あるいは、そもそも女性たちは、自分たちの手で、自分たちの道徳理論を紡ぐことを望んでいるのだろうか。そうだとすると、女性たちが生みだす道徳理論は、男性たちのそれとは異なっているのだろうか、と。

ベイアーは、ギリガンが女性たちから聴き取った声と、当時の女性哲学者たちの議論のあいだに、ある共通点があると考える。すなわち、女性哲学者たちの多く(と例外的に少数の男性哲学者)は、もちろん後発の研究者として、男性哲学者たちがやり残した部分を探求しようとしているという傾向があったとしてもなお、ベイアーが見るかぎり包括的で普遍的だと称されるような理論を構築しよう〻〻としない〻〻。むしろ、包括的で普遍的な議論を打ち立てているのだと騙る男性哲学者の多くが、触れるにしても挨拶程度で、議論の中心とはしてこなかった(が〻ゆ〻え〻に〻)周辺的とみなされる事柄に焦点が当てられているようなのだ。たとえば、ギリガンがケアに対置させた正義に関していえば、合衆国だけでなく国際的に規範理論の復権に多大な貢献をしたジョン・ロールズ『正義論』(一九七一年)では、環境破壊や動物虐待については触れられないし、さらに子ども、親戚、友人、愛するひとたち、そして病人や障がい者については、言及されたとしても申し訳程度にすぎない。

愛の倫理

ベイアーは、女性の関心や考察からなる理論が存在するとするならば、それは「愛の倫理」なのだと仮定し、その仮定はギリガンも共有しうるものだと考える。では、ベイアーが想定する「愛の倫理」とは、どのような倫理なのか。その倫理は、哲学の長い伝統のなかで男性たちが専心してきた「義務論」が、その議論の前提とする倫理、すなわち奇妙なことに、男性たちの手による議論を成立させるために当てにしている一方で、道徳理論上の議論には値しない、自然の本能であるかのように貶められてきたともいえる倫理なのだ。ここで、ギリガンが次のように論じていたことも思い出しておこう。男性のライフサイクルのなかで女性に与えられた居場所は、養育者、ケア提供者、そして内助者としてのそれであり、女性たちは自ら紡ぎだしてきたそのケア関係のネットワークに自身の生を委ねてもきた。女性たちが男性をケアしてきた一方で、男性たちは女性たちのケアを当然のように受け取るだけでなく、理論上もケアの価値を貶めてきた。

女性たちにとってその活動の中心であるだけでなく、ミラーが看破したように女性たちの生存そのものがかかってもいるケア関係のネットワークは、男性たちにとっては、あって当然であると同時に、成人となると関心を払わなくてよい存在のようなのだ。しかし、そうした活動を女性たちが担わなくなれば、人間社会全体が支障をきたすので、ことあるごとにそれこそが女性たちの仕事なのだと強調され、そうした強制に抵抗を示す女性は、ミラーいわく「村八分」にあう。

話を戻そう。これまで男性たちの理論においては、関係性への配慮を示すことは、人間にとっての力とはみなされず、むしろ女性の弱さ、未熟さだとみなされてきた。にもかかわらず、女性がケア関係に無関心であると、身勝手、自己中心的であると社会的に負の烙印を押されて、女性たちは脅迫的にその役割を担わされてきた。

当然視され、貶められてきた関係性の意義

ギリガンに倣いベイアーもまた、道徳理論において、当然視(=自然視)されるがゆえにその価値を貶められてきた、そしてあたかも女性の弱さのように捉えられてきた関係性への配慮を、伝統的な義務論へと接続して次のように問う。たとえば、普遍的な義務の一つとして受け容れられてきた〈嘘をついてはならない〉という義務があるが、この義務論の背後には、何があるのだろうかと。

カントをはじめ男性哲学者たちは、人間にとって何が義務であるべきかを語ってきた。しかし、あらゆるひとが、たとえば約束を真剣に受けとめるようになるには、誰かが、そうした人間社会の決まりごとを真剣に受け止めるよう子どもを育てる必要があろう。子どもに声をかけ、人間にとって言葉が果たす意味を体得させ、なぜ約束が破られてはいけないのか、嘘をつくことは他者にどのような傷を与え、翻って自身の信用を失うことにもなるのか、誰かが子に教えなければならない。

では、そのような子を育てる責任を担う道徳的理由はどこにあるのだろうか。嘘の約束をしたり、約束を破ったりすることがいけないことだと判断できる道徳的な能力をつけたひとを育てる義務は、存在するのだろうか。この問いに答えることなくして、〈嘘をついてはならない〉という義務は普遍化しえないのではないか。

ベイアーの見るところ、義務論はこうした問いには答えられない。義務論が想定する「道徳的共同体」の構成員は、つねにすでに、約束は守られるべきだとの規範を身につけた者たちである。しかし、まったく新しいひと、たとえば生まれてくる子とその共同体との関係を取り結ぶという義務は存在しないのだろうか、あるとすればその義務を負うのは誰なのか。誰が新しいひとを——規範の存在さえ理解しえない存在を、文字通り手取り足取り——この道徳的共同体に招き入れるのだろうか。道徳の共同体が一世代以上存続するためには、誰かが新しいひとに、その共同体に共有されている義務を伝えるだけでなく、体得できるように教えなければならない。

リベラリストたちの沈黙

リベラリストたちは、自由を制約するにもかかわらず社会的に正当化される義務とは何かを論じる一方で、その義務論は、新しいひとが義務を体得し、遂行できるようになるにはどれだけ他者からの注視や保護、養育、教育、なにより愛情が必要となるのか、そして、その義務を何世代にもわたっていかに維持するのかについては、沈黙している。なぜならば、愛情は義務として強制できず――義務や契約関係であれば、もはや愛情ではない――、かといって、義務の名の下で、誰かに新しいひとの養育を強制することで、共同体の道徳に従うひとを育てることは、自由な社会では不可能に思えるからだ。いや、さらにベイアーの議論を敷衍するならば、歴史的に子育てや家事は奴隷に任されていた(=強制されていた)時代があることを念頭に置くならば、理性あるひと《メン》すべてに課せられる義務のリストのなかに、〈新しいひとを愛情をもって育てよ〉という義務を含めることは到底できないであろう。彼らにとってそれは、ひとが義務として担うような価値はないからだ、いや、むしろそうした営みは、蔑まれてもきた。

たとえば、公正な社会をいかに世代を越えて維持するのかという問題についてはロールズも注意を向けてはいるものの、かれの前提とする正義の感覚は、愛情をもって育てる両親が前提とされている。約束を守るという義務があらゆるひとに規範として受け止められるために、愛情をもって新しい存在を育てるひとがその共同体内に存在しなければならないのであれば、共同体が期待するような愛情ある養育者になれない者は、避妊や中絶、禁欲や不妊を強制されるのだろうか。

リベラルな道徳理論家であれば、そのような強制を提案することはないだろう。しかしながら問題は、そうした自由に反する結論を逃れるために、かれらは口を閉ざし、結局は女性たちがなんとかしてくれるだろうと高を括っていることなのだ。そうしたリベラルな態度はその意図の有無にかかわらず、それ以外の選択を許さないような法的、社会的状況のなかで半ば強制され、時には歴史的文化的に称揚されてきた――神話としての――「母性本能」や女性たちの従順さを搾取していることに他ならない。あるいは、何ら代償を求めず、進んで良き母となる女性が十分いるのに、自然や文化伝統が与えてくれるその恩恵を利用しない手はないではないか、とでもいうのだろうか。

ベイアーは、まともな道徳論であるかぎり、その理論が道徳的な価値を認めない何ものかに道徳秩序の安定性を任せておくことは、あたかも会計予算のなかに返済する当てのないローンを常時組み込んでいるのと同じで認められないという。ベイアーによる中絶の権利をめぐる議論は、リベラルな体制を辛辣に批判する。中絶の権利行使は、国家体制を揺るがすものでもある。なぜなら、もし女性たちが中絶しないという選択の自由を行使し、かつ新しく誕生した子を父親の玄関先に置いていくならば、リベラルな体制は根本からその機能を考え直す必要が出てくるであろうからだ。

こうしてリベラルな義務論を支えている、新しいひとをめぐる問題は、ギリガンが見いだした「ケア」と「正義」の二分法にそって再度、「正義を超えて必要なもの」で論じられることになる。

正義を超えて必要なものとは

ギリガンに関する第二論文においてベイアーは、次の事実を指摘することで論じ始める。合衆国の公民権運動にも影響されながら社会諸制度にとっての第一の徳として正義を論じるロールズの

『正義論』は、その画期性ゆえに多くの理論的批判に晒されることになるが、その異論を唱える集団のなかに、長期にわたり人種差別や性支配による多大な不正義を被ってきた者たちがいた。彼女たち・かれらは、正義の重要性を十分すぎるほど認識しているにもかかわらず、なぜ、社会的徳ののなかでの正義の優位性を説くロールズを批判したのだろうか。

ベイアーが『もうひとつの声で』以降のギリガン自身の研究にも言及しながら論じるには、子育ての経験をもつ女性たちにとって正義論は、抑圧からの解放に役立つにしても、そこにはある限界が存在していたからだ。他方でベイアーによれば、『もうひとつの声で』は、男性たちが構想した既存の正義の視点に対する代替案《オルタナティヴ》を明示する試みであった。さらには、リベラルで民主的な理論でさえ内面化している男性中心主義の偏見や、正義以外の社会にとって不可欠な社会的徳に対する盲点を、暗示的にではあれ『もうひとつの声で』は問題視している。

『もうひとつの声で』のなかに、男性中心主義に対する批判を読み取るベイアーは、ギリガンがケアの倫理（相互のケア／相互依存／愛着／養育）と正義の倫理（相互の敬意／自律・自立／距離／分離／不介入）を比較するなかで示そうとするものを、マルクスにも譬えながら次のように解釈する。ケアの倫理と正義の倫理というコントラストによってギリガンが示そうとした女性たちの現実とは、疎外なのだと。すなわち、マルクスが疎外という概念によって示そうとしたのは、資本主義社会において、人間たちが自らの行為の結果によって抑圧される状態であった。同様にギリガンは、女性たちが引き受け（させられ）てきたケアという営みによって、女性たちへの抑圧が維持され、正当化さえされてきた状況を明らかにしたのだと、ベイアーは主張する。

したがって以下では、ギリガン自身は解離――自身が言葉にすることと、本当に考えたり・感じたりすることが切り離されている状態――と理解した問題を、ベイアーはなぜ疎外と解釈するのか、その意図について考えてみよう。

疎外と自立の同一視

ベイアーは、『もうひとつの声で』における一人の男性による、平等によって愛着ある結びつきが切断され、社会もまた分裂し、自立という重荷が課されているという発言に注目する。この男性の語りのなかに、ベイアーはある疎外観を見てとっている。正義の倫理は、平等な権利の尊重や、契約という形式の遵守や正当な手続きなどに注意を向ける一方で、ではじっさいの個人が自分の目標を追い求めるため――自分にとっての夢を思い描けるまでの過程を含め――に必要となるであろう、平等な相互行為から織り成されるような環境が整えられるために何が必要なのかについては多くを語らない。この男性が自立を促す平等観に不満をもつのは、ひとが選択したものであれ、選択したわけではないものであれ、現につながりあっている相互に依存しあう関係性が切り裂かれ、自分が関係性から切断されるように感じているからなのだ。かれは、選択することはいけにえを選ぶことだともいう。選択することとは逆に、じっさいわたしたちが位置づけられている関係性は、たとえば、子どもたちとその母と父、兄弟姉妹、また——勤め先は確かに選んだかもしれないが——そこでの労働者や同僚、隣人、さらには市民とその同胞たちといった、選んだわけではない人びとから編まれている。

わたしたちを取り巻く関係性は、正義の倫理が想定するような契約によって自発的に、平等なひとたちから生まれているのでもなければ、互いに等しく敬意を払いあうことを誓って結ばれたものでもない。正義の倫理が社会の構成原理の第一の徳として前景化されることは、一部の者たちの一部の活動がとりわけ重視され、それらが円滑に行われる環境をつくりだす。他方で同時に、その他の多くの営みが後景化されるだけでなく、社会的な意味を剝ぎ取られ、注目するに値しないとして貶められていく。ベイアーは、ギリガンがケアの倫理と対比した正義の倫理に、こうした関係性から疎外されていく自己を読み取っているのだ。

すでに、母親業を担う者たちの搾取に目を向けていたベイアーは、ギリガンの議論のなかに、自立した諸個人の契約や自由な選択からなるリベラルな社会モデルに代わる、選択されたわけではない、平等ではない者たちの結びつきをいかに考え、維持していくかをも視野に納める「品位ある《ディーセント・》社会《ソサエティ》」のモデルをも見いだす。こうした社会モデルは、多くの点で、個人の選択よりも、選択によらない帰属を重視する、前近代的で宗教的な道徳観に通底しているようにも見える。非選択に価値を見いだそうとすることは、本質主義にもつながり、自由や権利に対する反動としてギリガンの議論が受け止められた理由の一つでもある。リベラリズムを批判するその他の議論との違い、とりわけ共同体主義とケアの倫理との相違点については、第4章において再検討するが、そうした危険を承知のうえでなお、ベイアーは、ギリガンによるリベラルな道徳理論に対する挑戦の焦点は、個人主義、対等な関係の重視、選択の自由の重視、感情に対する知性の優位といった四点にあるという。ここでは、他の三点の結節点をなしているといえる個人主義に対するギリガンの挑戦の意義を詳しく取り上げておこう。

個人主義への挑戦

ベイアーの見るところ、ケアの倫理は何にもまして、西洋の伝統的な個人主義に対する挑戦である。ギリガンが見いだしたケアの倫理は、選ぶと選ばざるとを問わず、依存関係にすでにつねに巻き込まれた存在間における関係性のなかで働いている。そうした関係性のなかで、正義の倫理のいう不介入を尊重するならば、とりわけ他者への依存度が高い、あるいは他者への依存なしに生きられない存在にとっては、そうした態度はネグレクトに他ならない。しかも、そのつながりのありようは、そのひとが選んだ、というよりも、なによりも依存せざるをえない存在を前に応答していくなかで築かれていく関係性のなかから生まれてくるものであり、刻々と変化を続けるプロセスなのだ。

それは、契約社会でのように、ひとがすでになにかをもっていて、そのモノに見合った関係性を結ぶといった、ある意味で硬直的な関係性のあり方とはまったく異なる。確固たる個人を前提とする契約関係は、関係性が生じる以前に決められた条件を超えることはない。対照的に、依存関係や相互連関のなかでの関係性は、予測がつかず流動的で、時に矛盾に満ちたものとなり、維持や修復、関係それ自体への注視が必要となるのだ。ある関係性のなかで、さらによりよい関係性を維持するための働きかけそのものが、また新しい関係性を作りあげてもいく、ある意味で終わりなきプロセスともいえる。

正義の倫理によるケアの倫理の搾取

しかしここで注意しなければならないことは、正義の倫理とケアの倫理が両立しないわけではない、という点だ。いや、それぞれの倫理が活かされる領域が異なるということで、これまで住み分けがなされながら、むしろ両者はしっかりと両立してきたのである。問題は、伝統的な正義の倫理に従えば、あらゆるひとがケアの倫理に拘束される必要がないという点にある。すなわち、正義と権利の尊重は社会にとって不可欠かつ最小限の義務として、あらゆるひとが同意し、従わなければならない。しかし、それ以上を欲したり、責任やケアといったより要求度の高い理念を実践したいと思うひとは誰でも、自ら引き受ければいいのだ、と正義の倫理はいうのだ。しかし、ケアの倫理は、〈ケアは担いたいひとだけすればいい〉とはいえない問題を提起している。

なぜならば、ケアという理念は、直接的なケア関係にあるわけではない他者との密接な協働がないかぎり、十分に実現されないからだ。ケアという営みは労働集約的であり、ケアを提供する者は、それ以外の活動に時間や労力を割く余裕がなくなりがちだ。したがってケア関係にある者たちが、まわりから放っておかれ孤絶したなかでケアが営まれるならば、その関係は容易に暴力的な関係へと転化するだけでなく、財の不足から死にいたる危険に晒される。さらに、正義の倫理と同じくケアの倫理を最低限必要な倫理として認めようとはしない者でありながら、ケアの倫理をもう一つ別の選択的な倫理として存在してもよいと認めている者たちが、権力を行使し、法制度を設計し維持しているような社会においては、ケアの倫理に従いケアの倫理を体現する者たちは、ケアの倫理はあってもなくてもよいと考える者たちの搾取に容易に晒されるのだ。

モラル・プロレタリアートを生みだす正義の倫理

したがって、ベイアーの批判は厳しい。西洋的な道徳の伝統は、権利、自律、そして正義といった概念を発展させ、それらを普遍的な理念として練り上げてきた。しかし、まさにその伝統は他方で、主たる権利保持者たちが、自分たちがしたくない仕事をさせるために頼ってきた者たちを抑圧・搾取することを正当化する理論をも提供してきた、と。

ベイアーはさらに痛烈に、正義の倫理が社会の第一の徳であると考えるリベラルな社会を批判する。すなわち、誰かが子どものケアや家事をするように馴致《ドメスティケイティッド》され、性別分業がしっかりと維持される性差別的な社会が続く限り、リベラルな道徳は公式の道徳として社会的に共有され続け、その道徳観によって排除されてきた者たちがなしている社会貢献からは目を背け続けるだろう。西洋哲学の伝統のなかで不可視化され、注意を向けられることのなかった家事労働者を、ベイアーは「モラル・プロレタリアート」と呼び、そのほとんどが女性たちであったと指摘する。

もちろん、正義論が尊重する個人の権利や平等の理念は、すでに権利を持つ者が、持たざる者を排除する道具として機能してきただけでなく、社会に包摂を求める者たちに力を与えてきた／いることも確かである。その意味で、ベイアーは男性によって築かれてきた道徳理論をすべて捨て去るべきだと主張しているわけではない。しかし、男性たちが認めてきた価値を超えていくさいには、その価値は、女性たちを抑圧してきた者たちが高く評価してきた価値であるという歴史的事実を決して忘れてはならないと強調する。じっさいのところ、ベイアーの論文が公刊された八〇年代も、そして現代もなお、女性と男性とで家事育児が平等に担われている社会は実現していない。なによりも、女性たちがリベラルな法制度が義務として要求する以上のことを、自発的に引き受けていることにされながら、当のリベラルな法制度には口出ししてはならないかのような状況に何ら変化はないからだ。

こうしてベイアーは、ギリガンがなした挑戦として、次のことを読み取った。ギリガンが明らかにしたのは、第一に、伝統的なリベラリズムにおいて理解されてきた正義論は、その射程の狭さにもかかわらず、人間一般を代表するかのように騙っていること、第二に、自立した個人が、権利を手に、同等な者たちと自発的に交わす契約といった関係性は、じっさいには特権階級の関係性に過ぎないこと、そしてなにより、社会規範としての義務のなかに、道徳的共同体に参加できる成人となるよう新しいひとを導き、育成する義務が含まれていないことである。ベイアーによって、不当な搾取・疎外と闘う倫理として読み取られたケアの倫理は、したがって、伝統的な正義論とどのような関係にあるのかといった議論へと足を踏み入れることになる。

3　ケア「対」正義なのか？

「ケアか正義か」からの解放

心理学者のミラーによれば、女性たちの情緒的な感受性や「傷つけられやすさ」への応答は、男性中心社会における支配＝従属関係のなかでは、「弱さ」や「無力さ」としてのみ理解されてきた。しかし、ミラーは、女性たちの営みのなかに、人間の潜在可能性を開花させることを第一の価値とする「品位ある社会」への転換力を見てとっていた。他方で、哲学者のベイアーは、近代以降、あるべき人間像を提示しつつ社会を構想してきた道徳理論の主流であるリベラルな正義論が、子育てという社会の存続にとって不可欠なケアを女性の自然な役割とみなすことで、女性労働を搾取するだけでなく、女性の自己疎外や人類からの疎外を引き起こしてきたと厳しく批判した。この両者の議論を通じて、ギリガンが問題提起したケアの倫理と正義の倫理を読み返すと何が見えてくるだろうか。

本節では、ミラーとベイアーの議論の間にギリガンを位置づけることで、ギリガン自身が『もうひとつの声で』のなかで対照的に論じ、自身もまたその関係性をめぐって、さらに議論を重ねることになる「ケアか正義か」をめぐる議論を整理し直してみよう。ケアの倫理がいかにしてフェミニズムの文脈のなかで生み出され、鍛え上げられてきたのかを見極めることで、ケアの倫理をめぐるあたかも最重要の議論として取り上げられる傾向がいまだに強いこの論争に、本章ではいったん終止符を打つことを目指してみたい。もちろん、そもそも倫理とはいかにあるべきかをめぐる哲学上の議論は、別途さらになされるべきであろう。だが、本書の立場としては、この論争にひとまずの結論をつけることによって、九〇年代以降のフェミニストたちによるケアの倫理研究の展開にあらためて目を向けることができ、よりいっそう現代的で革新的なその意義を理解することができると考えている。

ギリガンの見解

まず、『もうひとつの声で』がケアの倫理と正義の倫理をあたかも二元論的に対比したと論じられることに批判的なフェミニストたちの議論を概観する前に、ギリガン自身がその論争について、どのように総括しているかを見てみよう。以下の彼女の見解は、第4章から見ていくことになる、ケアの倫理の展開に沿ったものといえる。

> ケアとケアリングは、女性のイシューではありません。それは、人類の関心事《ヒューマン・コンサーンズ》です。わたしたちが正義「対」ケアといった論争のジェンダー化された本質をはっきりさせておかない限り、両者が妥協しえないかのごとく装われることによって、わたしたちは惑わされ続けることになるでしょう。そして、それより先に進めなくなり、公正さや権利をめぐる関心が、ケアや責任といった関心といかに交わっているかという真の問題を考えることができなくなるでしょう。〈抑圧するな、不公平な仕方で権力を行使するな、他者を利用するな〉という道徳的命令は、助けを必要とする人びと、つまり自己を含んだあらゆるひとを〈見捨てるな、配慮もなく行為するな、無視するな〉という道徳的命令と共にあることではじめて命を吹き込まれるのです(Gilligan 2011: 23/28–29. 強調は引用者)。

「ケアか正義か」という論争枠組みに対するギリガンの右の指摘は、『もうひとつの声で』以降のフェミニストたちの正義をめぐる議論、正確にはベイアーがすでに論じたようにフェミニスト的な正義論批判の特徴をよく摑んでいる。つまり、その論争枠組みそのものが、すでにジェンダー規範を帯びたものであるというのだ。以下、ケアと正義をめぐりもっとも活発に論じられていた当時の議論を概観しながら、論争枠組み自体に疑問を呈したギリガンが意味するところを明らかにしてみたい。

二者択一か相互補完的か

たしかに、『もうひとつの声で』では対照的に描かれていたケア「と」正義の枠組みを前提にすると、いずれが社会規範として「優れているのか」、あるいは、いずれがより包括的、普遍的な道徳としてひとの行動・行為をよりよく規律できるかといった、二者択一的な倫理として理解されがちである。じっさい、多くの議論で、ケアと正義の関係をどう理解するかをめぐる議論は、①正義一元論、②ケア一元論、③ケアと正義の並存論、④ケアと正義の統合論といった形で説明されることが多い(葛生二〇一一：第三章、岡野二〇一二：第二部第二章)。

葛生栄二郎によれば、現代リベラリズム論や、ギリガンが反論したコールバーグは①の立場で、リベラリズムが要請する義務を中心に、それ以上の徳を要請する博愛や状況に左右される配慮についてはケアを組み込む。②については、立場上ありうる主張だが、じっさいにフェミニストでそう主張する者はいないといってよい。限定的にそのような主張をするのが、後に触れる教育哲学者のネル・ノディングスに代表される、正義の倫理に対するケアの倫理の優越性を説く論者である。③は、すでに前節で強調しておいたように、男性支配＝女性従属関係を維持している両者の関係を捉えており、公私二元論と密接に結びつきながら、わたしたちの現在の社会にも通用している理解である。④については、『もうひとつの声で』の最後でギリガンが、二つのパースペクティヴが、不平等や暴力は、そこにかかわる当事者すべてに危害を与えるのだと理解するなかで最終的には結びついていくと論じるように、ケアと正義をつなぐ原理——葛生によれば尊厳——によって、数々の道徳的判断を経ることで、公私といった領域を包括的に見る視点を与えると考えられる。ただし、葛生によれば、ケースによってはやはり両立しえないディレンマに陥ることがあるので、むしろ「相互補完的」と呼んだほうがよい。

ギリガンの主張の核心

しかしながら、「ケアか正義か」をめぐっていっけんわかりやすいこうした分類は、むしろフェミニズム理論におけるケアの倫理が果たした役割を見えなくしてしまうだけでなく、ケアをめぐるまさに複雑な、理論的にも実践的にも直面する葛藤をどのように社会的に捉えるかといった、フェミニストの知的営為から目を逸らす効果を生んでしまう。たとえば、品川哲彦は、ケアの倫理が正義の倫理に対して提起した問題を、個別の場面でどのような行為が善きことかを考える規範レヴェルと、そもそも倫理とは何かを考える基礎づけレヴェルとに分けて考える。ケア「と」正義の問題を規範レヴェルの対比で考えれば、二つの倫理は一人のなかで使い分けられたり、社会的にも並存したりすること、すなわち③の立場は大いにありうる。同様に、④の統合論は、結局のところ「正義の倫理は規範としてのケアを排除するものではないという主張にすぎ」ず、統合ではなくケアが正義へと「摂取同化されているというほうが適切」という。そして、かれは、基礎づけレヴェル、すなわち倫理とは何かという根本的な問いかけこそが、ギリガンの異議申し立ての核心だと考える(品川二〇〇七：一四八―一四九)。

本書は、この品川の指摘に賛同する。すなわち、『もうひとつの声で』の重要な意義の一つを、そもそも「倫理とは何か」といった根源的な問いにあると本書では理解している。品川は、「ケア対正義論争」を統合として理解せずに、むしろ「編み合わせ」と理解するヴァージニア・ヘルドを『もうひとつの声で』の継承者として高く評価している(同：第一〇章)。本書もまた両者の関係性をいかに理解するのかについては、第5章で詳しく触れるように、ケア実践が紡ぐ関係性にわたしたちの人間性や社会性の基礎を見いだし、その上に、正義にふさわしい領域を確定しようとするヘルドの理論に多くを依拠している。

とはいえ、本書が考えるケアの倫理の意義は、倫理学的な点にではなく、ケアの倫理が、むしろ社会変革、現在の社会編成のオルタナティヴを志向している点にこそ求めたい。「フェミニスト的でない、いかなるケアの倫理も、ケアの倫理と名乗る資格がない」とヘルドがいうように、「フェミニズムは革命的なプログラムの一つ」だからだ(Held 2006: 66)。したがって、品川は、前節で論じられたベイアーの『もうひとつの声で』解釈は、「どちらの倫理を支持するかは、どのような社会を選ぶかという問題」であることを表している(品川二〇〇七：一六四)と正しくも指摘するのだが、かれの倫理学的議論ではそれ以上、フェミニストたちがどのような社会を描こうとしているのかについては踏み込まない。本書が第4章以降で論じるのは、ケアの倫理が問い直す「倫理とは何か」といった根源的なパースペクティヴから、新しい社会構想や人間像をめぐってケアの倫理が果たした、社会変革をめざす理論的な意義である。

フェミニストによる議論――ノディングス

第3章を締めくくるにあたり、じっさいケア「対」正義論争としてフレームアップされがちな『もうひとつの声で』以降の正義とケアをめぐる議論について、フェミニストたちがじっさいどのような議論をしていたのかを論じる。日本でも哲学、政治思想領域で活発に論じられてきたケア

「対」正義論争によってかき消されてきたのが、こうしたフェミニストのケア論者自身の議論であったことはここで強調されておいてもよいだろう。

八〇年代から九〇年代にかけての論文を収めた『正義とケア——フェミニスト倫理学の基本論文集』(一九九五年)を編集したヴァージニア・ヘルドによれば、女性と男性に見られる道徳的な態度や傾向性の違いをめぐるギリガンの経験論的議論に触発されながら、当時のフェミニストたちは、ケア実践のなかに正義に代わるオルタナティヴを見いだそうとした。それはヘルドによれば、従来の哲学や哲学に支えられた諸理論における、抽象的な道徳規則に結びつけられた正義概念の圧倒的な支配力に対する「反発《リアクション》」の一つでもあった。

したがって、この論文集に収められているフェミニストのなかでも、先に触れたノディングスは、女性たちは他者をケアする立場にあるがゆえに、具体的な状況のなかで道徳的問題を捉え語る傾向があるとギリガンが論じた点を高く評価し、ケアリングが文脈依存的で個別的な文脈においてなされる行為であるかぎり、普遍性や不偏性を要請する抽象的な原理とは相いれないと論じる。ノディングスは、道徳的であるとはいかなる意味なのかを問い、それは、ケアする関係性のなかに留まり、ケアする存在としてのわたしたち自身の理想を高めることであると定義づける。道徳がこうして、ケアするひととケアされるひととの個別具体的な関係性のなかから湧き上がる実践のなかにおける善さと結びつけられるがゆえに、あらゆる状況においてわたしたちの個々の行為を絶対的に導いてくれるような原理は、そこに見いだしえない。

この論文集に収められているのは、ノディングスがケアの倫理研究者として注目される契機となった『ケアリング』(一九八四年)からの抜粋であるが、『ケアリング』でノディングスは、個別的な文脈のなかでケアがより豊かになされることを可能にする諸条件が、いかに維持され、補修・修繕されるかを考えることがケアリングの倫理の課題であるかぎり、その普遍化可能性についてきっぱりと拒絶する。

ノディングスの立場は、不偏の人類愛や普遍化可能な原理にいかに忠実であるかという問いと、個別のひとが特定のひとに対していかに道徳的に接するかというケアリングをめぐる問いを峻別し、合理的な道徳的判断やある行為の正当化を普遍化可能な原理から導き出すことこそが道徳であると考える立場から距離をとろうとする。ノディングスは、ケアリングを生物学的な女性性に根拠づけようとするため、さらには、女性たちの過重なケア負担を社会正義の問題としてではなく、女性自身の自己イメージの改善によって解消しようとするために、フェミニストたちから多くの批判を浴びることになる。しかし、ギリガンが着目した「ハインツのディレンマ」をめぐる応答に触発され、個別の人びとが抱える事情や具体的な文脈をあえて抽象化して普遍的な原理に訴えるのではなく、むしろ、文脈をしっかり受け止めて理解し、その状況にとどまりつつ、いかに責任ある行為をなすかを考え、行為することで問題を解決しようとする女性たちに、ノディングスが道徳的行為へと至る、もう一つ別の道筋《オルタナティヴ》を見ている点を強調しておこう。それは、普遍的な原理に囚われず、ケアされるひととの対話や触れ合いを通じて現状をよりよく知ろうとする女性たちの道徳的判断能力を未熟であるかのように扱う、既存の道徳理解に対するもう一つの抗議の声である。

フェミニストによる議論――フリードマン

ノディングスは、行為としてのケアリングのただなかで、ケアするひととされるひとが何を行い、感じ取り、どこに「善さ」を見いだしているのかについては、普遍化可能な原理によって判定もできないし、ケアリング関係のただなかにおいてそのような原理は、その都度何をなすべきかを教えないと主張した。それに対して、政治哲学者のマリリン・フリードマンは、道徳をめぐってギリガンが、正義のパースペクティヴとケアのパースペクティヴという二つの視点を示したことに注目する。フリードマンは、現代の道徳理論が正義概念を普遍化可能で不偏的な原理として捉えるあまり、個別的な対人関係から切り離されたものとして構想していることを批判する。ケアする者とされる者との関係性に、普遍的な原理、すなわち正義は相いれないと考えるノディングスに対して、フリードマンによれば、正義とはそもそも、〈等しいものを等しく〉、〈各人にふさわしいものを各人に〉と一般的に定式化されてきた。したがって、正義は、個人的な関係にも適用されるし、そのような関係性は、個人間に紡がれつつある相互性のなかで、公正さが要請される場でもある。すなわち、

〈友人や近しいひとをどのように遇することが適切なのか〉という問いには、ギリガンのいうケアの視点と正義の視点が共に含まれることになる。

フリードマンはその主著『何のための友人か？――個人的関係と道徳理論に関するフェミニストの視点』において、道徳理論がそれまで軽視しがちであった、友人、家族関係、性生活に目を向けたことに対するケアの倫理の貢献を論じながら、なおケア関係において生まれがちな暴力や抑圧の問題にケアの倫理は十分には応えていないと論じていた。古代ギリシャにおける友情という概念に着目することで、ケアの倫理の短所を補い、より十全な解放思想としてのフェミニズムを模索するフリードマンは、正義が遂行されるべき関係性のなかでも、当時の哲学者たちが愛着や信頼関係ですでに結ばれている友情をなによりも重視していたことを強調する。じっさい、『国家』のなかでソクラテスが反論しようとした当時の正義観の一つは、〈友には善いことをし、敵には悪いことをなす〉であった。フリードマンは、成人同士の近しい関係性における正義をめぐる議論を、男女の配偶者たちの関係へと援用する。

近しい関係性にふさわしい倫理として正義が想定されるならば、第一に正義は、親密さや信頼感ゆえに、第三者以上にある特定のひとにより多くの責任を負いながら、その貢献に見合った報酬を受け取れないような関係性に対して、利益と負担の適切な分配について配慮せよという制約を課すものであることが理解される。これは、すでにベイアーが看破していた、女性が歴史的に担ってきた家事労働の搾取を、不正義として見る視点である。

第二に、正義は、親密な関係性において、その物理的・精神的関係性の近さや依存度から生まれる特別な脆弱性、つまり傷つけられやすさにかかわる。この脆弱性は、第三者がその関係性から排除されることもあいまって、暴力が誘発される危険性を高める。正義は、こうした関係性のなかで生じがちな危害に対して歯止めとなると同時に、なされた暴力による傷を修復する役割を果たさなければならない。

こうして考えると、とりわけ近しい関係性においてケアが搾取や抑圧という不正義へと転化する危険性は高いとフリードマンは指摘する。したがって、右記二つの正義の働きは、親密な関係性にふさわしい制度、すなわち家族制度はどのように設計されるべきかを考察するさいにも重要な役割を果たす。なによりも、この二つの役割を果たす正義は、分配的正義と矯正的正義というアリストテレス以来論じられてきた典型的な正義概念に他ならない。また同様に、福祉制度や海外支援、震災時の緊急支援制度など、人びとの苦痛、苦難、不安、ニーズへの応答には、ケアの倫理が欠かせない。

すなわち、フリードマンによれば、正義のパースペクティヴとケアのパースペクティヴにはあたかも、公私二元論と合致するふさわしい領域や関係性、そして活動があるかのように固定的に理解されることが問題なのだ。ギリガンは、正義や権利の原理はあまりに個人主義的で、無関心を惹起し、積極的な相互行為、介入、つながりを過小評価するきらいがあると理解しているが、じっさいに権利には福祉の実現といった第三者の介入や支援を求める積極的な権利も含まれており、両者についてあまりに狭い解釈がなされてしまっている。したがって、「ケアか正義か」といった問題は、むしろケアと正義をめぐって構築されてしまっている強固な二元論を見直すことをフェミニズムに要請しているのであり、正義への関心から切り離されたかのような単なるケアリングを超えて、女性や男性にそれぞれ特定の道徳的役割や領域を振り分けるジェンダー・ステロタイプこそが克服されなければならないのだ。

フェミニストによる議論——ラディク

フリードマンが、ケアと正義の関係を論じるために、主に成人男女の親密な関係を考察しながら、家族における配偶者間にこそ古代から論じられてきた分配的正義と矯正的正義が必要だと論じるのに対して、哲学者のサラ・ラディクは、家族構成員をその考慮の対象外とし、あるいは正義の原理を構想する条件から家族構成員を除外して観念された正義は、果たして家族に適用可能なのかと問い返す。とはいえ、彼女もまた、ケアの倫理研究が多くのフェミニストたちの手によって注目されるようになったことは評価しつつも、ケアの倫理に集まる注目によって、その意図とはおそらく反するような形で、家族と正義との分離が再強化される傾向があると懸念している。さらに、ノディングスとは異なる意味においてではあるが、ケアと正義とは互いに包摂したり吸収されたり、同一化できるような原理ではなくむしろ、ある道徳的現象を見いだし、解釈し、それに応える二つの異なるパースペクティヴだとラディクは理解する。こうしたラディクの理解は、『もうひとつの声で』以後一九八七年に公刊されたギリガンの論文の影響を受けている。ギリガンの一九八七年の論文については、次章で詳しく論じることにしたい。

ここでは、以上のようにラディクが主張する意図を見失わないように確認しておきたい。正義とケアが異なる倫理であると強調するラディクの意図は、家族と政治を分離する議論を拒絶することにある。すなわち、公的なこと、私的なこと、あるいは公私いずれの領域にかかわらず、いかなる制度であれ関係性であれ、正義あるいはケアといったパースペクティヴから判断することができるというのが彼女の主張に込められた意図なのだ。そう論じることで、彼女は、公的領域と私的領域が同じであるとか、個人的なことと政治的なことを区別することには意味がないと主張しているのではない。ラディクが強調するのは、そうした区分と、ケアと正義との区分は決して一致しないということなのだ。

フリードマンが家族における成人男女の関係に目を向けたのに対して、ラディクは母子関係を詳細に検討する。そうすることで、家族にも分配的正義が必要だと主張する議論でもなく、対象領域によってケアか正義かを峻別しながら家族にはケアの倫理こそが必要だと主張する議論でもない、第三の道を拓こうとする。ラディクは、伝統的な正義論が、公的領域とは異なる家族領域における関係性の諸特徴――不平等な者からなり、その違いが顕著で、同意を基調とする営み・相互行為に適さない――のために正義に適さないと論じてきたことには、耳を傾けるべきだという。そうでなければ、ケアの倫理がなぜ正義の諸理論とは異なっているのか、その重要な点が見失われかねないからだ。ケアの倫理は、多くの関係性に内在する是正しようにもできない不平等を受け止め、理解し、構成員の一人ひとりが異なっており、能力の差も大きいといった差異を尊重することを特徴としている。こうした特徴は、家族構成員の福祉にとっては核心的な徳であり、選択ではなく所与の責任に拘束力があることを認める。なぜならば、ケアの倫理を貫く原理とは、個人に始まるのではなく、個人が生まれ育つ関係性から始まっているからだ。

むしろ必要なのは、こうした家族構成員が紡ぐ、あるいは多くのひとにとってはそもそも所与として受け容れる他のない個別の文脈により敏感になることで、圧倒的な依存関係に置かれ脆弱さを免れない者――子ども、高齢者、障がいをもつ者――と、そうしたひとをケアする者との間に、よりよいケアが実現されるような正義とは何かを考えることである。ノディングスのように不偏性や普遍化可能性のために正義概念そのものから背を向けることは、むしろ正義の要請から家族を除外し、家族を理想化したり、家族に内在する暴力や暴力の誘発から目を背けることに他ならない。

母子関係への着目

ラディクは、呼びかける。多くの哲学者たちが家族の道徳的経験を注視することでケアについて思考するようになったように、曇りなき目で家族を見つめるとき、そこで要請される正義の理念とは何か、と。すなわち、「そうした理念が正すであろう典型的な不正を特定することによって、正義の理念を構築し始め」てみようと(Ruddick 1995: 211)。彼女が取り上げるのは、当時も現在も合衆国社会に――いうまでもなく、日本社会においても――広範に見られる母子関係における暴力と支配の問題である。ここでラディクがなぜ、親子でなく母子に注目するのかについては、第4章においてラディクの思想と共に論じることにするが、実態として母が子育ての中心であることと、母が自身の同意をはるかに超えた義務として育児を担わざるをえない社会状況を批判する意味も込めていることは強調しておきたい。

現在のわたしたちは、親の子に対する虐待は起こってはならない、戒められるべき行為だと認識はしている。しかしなお、家族の外で行われたのであれば、犯罪として検挙される行為であっても、長きにわたり「しつけ」という名の下で正当化されてきたし、じっさいいまだに日本社会においては、親子を強制的に切り離し、親の加害から子を保護するにいたるハードルは高い。なぜ、他者の身体に対する暴力という明らかな犯罪行為が、親子関係では不正とみなされにくいのだろうか。

ラディクによれば、家族を見るわたしたちのパースペクティヴは、攻撃や介入、収奪を禁じ、他者の自律や身体的統合性を尊重せよと命じる正義ではなく、むしろ、他者のニーズを注視し、応答せよと命じるケアのパースペクティヴに覆われがちである。すなわち、圧倒的な能力の差があり、子の福祉のためにはその子に代わってそのニーズを充たし、身体性を共に築き上げていく母の行為は、往々にして暴力との線引きが難しく、既存の正義論では対応しづらい。たとえば、「しつけ」は、身体に対して痛みをもたらすほどの暴力とは区別できたとしても、食事のさいに机の上に足を投げ出したり、食べ物をまき散らしたりするような行為を抑えようとして叱責し、嫌がる子をある程度物理的・強制的に椅子におとなしく座らせておくことは、社会的身体性の育成と考えられている。しかし、そうした行為は、無条件に正当化されるようなものというより、むしろ許される範囲の強制力はどこまでなのかを細心の注意をもって推し量らなければならないだろう。

あるいは、ケアのパースペクティヴからすれば、無関心やネグレクトは典型的な子に対する虐待である。正義のパースペクティヴでは厳しく戒められる暴力行為が存在しなくとも、ネグレクトは子の命を左右するほどの虐待である。

たとえば、ある母親は、子の一挙手一投足を注視し、彼女の理想通りに育つように子の行動や衛生を気遣うがゆえに、精神的にも身体的にも子に負荷をかけるかもしれず、その延長線上に暴力をふるってしまうかもしれない。暴力はいっさいふるわないものの、子の成長にほとんど関心がない母親もいるかもしれない。家族関係において後者は、とりわけ理想の母親役割を社会的・政治的に女性に強制することによって、あるいはそもそも、母親が子どもに無関心であるなどと想定しないことで、社会的にはあってはならないこととみなされてきた。ラディクは、前者のようなケースを不正として認識するためには、既存の正義論に代わる、家族間の関係性を規律する正義観が必要だと訴えるのだ。

じっさい、たしかにどこまでが「しつけ」で、どこからが暴力かを見極めるのは難しい。だが、痛みを伴う身体的暴力だけでなく、言語的な行為も含めたさらに微妙な暴力的な行為を不正かどうかを見極めるには、そうした暴力的行為が支配につながっていないかどうかを明らかにすることが必要になるとラディクはいう。他者の支配とは、支配される者の行為が生まれる背景となっている諸状況や、その逆に行為の結果を完全にコントロールしようとすることであり、あたかも他者を自分の持ち物のように扱うことである。自分が支配する者が、自分の思うようにふるまうこと、期待する結果をもたらすことを促し、そうでなければ介入し、ときに支配される者が自ら意志することを暴力の恐怖のもとであらかじめ挫いておく。支配される者には選択肢を与えず、つねに支配者のいいなりであることを強制する。しかし、そのような支配者であれ、自分たちが支配する者たちを、心から大切にしているかもしれないのだ。母子という親密な、そしてよりよいケアが求められる関係においてこそ求められる正義、それをラディクは、「身体的な意志表示に対する尊重」と名づける。

幼児の身体的な反応や、小さな動きに示される喜びや拒絶といった表現を、その子独自の、自分自身とは別個の存在に潜在する意志として受け止めること。こうした態度が、その子が成長し、獲得していくさまざまな能力へとつながり、親の世代とは異なる世界の一員となっていくその条件を育んでいく。ケア関係に潜在する不正――他者の支配と私物化――を行わないよう求める正義概念を構想することにより、ラディクもまた、ケアと正義が公私二元論と切り離しがたく結びついている議論状況を批判しているのである。

以上の三者三様の議論から了解されるのは、ギリガンの問題提起を受けて「ケアか正義か」という二者択一こそを問題視し、その問題の在りかを、とくに哲学・倫理学、そして政治学の伝統に根強い公私二元論との切り離しがたい連関に見ていることである。すでにベイアーが論じていたように、公的領域からケア関係にある者たちを排除することで、主流の正義論は、私的領域に頻発する危害を容認し、女性の労働力の搾取と彼女たちの自己疎外を許してきた。そして、そうした状況を変革するために、フェミニストたちは新たな正義概念を構想しようとしたり、あるいは近代のリベラルな正義論とは異なる伝統に立ち返ろうとしたりした。

フェミニストたちにとって「ケアか正義か」をめぐる論争とは、まさにギリガンがのちに語ったように、「両者が妥協しえないかのごとく装われることによって」、逆に論争じたいが、既存のジェンダー秩序を再強化してしまっている。フェミニストたちは、こうした対立そのものに疑いの目を向け、この論争じたいを乗り越えようとした。そして、第4章から見ていくケアの倫理のその後の展開は、公的領域にはふさわしくないとされてきたケアの倫理を、公的な規範として鍛え上げることへと向かっていくのである。

第4章　ケアをするのは誰か

――新しい人間像・社会観の模索

1　オルタナティヴな正義論／道徳理論へ

ケアにも正義を！

第3章でわたしたちは、フェミニストに限らず多くの哲学者、倫理学者たちのあいだで主に一九八〇年代に活発に論じられ、ケアの倫理に関する議論といえばケア「対」正義論争であると今では認識されるほどの論争において、じっさいのフェミニストたちの議論はどのようなものだったのかを振り返った。いっけんするとこの論争は、道徳的判断をめぐり「ケア」と「正義」のいずれが優れているか、あるいは、いずれがより包摂的、あるいは基底的な原理かといった二者択一を迫っているかのようだ。

しかし本書では、ギリガンの『もうひとつの声で』を合衆国におけるフェミニズムの議論の流れのなかに位置づけるため、女性の心理を社会構造、つまり支配＝従属関係に直接結びつけたミラーと、あたかもマルクスの声を聴くようにケア実践やケア責任をめぐる搾取や疎外を論じたベイアーと共に読み直した。すると、むしろケアの倫理の原点に、女性たちが（近代的でリベラルな）正義論の埒外にとどめ置かれていたことに対する批判が存在することが明らかになった。すなわち、女性たちが担ってきた／担わされてきた家族（ミラーの場合は夫婦関係、ベイアーの場合は母子関係）へのケア実践について、その意義が不当に歪められると同時に、ケアを担う女性たちは二級市民に貶められつつ、彼女たちの声は耳を貸すに値しないものとして扱われてきたことに対する異議申し立てが、ケアの倫理の核心にある。

言い換えれば、女性の多くが経験してきた暴力や従属、搾取や疎外を通じた二級市民扱いに対して、はっきりと不正義だと訴えることを可能にしてくれる正義を、ギリガンをはじめとしたケアの倫理に注目するフェミニストたちは模索してきた。したがって、彼女たちが直接的に危害を被る典型的な場としての家族を視野に入れた、リベラルな正義論とは異なるもう一つの正義を求める議論が、フェミニストにとっての「ケアか正義か」をめぐる論争だったといってよいかもしれない。それはかつて、哲学者マーサ・ヌスバウムが政治思想家スーザン・モラー・オーキンの仕事を「女たちに正義を！」というタイトルで論じたことにも表れている。ヌスバウムが論じるには、女性たちは公的領域から排除されることで不正義を被っているだけでなく、家族内においても、不平等な労働分担や所得分配のあり方のために不当な取り扱いを受けてきたのだ。つまり、女性が被る不正義は、公私の二領域を貫いている。

ギリガン「道徳の志向性と発達」を読み解く

『もうひとつの声で』のとくにその第三章においてギリガンは、ケアと正義は異なる倫理であると同時に、異なるパースペクティヴ、つまり世界に対するもう一つの見方、視座でもあると論じていた。そして、自身の「ケアの倫理」と「正義の倫理」といった区別が惹起した論争を経て、ギリガンもまた、パースペクティヴとして理解されたケアと正義の関係について新たな論考を発表する。

本章では第2節以降、なぜ伝統的な正義論だけでなく、平等という理念を正義の構想に含める形で公正な社会を模索しているはずのリベラルな正義論が家族内での暴力や搾取に目を閉ざしてきたのかと問いかける、フェミニストたちの新たな取り組みに目を向ける。しかしその前に、『もうひとつの声で』同様、多くのフェミニストたちに影響を与えたギリガンの重要論文の一つである「道徳の志向性と発達」(一九八七年)を概観しておこう。ベイアーもケアの倫理のなかに、より「品位ある共同体の一つ」の可能性を見ていたように、この論文にわたしたちは、新しい自己像や行為論そして正義論を模索しようとするギリガンの姿を見るだろう。じっさいその後のギリガンは、ケアの倫理とは不正義に抗することであると考え、一人ひとりの異なる声を尊重することを不可欠の構成要素とする民主主義論を論じ始める。

「道徳の志向性と発達」は、『もうひとつの声で』の出版から五年後に公刊された。この論文でギリガンは、ひとは成熟するにつれて、ケアと正義が収斂した道徳を身に着けるようになると結論づけていた自身の立場を幾分か修正し、よりはっきりと、道徳的判断が必要な状況を見いだし、何が問題なのかを定め、いかに解決するかを考えるさいの異なる枠組み、あるいは異なるパースペクティヴ、つまり視座としてケアと正義を定義し直している。

この論文でギリガンは、見方によっては二つの図が表れる多義図形——一枚の絵が、若い女性にも高齢女性にも見えたり、うさぎにもアヒルにも見えたりする——に譬えながら、わたしたちがある事象を見るさいに、自己と他者をどう理解しているか、また特定の問題のなかに置かれた人びとの関係をいかに捉えるかが大きくその事象の判断に影響を与えると論じている。さらに、ある特定の事象とそこに位置づく諸個人が意味することが異なれば、「依存」や「責任」、「正しさ」や「ケア」といった概念もその含意を変化させていくと主張する。

『もうひとつの声で』では、正義は、自己と他者を対抗的に捉える権利という普遍的概念を中心に公正さを捉え、ケアは、自己と他者の個別の関係性から生じる責任という概念を中心に他者のニーズへの応答を捉えるという形で、最終的には統合すると論じられたものの、両者はまるで対極にある倫理観のように分析されていた。すなわち、正義感の強い者は、個別のひとが置かれた事情や文脈よりも、不偏的／客観的により重要な権

利が尊重されることを重視し、その問題解決によって誰が傷ついたか、満たされるべきニーズが満たされたかどうかには頓着しない、というふうに。

それに対して「道徳の志向性と発達」では、ケアと正義が一枚の多義図形が表す二つの図柄に譬えられるようになる。すなわち、わたしたちがその多義図形の両義性をいったん認識すれば、どちらかに見える傾向があるとはいえ、視点の位置や図の構成に対する見方を変えることで、二つの絵を意識できるようになるし、うさぎを見ていたとしてもアヒルを意識することもできるように、ケアと正義は相対立する概念ではもはやなく、ある事態に対していかにアプローチするのか、道徳的な視点をどこに向けるのかといった、自己像や社会像にもかかわる志向性として捉えられるようになる。

正義の視座とケアの視座

パースペクティヴとしての正義とケアは次のように説明される。すなわち、正義のパースペクティヴから見れば、社会関係はあくまで背景であり、際立って見えてくるのは、道徳的行為者である。そして行為者たちが相対立する主張を訴えるさいには、平等や不偏不党であることを命じる定言命法や黄金律といった普遍的な規則に従って、それぞれの主張がどう扱われるべきかが判断される。それに対してケアのパースペクティヴから見れば、むしろ自己と他者との関係性に目が向き、道徳的行為者の行為は、他者との関係性という文脈のなかで、その他者のニーズに気づき応答することで生じる。こうしたパースペクティヴの違いは、道徳的な問いかけに現れる。すなわち、個別の事象をまえに、〈何が正しいか〉を問うか、〈どう応えるべきか〉を問うかに、その違いが顕在化する。

この論文でギリガンはいくつかの具体例とともに、自己／個人が前景化する正義のパースペクティヴと、関係性が前景化するケアのパースペクティヴを説明しているが、ここでは中絶をめぐる事例と、論文中ギリガンが紙幅を割いて論じているスーザン・グラスペルの短編小説「女仲間の評決」を参照しながら、もう少し詳細にその違いを見てみよう。

合衆国において中絶問題は、現在もなお苛烈を極める論争の一つであり、女性たちにとっては重大な政治問題である。しかしギリガンによれば、プロ・チョイス(＝女性の選択重視)「対」プロ・ライフ(＝胎児の生命重視)論争は、いずれの立場も正義のパースペクティヴからのものの見方・考え方である。

この論争における中絶問題とは、相対立する権利の問題、あるいは人間の生をいかに尊重するかといった問題であり、胎児の要求と妊娠した女性の要求とが秤にかけられる、すなわち相対立させられている。したがって、この問題は、胎児はすでにひととして認められるべきか、あるいは、胎児の要求は妊娠した女性の要請よりも優先されるべきか否かといった二者択一の抽象的な問いへと還元されてしまう。つまり、中絶という問題は、その問題に直面する者たちが置かれた文脈や社会的立場、そして人間関係にかかわらず、〈中絶が正しいか、否か〉という、二つの回答の間で対話が困難な、むしろ信念や信仰告白に近い、あれか・これかといった脅迫的な問いとなってしまうのだ。

中絶をめぐるディレンマ

ところが、中絶をケアの問題として枠づけ直してみれば、中絶をめぐるディレンマも異なって見えてくる。正義のパースペクティヴのなかでは後景化してしまう胎児と妊娠した女性のつながりが図として浮かび上がり、そのつながりによって、女性も胎児も規定されている。そして焦点化されるつながりは、波状効果のように、女性をとりまくその他のつながりにも影響を与えている。そのつながりにおいて問われることは、以下のようになるだろう。このつながりを今後も維持していくこと、あるいはここで断ち切ってしまうことのいずれが、より責任ある行為なのか、あるいはケアしていることになるのか、と。そして、中絶をめぐるディレンマの形も、先の「胎児」対「妊娠した女性」といった相対立する二者択一をめぐる難問とは異なる形をとる。なぜならば、中絶問題に直面した女性は、いずれにせよ何らかの行動をとらざるをえず、つまり、胎児とのつながりを維持するか、断ち切るかのいずれかを必ず選択しなければならず、いずれの選択をしたにせよ、彼女と胎児を含めた、その他の者たちとの関係性のその後に影響を及ぼさざるをえないからである。

たとえば、『もうひとつの声で』の第四章「危機と移行」においてギリガンはすでに、中絶という道徳的な危機を経験した女性たちがその後、いかにその自己像と責任感を変化させていくかについて、以下のように論じていた。つまり、ある道徳的選択がなされた時、ギリガンの関心は選択そのものに向けられているのではなく、なされたあとの時間の経過に向けられていた。

「危機と移行」では、中絶をめぐって女性たちの自己理解と責任の捉え方の変化が記述されていく。ギリガンは、中絶の意思決定をした当初と、その翌年末に行ったインタヴューを比較し、発達的移行の過程を明らかにしようとした。中絶をめぐり女性たちが示すパースペクティヴ――何が問題か、問題をどう捉えているか、現在の自分をどう見ているか、どのような関係性にあるのか等を見るさいの視座――の異なりから抽出した変遷経緯の仮説を、論理ではなく、女性たち自身の語りを長期にわたり聴き取ることで確証しようとしたのが第四章である。

ベティのケース

第四章の調査には二一人の女性が協力した。そのなかの一人、一六歳の時に二度目の中絶を経験したベティは、ボーイフレンドや家族との関係にまず焦点をあて、その関係性に規定された自己や自分にとっての自由とは何かを見つめ直す。その反省を通じて彼女は、搾取と危険にあふれた世界のなかで自分が生き残りをかけて闘ってきたことに気づく。彼女にとって社会の現実とは、そうした彼女自身の経験から構築されているのだった。

なぜベティは、自身が生き残るために中絶を厭わなかったのか。彼女は、その理由をインタヴューのなかで振り返る。自身の決定を養子として育った過去に結びつけ、誰からもケアされることなく一人ぼっちであったと認識することを通じて、彼女は過去と未来を結び直す。かつては、母親は自分を望んでいなかったと思い込んでいたが、自身の中絶をめぐる感情を捉え直すなかで、母親は赤ん坊のケアはできなかったけれど相手の男性を愛しており、その結果自分は生まれてきた。したがってベティは、自分は望まれていたのかもしれないと思い直す。こうしてベティは、自らの過去を再想像するに至る。ベティは結局、二度目も中絶することにした。しかし、その理由は一度目とは大きく異なっていた。一度目は、ただ赤ん坊のことなど考えたくもなかった。しかし二度目は、妊娠というつながりを見つめ、その責任を受け止めるなかで自分には子どもを育てることは困難であると認識し、子を産んでおきながら子育ての責任をしっかり果たさないことは公正ではないという理由から、中絶するに至るのだ。

ここで、ギリガンが注目するのは、つながりの図によって規定された自己が、他者への責任を引き受けるために、自分自身をもケアしなければならないという相互性の世界を切り拓いていく点である。正義のパースペクティヴからすれば、ベティは結局、中絶という同じ選択をしたことになる。しかし、ケアのパースペクティヴからすれば、関係性のなかに置かれた自己が、その関係性に対してどのように応答したかが問われるために、ベティは結果として同じ選択をしたとしても、二度目の中絶のさいには自己を含んだ関係性は変化し、また、かつて自分が結んでいた他者との――ベティの母や胎児の父――関係性までもが再想像され、未来の自己像や未来の選択にまで波状に影響が広がる。その結果、未来の自己と他者との関係性を変化させていくのである。

さらにいっそう強調されるべきは、中絶をめぐる関係性は、胎児と妊娠した女性（と、その親族）との閉じられた関係と捉えられがちであるが、むしろ、ケアのパースペクティヴから見れば、その関係性が置かれた社会的現実をも含んだ、広い文脈が視野に入ってくるという点である。つまり、ケアのパースペクティヴは、時間的にも空間的にも広い視座をもって、ある事象を捉えることを可能にする。

小鳥の死が物語ること

「道徳の志向性と発達」のなかでギリガンは、正義とケアをパースペクティヴの違いとして見ることの意義をさらに鮮明にする。そのために彼女が選ぶのが、「女仲間の評決」である。これは、一九一六年に初公演された「ささいなこと」というスーザン・グラスペルの一幕劇を小説化した作品である。物語は、夫ジョン・ライトを絞殺したとされる妻ミニー・ライトの容疑を調べるために、保安官と検事、保安官の妻のピーターズ夫人と近所のヘイル夫人が、ライト家にやってくるところから始まる。保安官と検事の男たちは、ジョンが殺害された二階の寝室で証拠を集めようと調査するのに対して、女性たちは拘置所にいるミニーに届け物をしようと、夫が帰宅するまでミニーが一人で過ごした台所で彼女の生活ぶりを観察する。そこで彼女たちは、日々の暮らしぶりだけでなく、子どもがいないなか一人で過ごすミニーの孤独を想像し始める。そこで、彼女たちはミニーの作りかけのキルトに気づき、幾枚もの布切れから一つの模様を描きだすように、事件の真相に近づいていく。

他方の男たちは、あたかも事件とは関係のない〈つまらないこと〉を語りだす彼女たちを嘲笑しながらも、どうしても殺害動機となるような事実を摑むことができない。男たちから事の重大さを分かっていないかのように扱われるヘイル夫人は、近くに住みながら、少女の頃から知っているミニーを訪問してこなかった自分を責め始める。ヘイル夫人の記憶のなかのミニーは、歌の上手な快活な女性のままで、彼女はだからこそ結婚前の名前「ミニー・フォスター」とミニーを呼び続ける。そして彼女は、キルトの縫い目の乱れに気づき、まだ縫い込まれていない布切れが入った小箱の底に置かれた、シルクに大切そうに包まれた小鳥の死骸を見つけるのだった。

小鳥のように歌がうまかったミニーの過去だけでなく、彼女の夫ジョンは一般には良いひととされながら——酒は飲まない、約束は守る、借りた金は返す——、気難しく、骨の髄まで突き刺すような冷たい風のような男だったことを知るヘイル夫人と、かつて大切にしていた子猫をある少年に殺された経験のあるピーターズ夫人は、唯一の話し相手であった小鳥を夫に殺されたことが動機であったことを理解する。彼女たちは、自身のこれまでの経験とミニーの経験をキルトのように紡ぎ合わせることで、法を代弁する男たちには想像もつかないこの事件の鍵を、心を寄せられるひとがミニーにいなかったことに見いだすのだった。そして、誰からも見放されている状況を、罰せられることのない〈犯罪〉とまで呼び、彼女たちの見解に耳を貸すことのない――そもそも、当時ほとんどの州では女性たちに陪審員になる権利もなかった――司法制度から、彼女たちが見つけた殺害動機の証拠である首を捩じられた小鳥の死骸を隠すことに決める。

ケアから正義を捉える

『もうひとつの声で』において正義とケアは、権利や責任といった異なる概念を中心にした公平性と応答性という異なる原理からなる別個の倫理のように考えられていた。他方で、「道徳の志向性と発達」において正義とケアは、多義図形に譬えられることで、ある状況に対するひとの理解は一つに限られていないこと、時にひとは、見方を変えることでその状況を異なって理解できることを含意するようになる。正義のパースペクティヴから状況を把握しようとすることは、決してケアのパースペクティヴを排除することを意味しない。しかし、ギリガンによれば、こうした二つのパースペクティヴを統合することも、融合することも容易ではない。というのも、二つのパースペクティヴでは、道徳的言語の意味が変化し、道徳的な軋轢や行為の定義さえも異なるからである。正義とケアは世界を見る視座として異なり、状況を捉える時間的・空間的広がりも、ひとにとって何が罪深いことなのかを判断するさいの善悪の様相も同じではない。

「道徳の志向性と発達」においてギリガンは、正義のパースペクティヴが、じっさいには一つのパースペクティヴにすぎないにもかかわらず、それを客観的な観点、時にはそれこそが真理であると混同する傾向性に拍車をかけていると批判する。つまり、正義のパースペクティヴは、数あるパースペクティヴのなかの一つの視座であることを忘れ、自己中心的な考え方に陥りやすいことを指摘している。

こうしたギリガンの慧眼は、その後のケアの倫理研究にとっての画期となる。なぜならば、正義とケアが相対立するものではないという見解は、両者の統合や相補性を説くものでは決してなく、むしろ正義のパースペクティヴから理解されるケア、ケアのパースペクティヴから理解される正義が存在することを示しているからだ。すなわち、ここまで触れてきたような自己像や社会像の転換から、正義に対する考え方そのものの転換の可能性を示唆するからである。ギリガンに触発され、道徳そのもののオルタナティヴを模索したマーガレット・ウォーカーの議論に移る前に、ギリガンがこの論文で示す、正義の枠組みから見たケア、ケアの枠組みから見た正義について触れておこう。

本書ですでに述べてきたように、正義のパースペクティヴからは、自己は、他者からの分離、他者と異なる利害関心、対等な他者とのあいだの互恵性を行動原理としており、それゆえ、そのパースペクティヴから見れば、ケアは次のように理解される。すなわち、ケアは、正義の厳格さを和らげるような、正義が課す義務を超えた慈悲・慈愛である。たとえば、「女仲間の評決」における検事と保安官が、ヘイル夫人とピーターズ夫人の行動を知ったらどう考えるかを想像してみてもよいだろう。したがって、ケアは利他主義や自己犠牲のように理解されてしまう。そして、『もうひとつの声で』でギリガンが挑戦したのは、こうしたある特定の正義観が支配する世界観のなかで、女性たちの行為や、社会からの期待と圧力のなかで女性たちが体得せざるをえなかった態度に対する、「歪んだ」ケア理解であることはいうまでもないだろう。

　他方で、ケアのパースペクティヴから見ると、自己と他者は分離しているのではなく相互に依存しており、自己の行為は自分自身で統制できるものというよりも、むしろ他者との関係性や状況の変化のなかで立ち現れてくるものと捉えられる。自己の行為は、他者や状況、あるいは状況判断への応答の一つなのだ。したがって、正義もまたその意味を変えていく。ケアのパースペクティヴからすれば、ある事態・状況を時間と空間の広がりのなかでどのように捉えるかがまず問われる。そして、その文脈のなかでどのような応答が責任ある、あるいは危害に至るものとなるかという問題を考えるために、その状況にあるひととそれぞれの諸状況・諸条件・話法《タームズ》は、他者のそれとは異なることに注意が向けられるのだ。だからこそ、そこでの正義は、ある特定の文脈において、ひとそれぞれの諸条件において個々のひとを尊重することを要請する。ここでもヘイル夫人とピーターズ夫人による、ミニーにとっての文脈の描かれ方が参考となるであろう。

こうして、ケアの倫理の問いは、異なる自己像、他者像、人間関係像を描き出し、さらには異なる社会像、そして新しい世界観へと大きく扉を開くことになる。

マーガレット・ウォーカーによる新しい道徳理論
――コミュニティのなかで表出・協働される道徳

ギリガンは、男性と人間の同一視を心理学という専門領域において鋭く批判した。さらに「道徳の志向性と発達」において彼女は、正義(のパースペクティヴ)が他の道徳に勝る社会では、脆弱性と傷つけられやすさにケアが結びついているために、ケアは経済的不利益につながる、あるいは経済的不利益という形となって現れると指摘している。すでに触れたように、ケアは求められる義務以上の、自発的な行為と理解されるために、無私の行為として受け止められるからだ。自発的な慈愛には対価は必要がないのだから、ケア関係にある者たちは、ますます経済的な剝奪状態にとどめ置かれる。

こうしたギリガンの問題提起を、哲学の領域においてさらに展開した一人として、マーガレット・ウォーカーの道徳理論に目を向けてみよう。彼女の道徳理論は、ジョアン・トロントが提唱する「ケアする／ケアに満ちた民主主義(caring democracy)」を支える責任論へと発展していくことになる。トロントについては、次章で論じることにしよう。

日本でウォーカーは、日本軍「慰安婦」問題——国際的には戦時性奴隷制問題——、とくに関係修復に対する日本政府の失敗について、修復的正義の観点から鋭く批判したフェミニスト倫理学者として紹介されてはきたが（岡野：二〇一六）、ウォーカーの主張はそれにとどまらない。その彼女の議論を支えているのは、ギリガンの問題提起を倫理学の領域で受け止め、男性中心の道徳の考え方と異なる道徳の可能性を追求し、道徳には二つのモデルが存在すると考える道徳をめぐる認識論である。

倫理学に対する女性たちの疑念

ギリガンが『もうひとつの声で』において批判したコールバーグやピアジェらは、その道徳性発達の理論を、カント的な道徳理論に基礎づけていた。すなわちかれらは、判断が道徳的であるためには、指令的つまり状況に左右されない行為義務——〈嘘はついてはいけない〉など——であることと、判断が普遍化可能でいかなる人間であれ採用できる観点をとることとし、こうした立場こそを「道徳的観点」と呼んできた。ウォーカーは、ギリガンの問題提起はなによりも、この道徳的観点に向けられていると理解する。

ギリガンの『もうひとつの声で』をめぐっては、熱い論争が繰り広げられた。しかしウォーカーは、ギリガンが問おうとした真の問題がしっかりと論じられてこなかったと考える。つまり、『もうひとつの声で』の要点とは、ギリガン自身がその「序」で論じているように、男性たちの作り上げた理論枠組みが女性にも適用されてしまうために、人間の生のなかのある事象や行為が歪んで理解されてきたことであった。すなわち、普遍性の下で、人間の、とくに女性たちが生きているさまざまな条件・状況、その文脈のなかで語られている声や事柄が不可視化されてきた。ウォーカーは、このギリガンの問題意識を、男性中心的な道徳的観点が支配している道徳理論そのものに向ける。ギリガンの研究によってケアの「倫理」が注目を浴びるなか、倫理学が女性をどのように表象してきたかを問い直したのがウォーカーである。

ギリガンは、ハインツのディレンマに代表されるような仮説のうえに構築される議論を退け、それぞれの社会的境遇を生きる女性たちが、具体的に直面するディレンマを研究対象にした。同様にウォーカーもまた、主著の一つである『道徳的理解』(一九九八年)において、主流の男性哲学者たちが、正しい道徳の特徴や、道徳的生活をめぐって議論するさい、ある特定の社会のなかで、その社会にふさわしい道徳を、いかなる立場で主張しているのかといった問題にあまりに無頓着であることを、以下のように批判する。

〈わたしたちはいかに生きるべきか〉。このような道徳問題を考えるさい、わたしたちはいかなる社会に生きているのかを問い、その社会がジェンダーの他にも、階級や人種、年齢や能力、社会が求める学歴や仕事、性的ふるまい、そして権力や社会的地位などによって分断され、そうした多様な階層が社会全体に浸透しているという事実に気づかざるをえない。さらに、分業、機会、責任、そして承認をめぐる、他者との間の社会的な相互行為は、さまざまな社会階層を構成すると同時に、それに影響を受けている。階層間の分断は、ひとの生き方に大きな影響を与え、異なる生き方をする者たちはまた、自分にとっての道徳的問題とは何か、いかに合理的にその問題を解決するかといった問いに対して、異なる回答をもつ。特定の社会において、職種によっても、社会的立場によっても、さらには人種やジェンダー、性的指向によっても、抱える問題が違うのだから、それに対する現実的な応答も、そして問われる責任が違ってくるのは当然だからだ。

にもかかわらず、男性哲学者たちが、特定の道徳的能力や道徳的人格を〈わたしたちの〉能力・人格であると代表《リプリゼント》して主張しうるのはなぜなのか、その権威はどこから生まれているのか。また、なぜかれらの判断が妥当なものとして通用しているのだろうか。男性哲学者たちは、そうした問いを、自らの主張は特定の立場から離れ、不偏性を基本とする一般的なものなのだから、そのような質問が間違っていると断じるか、あるいは無視してきた。だが、かれらが〈わたしたち〉を代表し、〈わたしたちの〉道徳とその能力について語ることができるのは、かれらの特権的立場を表しているのではないか。いかなる立場にもないとしながら、いったいなぜ、平等や自律、普遍性や不偏性をもっぱら求めようとする道徳理論は、現在の社会で特権的な男性たちが体現する価値観と似通っているのだろうか。ウォーカーはさらに直接的に、普遍的とされる価値は、男らしさの規範に結びつくような活動や役割、社会的地位や能力に与えられる社会的評価と奇妙にも一致しているのはなぜかと問う。フェミニストたちは七〇年代より、ほぼ男性のみが書き綴ってきた哲学書を再読してきた。そうした営みを通じて、「女性について、女性たちに代わって、そして女性たちの不在において語る男性たち」が権威主義的に、あらゆるひとを代表するかのように語る態度に対して、フェミニストたちは疑念を深めてきたのだ。

道徳理解の問い直し――理論的＝司法モデルと表出的＝協働モデル

こうしてフェミニスト倫理学者たちは、既存（＝男性）の哲学は、じっさいの社会的現実に照らせば、非常に狭い領域に道徳問題を閉じ込める、偏った道徳理解ではないかと問い始めた。道徳理論は、「親密な、家内の、あるいは家族的な――「私的な」――文脈において、特定の他者、多くは依存的で傷つけられやすい他者をケアする者たちの、しばしば選択されたわけではないが、任意の責任を無視している」（Walker 1998: 58）。すでにベイアーが指摘していたように、ウォーカーもまた、男性哲学者たちが関心を集中させる領域が、かれらが無視している領域における活動や責任を担う人びとが存在するからこそ、存在しえているとして、私的とされる領域における存在の在り方が無視され続けてきたことの意味を問い直す。

ギリガンの問題意識を引き継ぐウォーカーもまた、道徳をめぐる議論に二つのモデルを見いだす。一つは、主流の哲学・倫理学が依拠する道徳の「理論的＝司法モデル」であり、他方は、フェミニズムの視点が反映されたオルタナティヴな道徳の「表出的＝協働モデル」である。前者は道徳を、一般的な規則として行為を導く、行為者にそもそも備わる簡潔な命題集のように理解する。道徳は、「行為者に内在する、行為指導要領のようなもの」であり(ibid.: 8)、その指導要領に従って善をめざし、自己を統制し、生活設計を自分で組み立て、それに沿って生きることが理にかなっていると判断する、自律的な個人を想定している。各個人に備わった行為を導く命題集は、異なる具体的な状況に適用可能な、文化や歴史に左右されない論理的な知識のように考えられている。

それに対して「表出的＝協働モデル」は、ある状況に埋め込まれた人びとの相互行為や、相互理解を媒介する、社会的価値が体現されたメディアを、道徳と考える。すなわち、わたしたちのコミュニケーションを媒介するのが、道徳である。人びとを媒介するこのメディアとしての道徳によって、ひとは互いを特定のアイデンティティを備えた人格として、また社会関係をとり結ぶ行為者だと理解する。その意味で、道徳は、わたしたちが物事や人物を判断するさいの、共有された語彙や価値観、判断基準の源でもある。

さらに、わたしたちが道徳的な理解を深め、他者理解を表現するのは、社会的な関係性のなかで責任を求める／果たす・果たさないという実践を通じてである。あるひとから応答を求められ応えるとき、わたしたちは同時に、なぜそのような応答をするのかといった、価値判断を含んだ説明をしている。わたしたちの応答は、自ら属するコミュニティで共有されている、つまり妥当だと認識された価値を通じた、他者理解を表明もしている。「ある事象について互いに責任を課すことで、何に価値が置かれているのかを示す一連の実践こそが、道徳である」(ibid.: 10)。したがって、「理論的＝司法モデル」における個人に内在する道徳とは異なり、道徳は根本的にひととひとの間にある、つまり間主観的なものであり、人びとの間にあるコミュニティを反映し、個人間で再生産され、修正され続ける。そもそもコミュニケーションとは、他人とある関心事を共有することである。その意味では逆に、コミュニケーションがコミュニティ形成をすることは、いうまでもないだろう。

道徳の前提／結果としてのコミュニティ

ウォーカーによれば、道徳とは、あるコミュニティ——親密圏であれ、共同体であれ、国家、あるいは国際社会であれ——で共有されていると思われる道徳を背景にしながら遂行される相互行為において露わになる。ここで重要なのは、道徳はあくまで人びとを媒介しているメディアなので、誰も独占できないし、あるひとにとって道徳と思われるものと、責任をめぐって応答する相手が考える道徳には、齟齬が生まれうるということだ。

たとえば、婚姻関係にある者たちが、日々の相互行為のなかで、互いに想定していた婚姻関係にふさわしい道徳が異なっていることが露わにされることがある——それゆえ、コミュニティそのものが解消されることもある——。このことは、さらに換言するならば、道徳そのものが、責任をめぐる応答において、〈わたしたち〉はどのようなコミュニティに属しているのか、そこで共有される道徳とは何か、共有された道徳を背景にすると、責任を問う／問われる者たちは何者で、彼女たち・かれらは自分とどんな関係にある行為者なのかといった理解を表現する実践の束なのだ。それは、一律に個人に備わるものではなく、他者との多様な関係性のなかで、相互行為、応答行為という協働行為をつうじて形作られ、再生産され、修正され、あるいは裏切られる。こうした「もう一つの」道徳の考え方が、道徳の「表出的＝協働モデル」であり、それゆえ道徳は多元的であり、つねに変容を迫られる。

　例外なく社会的位置づけが異なる他者との相互行為のなかで、共有されている（と想定される）道徳——その者と共にあるコミュニティが想定されつつ——が表現されるがゆえに、互いに想定するコミュニティが異なっていることが露わになったり、コミュニティの境界が揺るがされたり、コミュニティの存在自体が否定《ディスコミュニケイト》されたりもする。あるいは、そもそも〈共有されている〉と思われていた道徳規範そのものに、疑義が投げかけられる。先の例でいえば、カップルが互いに想定する、婚姻関係にある者にふさわしい責任や態度、ふるまいとはどのようなものなのかの認識そのものが問われる。すなわち、他者との協働のなかで表現される「一連の実践こそが、道徳である」とする道徳モデルがフェミニスト倫理学から生まれてきた意義は、道徳のなかに、既存のコミュニティや道徳規範そのものに対する異議申し立ての可能性を拓いたことにある。

では、特権的な道徳的視点、あるいは正義のパースペクティヴからは〈ささいなこと〉であるか、もしくは正義が課す義務を超えた慈悲・慈愛や特別な責務として解釈されてきたケアは、じっさいなにをしている／きたのだろうか。ケアとは何をすることなのかといった関心は、「道徳の志向性と発達」においてギリガンが論じていたように、ケアが無私の行為として理解される傾向性に抗うことにもつながっている。繰り返しになるが、ケアのパースペクティヴとは、一人ひとりは異なる条件にあり、異なる語彙をもつことを認識し、その異なりを尊重することだからだ。こうして、ケアという活動とその行為能力について考察することは、もう一つの声、もう一つの道徳、そしてもう一つの人間観と社会観へと扉を開いていくことになる。

こうしたケアの分節化は、哲学や政治学が語らないことによって自然視／当然視してきた母親業を注視することから始まった。

ケアの実像を描く

2　ケアとは何をすることなのか？――母性主義からの解放

わたしたちはここまで、第1章において、マルクスの批判的読解を経て、かれが提示した再生産労働概念が、家庭における無償労働に着目するようにフェミニストを導いてきたこと確認し、第2章では、合衆国において一九七〇年代以降なぜフェミニストたちが心理学に注目したのかを振り返ってきた。そしてフェミニストたちの心理学への注目は、身体と精神の二元論や公私二元論といった既存の学問領域の分断を越える可能性の探求だったことを確認した。またそれだけでなく、心理学には、なぜ女性は無償の家事労働を担うのかという問いをめぐり、女性たちの養育のされかた——すなわち、いかにして娘は母になるのか——に対する批判的視座が得られることが期待されていた。

しかし、ケアの倫理への注目が、心理学の領域を越え哲学や倫理学、さらに政治理論や政治思想へと拡がっていくと、むしろ、第3章で見てきたように、ではじっさいにケアとは何をすることなのかという問いを通じて、ケア活動や実践、ケア労働へと視点が移行していく。その移行は、研究上の二つの重要な画期を示している。一つは、ベイアーが、そしてより明確にウォーカーが厳しく問い質したように、普遍的であることを騙る男性中心的な哲学や思想は、なぜある特定の活動や生活領域を見落としてきたのか、その帰結とは何だったのかに関心を向けた。第二に、すでにギリガンが見抜いていたように、「ケアという活動と、その行為能力」は表象し損ねられてきたからこそ、ケアは無私や慈愛、そして家父長的な社会における女らしさに容易に結びつけられてしまうことが批判され始めた。

こうした文脈をしっかり理解することで、以下に紹介する三人の合衆国のフェミニスト研究者たちが母親業《マザリング》に注目するのは、第一波フェミニズム運動以後、歴史的に合衆国の女性運動に特徴的な母性主義の延長線上にあるからではないことが理解されるであろう。むしろ、彼女たちはそれぞれの研究領域から、母親業を既存の「女らしさ」に安易に結びつけ、自然視してきた歴史に反旗を翻し、母性主義からの母親業の解放を試みたのであった。こうして、ケアとは何をすることなのかを問うことで、正義のパースペクティヴ、あるいは道徳の理論的＝司法モデルのなかで歪められてきたケアを活動や実践として捉えようとするフェミニストたちが登場する。

サラ・ラディク――母親たちは思考している

ラディクは、現在のケアの倫理研究の視点から、ギリガンとともにケアの倫理の端緒に位置づけられる哲学者であり、平和研究者でもある。ラディクは、『もうひとつの声で』に先立つ一九八〇年に「母的思考」という論考を発表し、一九八九年には戦争と平和に潜むジェンダー規範を母的思考から批判する『母的思考――平和からなる政治に向けて』を公刊する。ラディクの主眼は、伝統的に母親は感情的だと理解されてきたことに対して、母親たち自身も気づいてはいない、あるいは社会的な認識枠組みを押しつけられているがゆえに見ないよう自らを抑圧している、「母親業から発展してきたパースペクティヴ、いやまさに思考」を描こうとする(Ruddick 1980: 342. 強調は原文)。

ウォーカーがメタ道徳論、あるいは道徳の認識論として、既存の道徳論とは異なる道徳の存在を模索したように、ラディクも哲学者として、母親業という実践から湧き上がる独特な思考の在り方を抽出しようとする。

いまなおラディクについては母性主義、あるいは白人中産階級における母親業を特権化しているとの批判が絶えないように、わたしたちの社会のなかで母親業について論じることは困難を極める。なぜなら、じっさいに生物学的な産みの母親の多くが母親業を担うという現実が存在するがゆえに、あたかも生物学的な決定論のように、そうでなくても、家父長的な文化のなかで当然視されてきた母親役割を再強化するかのように受け止められがちだからだ。しかし、彼女が強調するのは、「「母的」とは、社会的なカテゴリー」であるということであり、母的であることに女であることや生物学的なつながりは必要ではないし、それで十分でもない。母的思考は、あくまでも他者と働き、ケアしている営みのなかでこそ生まれる。

しかしながら、なぜあえて「母的」といわなければならないのだろうか。この問いに答える前に、ラディクがどのように母的思考を抽出したかについて見ておこう。次に、そうした母的思考が、じっさいにその思考を経験しているひとたちにさえ気づかれず、社会的には思考であると認められず、価値を貶められてきたのはなぜかを考えたい。それにより、現実に母親業の遂行には困難が伴うことを確認し、じっさいの母親たちがいかなる状況に置かれているのかを明らかにしたい。

母親業とは

母親業についてラディクはまず、一般的な思考とは何かから考察を始める。男性哲学者たちの議論によれば、あらゆる思考は社会的実践のなかから生まれる。さらに実践《プラクティス》とは、あらかじめ与えられている現実のなかで、ある要求を前にし、その要求に応答することである。母親業という実践について具体的に見れば、まったくの無力で傷つけられやすい新しい存在という現実を前に、その子の要求に応えることで、ある目的を達成しようとする。子に対する母親としての実践とは、そうした目的を達成しようとする関心によって形作られる。『母的思考』を考察した元橋利恵のまとめによれば、子の要求とは、命の維持、成長、社会的受容であり、その要求に応えようとする母親業はしたがって、子を保護し、養育し、育成するといった実践となる。

母親業を担う者は、放っておけば命を落とすことが必至な新しい存在の現実と、刻々と変化する子の身体を前に、何をすべきかの判断を迫られ、つねにある態度を示すことを要請され、何らかの価値を肯定しなければならない。したがって、彼女たちは思考している、いや正確には、母親たちは、思考しなければならないし、そうせざるをえないのだ。

ラディクは、母親という「制度」に関する自分の知識が、プロテスタントが多数を占め、資本主義をとる、家父長制的な合衆国における中産階級の白人の母親であることに制約されていることを意識している。しかしなお、子どもたちの要求は普遍的である限り、いかにその要求を受け止め実践するかに、階級的、文化的、歴史的、あるいは技術的な違いはあれ、母的思考を次のように理解することができると考えるのだ。

子どもたちが誕生すること、この事実は、生まれてきたその生命を維持せよという要求である。その要求は、単にその場に立ちあったひと——産みの親やその近親者たち——に対してのみなされているのではなく、世界そのものへの要求だとラディクは理解する。彼女によれば、子の要求は、誕生という新しい約束、つまり一つの命が新たに紡がれていくという未来への約束に固有であるため、どのような社会文化であれ母親たちの活動が組織化される目的の中心にあり、じっさいに、この要求を満たすためにこそ母親業は制度化されてきた。

なぜ「母的」思考なのか

とすれば、こうした一般化された母親業遂行から生まれる母的思考は、一般的なのだから親的思考と呼んでもよくはないだろうか。ここで、先ほどの問いに返ってみよう。まず、ラディクも、母親について語ることは、母を理想化しすぎている、男性排除的である、母親間、あるいは女性間の差異を無視するといった批判や困惑を惹起することを意識している。しかしながら、彼女が思考を、所与の現実のなかで行う社会的実践から生まれると考えていたことを忘れてはならない。じっさいにラディクは、子どもたち、そしてその子をケアする者たちの多様性にもかかわらず、子らの要求に応える実践を「一種の仕事」とまで一般化し、それを幾度も強調し繰り返してさえいるのだ。しかし、母親業が所与の現実のなかで、「一種の仕事」とみなされず、その仕事を担う者の多くが女性である、あるいは、合衆国では産みの母が担うべきという家父長制的な規範が浸透しているがゆえに、母親業は実践であるとも、実践に思考が伴っているとも理解されずにきたことが問題なのだ。したがって「母的」思考には、じっさいの母親たちが置かれた社会的現実が反映しており、既存の社会において母親業が被る矛盾、葛藤、貶め、そして、そこから生まれる母親たちの困難、実践の失敗、相反する感情や、後悔までもが含まれる。

だからこそ、一九八〇年の論文「母的思考」は、当時の合衆国に根づく——おそらくそれは、現在の日本にも当てはまるのではないだろうか——、母親嫌悪から語り始められるのである。

子の保護・養育・育成のなかでの思考

新しい子は、自分の要求にじっさいに応えてくれるにせよ、応えてくれないにせよ、要求を聞いているであろう存在に圧倒的に依存している。生まれてくる子は、依存することなしに生きられない。母親業を担っている者から、心身ともにさまざまなものを与えられ、与え損ねられ、ようやく一個の人格として形成されていく。母親業を担う者は、その子にとってはこれ以上ない力をもった者として立ち現れ、経験されていく。ところが、母親業を担う、子に対して圧倒的な力をもつ者は、母親、あるいは女性であるがゆえに、社会的にはまったく無力なのだ。つまり、母親であること、あるいは母親業を担うことには、圧倒的な力と圧倒的な無力が混在、あるいは並存している。母親業を担う女性たちは、子が育つ社会を、母親業を実践するためにも最適なものに整える力をもたないどころか、男性に支配され、経済的な剝奪状況のなかで、物理的暴力と社会的暴力が蔓延する状況のなかで、子育てをしている。

社会のなかでは医師やソーシャル・ワーカー、公務員、教師や店員に対して、そしていうまでもなく家庭内では父親に対して、多くの母親たちは弱い立場にある。自分にとっては絶対的な力を発揮する母親たちの、社会での扱われ方、あるいは父親に対する態度を見て、子はどう感じるだろうか。ラディクは、子と父親、そして社会のあいだに立たされた母親のこうした二面性が、社会に広く見聞きできる母親嫌悪として表れているのではないかと考える。こうした状況は、力強く見えるはずの母親たちの、子の要求に応える潜在能力を低めるだろう。しかも、母親業が社会からあたかも切り離され、社会に対して母は何も要求しないかのように位置づけられると、ラディクが普遍的とした、子の要求を満たすための三つの実践——保護・養育・育成——でさえ、そもそもの目的を見失いがち、あるいは歪められがちである。母的思考が「親的」とされない理由はここにある。すなわち、母親たちは、子の要求に従って思考し、実践するだけでなく、社会において母親が置かれた立場からしか子育てについて思考できないからだ。ここでは社会的受容という子の要求に従って育成するという実践について触れておこう。

子の育成について語ることの目的は、ラディク自身も認めるように、母親たちに対してもっとも厳しく響く。子を育成することは、子を社会的に受け容れられるひとへ成長させることであるが、すでに触れたように、その社会は暴力が蔓延し、とりわけ女性はそこで厳しい抑圧と剝奪をも経験している。したがって、母親業を担う者は、社会で受け容れられている価値について判断することを迫られる。しかし繰り返すが、当該社会は、母親業を担う者を無力化し、子の発する普遍的な要求——「生きさせろ」——に応える仕事の価値を貶めさえする社会なのだ。さらに、成長する子は刻々と変化を続け、また社会の価値観も世代によって大きく異なる。母親業を担う者は、相対立するかのような多くのアドヴァイスが奏でる不協和音に苛まれつつ、確固たる指針も道しるべもなしに、なお母親業を担い続けなければならない。たとえ彼女が信念に基づく、自分自身の良心に恥じない価値観をもっていたとしても、本当にそれが、未来の社会に生きる子にとって正しいかどうかを判断することは極めて難しい。

子にとっては、つねに一貫した価値観の下での育成は、いつ支配や抑圧になるかもしれず、母親業を担う者にとって、何が成功した育成か、あるいは失敗したそれなのかは結局のところ判断できない。子を育成することは、介入やコントロールの連続であり、子を育てている者たちは、母的権力の矛盾に気づきつつ、母親業の遂行をやめることができない。育成を通じて、自身の感情をコントロールすることや、暴力を振るわないでいることの困難さや葛藤、矛盾を、時に失敗し反省しながら母親たちは学んでいく。

　こうしてラディクは、新しい存在から発せられる命をめぐる要請に応える母親業の実践を、「つながり、分離、発達、変化、他者や世界に対するコントロールの限界」をめぐる知を形成するものと定義する(Ruddick 1989: 131)。

変革された母的思考へ

　じっさいの母親たちが担う実践を詳細に分節化するラディクの議論は、その平和論とあいまって、本人が幾度も否定するにもかかわらず、本質主義的だとの批判を受け続ける。しかし、ラディクの平和論は、子を産み、育てるからこそ男性に比べ女性は平和を愛し、暴力を嫌悪してきたといった、母親たちが担ってきた平和運動にしばしば見られた訴えとはまったく異なる議論を展開している。ラディクは、愛に溢れる母子の調和を平和な社会へと結びつけるのではない。そんなことが不可能であるのは、平時には「平和を愛する女性たち」が、戦時には戦争協力していった歴史上明らかである。女性を無条件に平和に結びつけるのは神話にすぎない。男女問わずいかに温和なひとでも、軍隊で鍛えられれば軍の規律に従うようになるのである。ラディクは、合衆国のように好戦的な国家そのものが変化しない限り、八〇年代に論じられた平和のための徴兵制復活などばかげていると厳しく批判している(Ruddick 1983)。

ラディクが母的思考と平和政治を結びつけるのは、暴力的な家父長制の下で母親嫌悪が根づいてしまうように、政治こそを、ラディクが母的思考として抽出した実践知によって変革しない限り、母親業が困難な判断を伴った実践知・思考を要するものであることすら認識されず、その価値を貶められ続けるからである。それどころか、子の要請に応えるというそもそもの母親業の目的を達成することが極めて困難になるのだ。だからこそ、ラディクは「母的思考」のなかですでに、こう呼びかけていた。

> わたしたちは、変革された母的思考を公的領域にもちこみ、あらゆる子どもの保護と成長を公的な良心と立法の仕事とするように、働きかけなければならない(Ruddick 1980: 361. 強調は原文)。

この主張は、男性も子育てを担えといった既存の公私二元論を揺るがすことのない提言ではない。むしろ彼女は、母的思考によって見いだされ、形成され、かつ、母的思考をも含みこむような、もう一つの正義論を模索し、政治と経済の在り方をも変革する、平和からなる政治を構想することを呼びかけるのだ。つまり、「変革された母的思考」とは、理念としてラディクが分節化する母的思考の下で、公的領域の原理――ウォーカーによれば「理論的＝司法モデル」――である、軍事的な思考方法を変革しようとするものだ。すなわちラディクの母的思考は、因果関係を短く捉えることで歴史文脈を顧みず、あらゆるものをコントロール可能とみなし、質ではなく量的な計算を好み、身体的・精神的苦痛を軽視するような思考の在り方を、公私の領域を超える形で変革しようとする極めて実践的な思考なのだ。

エヴァ・フェダー・キテイ――みな誰かお母さんの子ども

母的思考を分節化することで、もう一つの正義の理論を構想するよう呼びかけたラディクに応えたのが、やはり哲学者であるキテイである。キテイの主著『愛の労働あるいは依存とケアの正義論』――原題は『愛の労働――女性、平等、依存についての論集』(一九九九年、以下『愛の労働』と略記)――は、ケアの倫理に対する哲学者としての関心に加え、彼女自身のケア実践・経験ともかかわっている。それが、『愛の労働』第三部第六章、第七章で書かれた、生まれたときから重い知的障がいと身体的な障がいをもち、ほぼ二四時間のケアが必要な娘のセーシャとの関係である。

第七章ではとくに、ラディクが抽出した母親業の三つの目的――命の維持、成長、社会的受容――について、障がい児を育てる場合を考えようとする。健常者をモデルに社会や人びとの意識が形成されているなか、自立が望めない子を保護することも、その成長を促すことも、社会的に受け容れられることも、健常な子の場合とは異なる課題を母親に課す。ラディクが論じる普遍的な子の要請のなかでももっとも根源的な要請である命の維持は、障がいのある子の場合、キテイにとってはとりかえしのつかない死という大惨事を引き起こさないための日々の闘いである。そして、セーシャを社会に受け容れられるようにすることは、大きな矛盾と向き合い、悩み、なお試みるという葛藤を突き付ける。

キテイ自身も、健常者である息子レオの服よりも、セーシャの服を気遣い、家族以外のひとたちのセーシャに対する反応が少しでも良くなるよう努力する。しかし他方でキテイは、そうした努力を悲しくも感じている。彼女の努力は、社会的に示されるであろうセーシャへの嫌悪や、障がい者に対する無知や偏見への働きかけとしてはあまりに表面的だからだ。たとえセーシャには笑顔で応対してくれたとしても、それが障がい者を取り巻く社会状況に対する疑問にはつながらないだろう。そうした経験から、違いをもった子の親たちは、二つのことを同時に実践しなければならないとキテイは論じる。すなわち、彼女は、セーシャの生き方を見つめると同時に、何が正常かを自分自身で見いだしていかなければならない。

この過程は、一九六九年のセーシャの誕生から、セーシャの障がいについて心無い医者から配慮のない宣告を受け、経験したことのない大波にさらわれ岩礁に打ちつけられたかのように悲嘆し、彼女の障がいについて理解を深めながら、哲学者である自身とその家族が重度の障がいをもちながら生きていくセーシャをしっかり受け止めていく歩みとして、第六章で詳細に描かれている。

キテイが直面した葛藤

第六章で彼女は、夫、多くの介護者、そしてセーシャが四歳の時から住み込みでセーシャの世話をするようになるペギーとの「母親業の分担」について振り返っている。しかし、その分担は決して調和的なものではない。むしろ、分担できることと、分担しなければ研究者としても、セーシャだけでなくレオの母親としてもやっていけないことの間で、キテイは引き裂かれる。住み込みでセーシャの世話をするペギーを雇用すること、つまり高額なケアを購入できることは合衆国では稀有な特権であり、ペギーとキテイの関係は家父長的関係にあまりにも似ている。フェミニストであり、かつ平等主義者を自任するキテイは、そうした自身の立場にぞっとするのだった。それでも、彼女はこうした関係から抜け出すことができない。しかし、こうした葛藤と共に、母親業の分担を通じてラディクのいうように、母親業やケア労働にいかに思考や理解が必要であるかも経験していくのだった。キテイの場合は、ペギーの経験を通じて学ぶことが多かった。

ペギーはキテイ家での仕事の面接にやってきた時、セーシャとの深いかかわりが求められることを知り、セーシャのケアを担うことに躊躇していた。しかし、しぶしぶ引き受けた一週間の試用期間中に、セーシャはペギーの心を摑んでしまったという。当初は、専門家によって開発されたウォーキング・エクササイズのプログラムをセーシャとこなすことに必死だったペギーは、セーシャをどうケアしたらよいのか途方にくれていた。彼女は疲れ果て、ベビーカーに座っているセーシャを公園で眺めるしかなく、セーシャが何をしているのか理解できなかった。

彼女は一枚の葉っぱが落ちていくのを見つけて、その落下のようすを追っていたのよ。私はこう言ったわ。「私の先生になってくれてありがとう、セーシャ。いまわかった。私のやり方じゃなくて、あなたのやり方でやればいい。ゆっくりとね」(キテイ二〇二三：二九四)。

母子は一体でもなければ、母親業を担う者にそもそも母性や愛情が備わっているのでもない。障がい児を育てる場合には顕著に表れるが、程度の差こそあれ、自分とは異なる新しいひとは何者で、どのように世界を見ているのか母親業を担う者はすべて、考え、理解に至り、失敗しつつも試行錯誤を重ねながら、ケアをそれでもなお実践し続けるのだった。そして、葛藤と悲しみと、時に自己嫌悪に陥りながらの母親業のこの困難は、依存する存在への責任がよりよく共有できる社会であれば、少なくとも緩和できるのではないか。それが、キテイの『愛の労働』を貫く、社会正義の探求の端緒にある。

ロールズ『正義論』を問い直す

この出発点をしっかりと念頭に置きながら、以下、依存という人間の事実を認識することと、そのうえで社会の平等を目指すことといった二つの柱を中心に『愛の労働』を概観してみよう。キテイが批判の俎上にあげるのは、本書第3章でベイアーも批判していたロールズの『正義論』である。なぜなら、ロールズの正義論が、いまなお政治理論に対するもっとも大きな影響力を誇っているだけでなく、ロールズ自身、女性に限らず政治領域から排除されてきた人びとを組み込む包摂的な理論を確立することに専心してきたからでもある。

ロールズは『正義論』において、社会契約論――人為的な法制度が存在しない自然状態から人びとが特定の社会を設立するための原初的な契約を結ぶと想定し、その契約の目的や在り方、条件について論じる理論――の伝統を引き継ぎながら、むしろより一般化した形で、わたしたちの社会の基本的な諸構造・諸制度にかかわって、わたしたちみなが同意できる正義の諸原理をいかに見いだしていくのか、その理路を探ろうとした。そこでかれは、自然状態でなく、社会的協働に参画する者たちが平等に、常識的でかつ熟慮の末の判断によって契約できるような原初状態という仮説的な状況をまず設定する。そこにはある社会で他者とともに生きる者たちみなが集合し、すべてのひとにかかわる権利と義務とは何かを決め、割り当て、また社会的協働で生み出されるであろう財や利害をどのように分配、分担するかを決めるための諸原理、つまり正義の原理を共同行為として選択すると仮定する。そうした場が、「原初状態」である。ロールズは原初状態を「契約の出発点をなす現状」とも呼んでおり、そこで同意された諸原理が公正であることを担保するものであるので、正義論の根幹といってよいほど重要な設定である。

したがって、正義の諸原理がどのように規定されるかを大きく左右する原初状態は、そもそも人びとが正義を主題にしなければならない状況に置かれている環境であり、そこには客観的条件と、契約当事者にかかわる主観的条件が存在している。前者の客観的条件は、①同時期に一定の地域内に人びとが共存していること、②人びとの身体的・精神的な能力がそれほど違わないこと、③自然の資源は協働を不必要とするほど豊かでもなく、協働が不可能となるほど困窮していないことである。こうした客観的な環境にあるからこそ、人びとが協働しながら生きつつ、協働することで各人がより大きな利益を得、誰も犠牲にならないような原理が導出される。

後者の主観的条件については、正義の諸原理を選択しようとするひとはどのようなひとなのかという問いにかかわる条件であり、次のように特徴づけられる。①原初状態の当事者たちは、諸原理を選択するうえで、全員が同じ権利を有しているという点で、平等で対等である。この平等の基礎にあるのは、当事者は「道徳的な人格」であるという想定であり、道徳的人格は、自らの生きる目的である善(幸福観)を構想し、ときに修正する能力と、社会には正義が必要であるという、正義の感覚を備えている。②また、当事者は相互に無関心である。③さらに、彼女たち/かれらは、「無知のヴェール」に覆われており、社会の一般的な事実は知っているが、既存の社会状況における自らの立場や能力等については知らないとされる。これは、当事者が自分の立場や能力にとって有利な選択をすることを妨げる重要な条件である。

こうしてロールズは、ある社会における権利や義務、利益や負担をどのように公平に配分するかにかかわる二つの原理を導くのである。それは、正義の二原理と呼ばれ、①平等な基本的諸自由の原理、②-a公正な機会均等原理、②-b格差原理――社会経済的な不平等は、社会的にもっとも不遇な立場にあるひとたちが、その社会で生きることによって、なお最大限利益を得られ、初期状況が改善される時にのみ許容される――とされる。そしてこの二原理から、憲法や法制度が制定される。

原初状態を想定するための客観的、主観的二つの条件は、政治は何のためにあるのか――一人で生きるよりも、よりよい暮らしを送るため――という政治の存在理由と、誰が政治を担うのか――暮らし向きのための便益を産み出すために、協働する者たち――という政治の主体を表している。したがってロールズは、正義を考えるさいのこうした条件を、正義の情況として、『正義論』のなかでは幾度も強調することになる。

依存の不在という問題

正義に適った社会を構想するさいの、以上のような人間と社会にかかわる一般的な事実として仮定された正義の情況は、社会的協働に力点が置かれている点でも格差原理が設けられている点でも、自己責任論が横行する現在から見ると、穏健で、人びとの平等な自由を保障するのに適した、まさにリベラルな提案として読めるかもしれない。しかし、ラディクらフェミニスト哲学者たちの議論を引き継ぐキテイは、この正義の情況がいかに排他的であり、そのために平等が女性の手をすり抜けていくかを論じる。それがいかに歪んだ情況なのかを示すために、『愛の労働』の第二部では、依存問題を無視する平等論批判、依存関係を排除した社会的協働という理念批判が展開される。

キテイは問う。社会を構成するあらゆる者の利益や恩恵、義務や負担の公正な配分を考えるさい、人間にとっては不可避である依存をめぐる問題が、なぜ不在なのか。ロールズは後に修正を加えるものの、『正義論』では当初、原初状態の当事者は家長であり、子どもらの利害はかれが代表すると想定されていた。したがって、家族構成員は対等な者とみなされていない点から、家族構成は正義の情況にはない。ロールズのいう正義の情況が成立するためには、妻子の利害がすべて家長に代表されなければならないという点から、ロールズもまた、再度ベイアーの言葉を借りるならば「自分がしたくない仕事をさせるために頼りにしてきた者たちを抑圧」してきた、その同じ伝統にある。

キテイは『愛の労働』の第一部で、平等という理念が女性たちの手から逃げていく原因を、人間にとっての普遍的な条件であるはずの依存が軽視されてきたことに見いだす。そして、依存者をケアする者たちが陥る、第三者（≒夫）への経済的な依存を二次的依存と名づける。依存者へのケアが家庭内で賄われることが前提とされた社会において、ケアはしばしば無償であり、仮に有償の場合でも低賃金に抑えられる。そのため、ケアする者たちが陥る二次的依存は、あらゆる人間に共通する不可避の依存と理念上は峻別され、前者の依存状態は搾取であり不正な状態であることが明らかにされる（序章・第一章）。

第二章では、他者に依存しなければならない者と依存者をケアする者との間にある、いかんともしがたく不平等な関係は不可避であることを前提にして、いかに平等論を構想できるのかが、ひとの傷つけられやすさ／脆弱性といったケア関係に特徴的な状況を詳細に検討しながら論じられる。そこでは、自身の幸福、生の目的をはっきりともち、その目的を達成するための手段を選べるという意味での合理的で自律的な存在が協働するための社会を構成するといった前提が覆される。むしろ、ひとは誰しも、その生涯のうちでどこかで必ず、他者の労働やその決定に依存するがゆえに、その他者の行動に左右され、傷つけられやすい。そこで、社会の構成原理は、社会でもっとも脆弱な者たち、そして脆弱な者をケアするがゆえに、社会的に不利な立場に置かれがちな依存にかかわる労働者たちの権利を保障するために、つまり依存関係にある者たちが不正や抑圧、暴力を被らないためにこそ構想されなければならない。

ドゥーリアの原理

キテイがケアの倫理になした画期は、ロールズの正義論と直接向き合うことで、社会的協働という理念にケアへの関心を組み込み、人間にかかわる客観的事実と主観的事実に関する記述についても、依存という点から大転換を迫った点にある。すなわち、依存者を放置し必要なケアを与えない社会や、依存者をケアする人びとの労働を搾取し社会的便益へのアクセスを奪う社会、ケア労働に対して不当な扱いをすることによって依存者へのケアが賄われている社会は、不正な社会であるとはっきり告発したことである。そして彼女は、政治が向き合うべきひとの幸福や福祉にとって、ひとに属する能力やモノではなく、（ケア関係を中心とする）人間関係こそがその核心にあるとし、依存へのニーズを中心に、公正さの概念をも書き換えようとした。したがって、キテイの議論の最後に、彼女が考案したドゥーリアの原理について触れなければならないだろう。

ドゥーリアとは、ドゥーラというかつて出産後に母親がその子をよくケアできるために、その母親自身をケアする使用人・奴隷を意味したギリシャ語を基にしている。出産後の母親を心身ともに支えるひとを家で雇ったり、あるいは施設において出産後の母の心身をケアしたりすることは、じっさいには東アジアにおける少なくない社会で現在もなお実践されている。ここ日本でも、親族に頼れない母親たちの産後のヘルパーの必要性が認識され、二〇一二年に助産師の発案で、「ドゥーラ協会」という一般社団法人が創設された。ドゥーラ協会のウェブサイト上にある提案「みんながお母さんを大事にしたら、きっと赤ちゃんもうれしいと思う」が、ドゥーラの役割の一端を言い表している。

自律し、社会に貢献しうる能力――程度に差があるとはいえ――を備えた健康な男性市民たちを想定した互恵性に対して、一人では生存すらままならない脆弱なひとの依存状態に寄り添うケアを中心とする関係性は、互恵性概念が想定するような〈お互い様〉を前提にすることができない。依存する者は、ケアしてくれている者から受けたさまざまな便益に対して、物理的に――もちろん、母親は主観的にさまざまな喜びや感動といった形で受け取っているとはいえ――なにかを直接ケア提供者に返せるわけではない。成長した子が、恩返しという形でその後の母親のケアをするかもしれないが、それは決して義務ではない。なにより、乳児をケアする者は、自らのケアすらままならないため、彼女自身も他者の行為に影響されやすいという意味で、極めて傷つけられやすい／脆弱な立場にならざるをえない。

ドゥーラとは、他者のケアを必要とするひとに対するケアを担う者へのケア提供者である。キテイはドゥーラが体現する関係性を、サーヴィスやモノを交換し合えるという意味での互恵性概念に代えて、入れ子状の依存関係を表す相互依存と捉える。入れ子状とは、他者からケアされることが必須のひとを中心に、そのひとをケアするひと、ケアするひとをさらにケアするひとや諸制度といったように、ある意味で無限に続くかのようなケアの連鎖を意味している。そして、この関係性を公正な関係に保つための原理として、ドゥーリアの原理を提案する。ドゥーラがそもそも、母子関係という極めて親密性の高い関係性を支えるケア提供者であったことから、ドゥーラは私的な雇用関係にある者のように捉えられてしまうかもしれない。しかしキテイは、ケアの受け手も与え手も、ケアの与え手をケアする者も、けっして搾取や暴力にあうことなく、そして彼女たちの福祉を第一に考える社会こそが、公正な社会として構想されるべきだという。それが、ドゥーリアの公的な原理であり、以下のように定式化される(キテイ二〇二三:二一〇)。

① 依存労働者と依存者の双方が等しく満足できる依存関係を維持するために、果たされるべき社会的責任が存在する。
② ロールズ的な社会的協働が生みだす利益をめぐって、ケア提供者が不利な立場にならず、かつケアする態度とケアに対する敬意を育てるような社会制度を構築する。

コミュニタリアン(共同体主義者)との違い

こうした社会は、ケア関係によって育まれる絆を強調するがゆえに、フェミニストをコミュニタリアンに近づけるように見える。コミュニタリアンとは、諸個人の権利を尊重しあうことで社会秩序を維持しようとするリベラリストに対して、諸個人が生まれ落ちたある特定の共同体において歴史的文化的に維持されてきた幸福観や価値観が人格と社会秩序の形成と維持に大きな役割を果たしていると考える。しかし、コミュニタリアンが文化的、伝統的、そして歴史的に構築されてきた利他主義を女性たちに押しつけたうえで共同体を維持してきたことから、フェミニストたちはコミュニタリアンとは一線を画す。

フェミニストであるキテイの議論は、ケアを担うことによって、社会へのアクセスを拒まれたり、経済的困窮に陥ったり、なにより平等な市民の範疇から女性たちが排除されてきた歴史を不正として告発することから始まっていることは、幾度も強調されなければならない。キテイ自身は二〇〇一年公刊の論考において、一九九〇年代から合衆国に台頭してくる新しいコミュニタリアンたち、すなわち共同体の重要性だけでなく、個人の責任をも強調しながら子の福祉のために母親の責任を再強化しようとする論者たちとの立場の違いを訴えている。キテイによれば、かれらは異性愛中心主義で、かつ子どもの福祉を中心にした社会の維持のために核家族の強化を唱える点で極めて保守的である。

不可避的に他者に依存する者たちのケアを家庭内の女性たちに押しつける社会では、彼女たちが発する搾取や抑圧そして暴力に対する訴え、つまり正義を求める声は、市場労働で活躍できる者たちが独占する平等な社会の埒外へと追いやられてしまう。すなわち、それは、個人の選択の問題か、あるいは家庭内、つまり家族構成員の個人的問題とされるのだ。

次に見るマーサ・ファインマンは、キテイ同様に、ひとの依存と傷つけられやすさという人間の条件から、まさにこの家族の問題へと深く切り込んでいく法学者である。

3　性的家族からの解放

マーサ・ファインマン——婚姻ではなく、母子関係の尊重へ

ロールズをはじめとしたリベラリストたちが、人間の本質を道徳的能力に見いだしてきたのとは対照的に、母親たちが担ってきたケアに注目するフェミニストたちは、不可避の依存、すなわちひとは他者から生まれ、そして老衰していく、あるいは障がいや病気に見舞われるといった、他者への依存に人間の条件を見てきた。依存というわたしたちにとって普遍的な条件は、他者に身を任さざるをえないという点で、身体的にも精神的にも他者との距離を否応なく縮める。そのため、依存関係を左右するさまざまな決定や情況は、とても私的なもののように考えられており、その依存関係の外部にいる第三者に義務を生じさせるようなものではないと思われてきた。しかし、依存関係の内側にいるケア当事者たちの私的な決定から形成されているように見えながら、じっさいには、第三者の義務を発生させる社会制度が存在する。それが、前節において、キテイがロールズの正義

論のなかでもとりわけ注目した家族制度である。すなわち、家族形成の端緒に位置づけられる婚姻契約は、けっして私的なものではなく、雇用主や賃貸住居の貸主、病院や保険会社、自治体、そして国家にさまざまな義務を生じさせる。

キテイは、婚姻の法的・社会的地位の承認は、二人のあいだの契約にとどまらず、しかも、婚姻制度が社会的・法的に承認され保護される主な理由は、家族が主要なケアを遂行する点にあるのだから、婚姻を離れたケア関係に対してもそのケア関係を支援する第三者の、つまり公的な義務が発生すると訴えた。

男性中心の平等論に対して依存という観点から厳しく批判したキテイが、『愛の労働』において自身の議論との近さに触れているように、合衆国の法学者であるマーサ・ファインマンもまた、自律や自立、そして自活といった合衆国建国期以来の神話に挑戦し続けてきた。彼女も、キテイ同様に、正義が構想されるさい、各自が一人として数えられること——いっけん平等主義として当然のような原則——が、社会の構成員からも活動領域からも、ケア関係を排除してしまうことを一連の著作において批判する。しかしながら、ファインマンはキテイとは異なり、ケア関係があたかも私的に維持されるべき関係性のように考えられてきた原因を婚姻制度に求め、その廃止という非常に具体的でラディカルな提言を掲げる。

家族と婚姻の違い

彼女は主著の一つである『家族、積みすぎた方舟』において、依存関係を中心とする家族と性的な結びつきにすぎない婚姻とを混同しないようにと訴え、性的な結びつきを社会福祉や雇用における各種手当の対象にしている制度に対する疑いを抱いた事例を紹介している。その事例は、逆説的に聞こえるが、合衆国での七〇年代以降の同性愛者たちの権利運動のなかで主張されはじめた、同性カップルの権利をめぐる事例であった。

第一の事例は、異性の配偶者を中心とする「伝統的な」家族ではない、オルタナティヴな家族にも家族としての資格を与え、何らかの保護と手当をしようとする条例が、ウィスコンシン州マディソン市に初めて提出されたことである。当時機会均等委員会の委員をしていたファインマンは、なぜ、オルタナティヴな家族、すなわち家族の代わりといいながら、家族を婚姻関係と似たものとして捉えているのか理解できなかったという。つまり、そこで想定されている家族とは、結婚と似た形態に限られており、同性であれ異性であれ、一対のカップルが前提されていたのだった。ファインマンが懸念したのは、すでに成人となった子が親と依存関係にある場合、あるいは、たとえ別居しているにせよ、あるいは部分的であれ、老親をケアしている者が、カップルという考え方のために排除されてしまうことであった。しかし、性愛関係にない結びつきにもオルタナティヴな家族としての配慮を示すべきであるというファインマンの訴えに対して他の委員たちが懸念したのは、一夫多妻制や一妻多夫制を認めよという主張が出てくるのではないかといったことであった。この経験が示すのは、家族はあくまで性的な関係を中心にしているという強い信念である。

第二の事例は、八〇年代にファインマンが当時勤めていた大学において、いかにして花形教員を引き留めるかといった議論を交わした時のことである。学内の他の学部に配偶者を雇ったり、あるいはすでに勤めている配偶者への優遇策が提案されるなかで議論となったのは、その配偶者に同性も認めるか否かであった。それに対して彼女は、教員の子に、教育費が上がる一方の大学進学のための奨学金などを与えるといった提案をしたものの、突飛な提案として却下されてしまう。州によっても世代によっても違いがあるものの、約二組に一組が離婚するといわれる合衆国において、なぜ親密性のなかでも永続性が必ずしも期待できなさそうな関係性に対して経済的にも社会的にも恵まれた地位を与えようとするのだろうか。じっさいに、そして法的にも、配偶者と別れることは容易であるが、親子のつながりは、法的にも現実的にも断ち切りがたいにもかかわらず。

社会の基本単位としての母子

最後の事例は、彼女の家族法の講義の中での体験である。一九九〇年代以降、彼女は社会的に家族がいかに構築されるかという問題と同時に、そこから逸脱した集団がどう作り出されるかについて学生と考えるために、これ以上分割できない家族の核とは何かを学生に考えさせていた。それは、血縁でなくてもかまわず、法律で絆を認められた関係以外であってもいいかもしれないし、個人でもなお家族と呼べるかもしれない、という具合に。そして、学生たちの関心が、法律婚以外の関係も婚姻と同等の扱いを受けるべきかどうかに集中することを確認しながら、婚姻を廃止してみるのはどうかと学生に提案する。その後、初発の問い、すなわち、家族の根本的・中核的な関係とは何かにたいするファインマン自身の回答を学生たちに伝える――「核となる単位を母子と定義する」(ファインマン二〇〇三：一九)。

この提案に、学生たちは耳を疑い、最後には決まって、それは「性差別」に他ならないと反発した。しかし、ファインマンは、男女の親密性を核とする家族観ではなく、世代間、つまり、ケア関係を中心にした家族制度、そして家族政策を提言する。それは、家族法に留まる議論ではなく、むしろファインマンの議論によってわたしたちは、家族制度がわたしたちの個人の捉え方、公的領域にふさわしい活動の在り方、そして政治の働きとは何かを規定する、重要な制度であることに気づかされることになる。

なぜ、ケアは女性が担うのか

ファインマンはキテイ同様に、現在の平等概念は比較可能な限られた状況には有効かもしれないが、立場が異なりすぎると現状維持にしかならないので、それを見直さなければならないこと、そして現在も執拗に社会に根付く不平等の現実を認識する必要性を説き、その不平等がいまなお改善されない原因を、依存をとりまく社会状況に見いだしていく。そして、ファインマンによれば、家族制度こそが、ジェンダー化されたカテゴリーの構成員として女性を妻・母・娘として構築し、とくに母カテゴリーは、依存と女性を強く結びつけている。

　高齢者や障がい者の介護に加え、まったくの無力な状態で生まれてこざるをえない子のケアは、人間社会にとっては不可欠である。にもかかわらず、人間社会から決して根絶できない依存に対するケアを、一部のひと（＝女性）に任せつつ、そのケアを担うひとに対する社会的な支援は、まったくないか、不十分すぎるのだ。たとえば、合衆国においては日本に比べても保育制度が整っておらず、未成年の子を育てるシングルマザーは、貧しいがゆえに第三者にケアをゆだねる経済的余裕がなく、したがって〈貧しいがゆえに、働けない〉という矛盾を抱えているほどである。ファインマンはこうした状況が放置されてきた責任の一端を、フェミニズム法理論にも見いだし、雇用差別の是正や政治力の獲得に注力してきたがために、家族を「遺棄」してきたとさえいう。そのなかでも、法的に重要なカテゴリーで、しかも女性だけがもっぱらその地位を占めてきた「母性《マザーフッド》」は、「植民地化されたカテゴリー」であり続けた。つまり、男性によってまず定義され、統制され、そして法的に意味づけられたのだった。

依存と正義

キテイが二次的依存と名づけたように、ファインマンもまた、ケア責任を負担するがゆえに、女性たちが社会制度や夫に頼らないといけない存在になることに注目する。あるいは、母親業を引き受けるために、その他の夢や選択肢を一時的にであれ、あきらめなければならない事態を問題視する。そして、ラディクの議論を引き取るかのように、法的地位としては、形式上夫と平等な妻になること以上に、母親となること――ラディク同様、女性の本質をそこに見ているわけでは決してない――による、社会的な地位の低下を問題視する。ファインマンもまた、女性が被る不平等な地位を改善するために、正義や公平さという理念に訴えることの可能性に言及する。

依存は、不可避でありかつ普遍的なものとして理解されるべきである。正義に適った社会では、共同体が〔存続に必要な財を――引用者補足〕より弱い構成員たちのために供給する根本的な義務があるべきだというわたしの議論は、その主張のうえに成り立っている（Fineman 2002: 215）。

そして、すでに触れたように、ファインマンの提言とは、ケア重視の観点から家族を「性的家族」と切り離すことである。家族制度がなぜ、社会の重要な制度の一つとして法や政策によって保護され、優遇されてきたのか、その根本理由に立ち返り、性的な関係性と家族を切り離してみる。

すると、母子という形態をケアの中心に考えることができるだろう。性的でない、世代を越えた親密なケア関係こそを、社会制度として法や政策が保護するべきではないのか。

こうしたファインマンの批判の根幹にある主張は、資本主義的な個人主義とそれに支えられた社会国家の在りようへと向けられている。ファインマンの主張によれば、合衆国における強い社会的文化的規範ゆえに、「自然」に見える家族は、子育て、病人や貧者、さらに文化的、社会的に依存者とみなされる者をケアするさいの拠り所である。しかし、家族を自然視するような規範が広範に支持されているのは、他方で、社会制度に他ならない家族が国家の要請に沿って、依存にかかる負担を家族内部で担い、公的な負担を極限まで軽くするという役割を果たすからである。そのため、その限りにおいて国家から「自然な」家族は膨大な公的支援を受けている。しかしながら、その反射的効果として、たとえばシングルマザーたちは、「逸脱家族」として社会の重荷であるかのようなレッテルが貼られ、国家のさまざまな管理の下に置かれ、プライヴァシーの権利さえ侵害されることになる。

ファインマンは問うのだ。もし、家族がケア関係を育み営む拠り所であるならば、なぜ、ケアする／される者たちを中心とした家族制度を構築することを目指さないのだろうか。社会の構成員をあたかも、自立した、稼得能力のある健常者からのみなると考える個人主義的な資本主義社会では、「国家が社会的弱者たる成員のケアや保護、そして未来の市民を生み、育て、教育するという仕事を家族に頼り、割りあてている」(ファインマン二〇〇三：二四六)。しかし、家庭内でケアを引き受ける者たちは、そのケア役割のために、誰かに、そしてなにかに自身も頼らなくてはならない、すなわち二次的な依存に陥ってしまう。現在の性的家族規範によれば、愛する者に私的に頼る限りは、美しい家族愛としてその依存は不可視化されるが、継続的に一人の愛する者に頼ることがかなわない者たちは「逸脱者」として、合衆国の場合だと、児童手当を受けるシングルマザーが強制的に避妊装置を体内に埋め込まされたりするなど、法的にも制裁が科せられることになる。

結婚制度の廃止と母子対

ファインマンによれば、性的家族規範から自由になるために必要なことは、法的結婚制度を廃止することである(ファインマン二〇〇九：一一五)。家族制度のもつ社会的機能、すなわちケア機能は維持しつつ、性愛に基づく結婚に対する法的承認はなくし、結婚は、むしろ社会的・文化的・宗教的な構築物として残り続ければよい。「結婚から法的地位をなくすとは、あくまでもそれを国家からの社会的財を受け取るしくみとはしないという意味である」(同：一一六)。

ファインマンはこうして、一部の者たちを罰しその他の者たちを優遇する現在の不正な家族制度を、ケアされなければ生きていけないひとたちとケアするひとたちを基軸に構想し直し、そのさい、メタファーとしての母子関係を重視する。母子というメタファーは、ファインマン自身が家族法の演習のなかで体験したように、あからさまな性差別だという反応や、フェミニストからは女性たちをまた母親業に縛りつけるとの批判を受ける。しかし、彼女は、性差別だという反応については、子育てする者、あるいはケアされる者にも男性はいるのだから、母子メタファーは性差別的ではないとし、かつ、後者の批判については以下のように応えている（ファインマン二〇〇三：二五七—二六二）。

第一に、「自然な」性的家族という社会文化的に強固なイデオロギーに対抗するために、もう一つの強固なイデオロギーである母子対という養育単位に訴え、社会的支援の対象を、性的家族というじつは曖昧で抑圧的な機能を果たしている単位から、明確にケアを中心にした単位へと移行させるためである。第二に、サラ・ラディクを参照しつつ、母子というメタファーはあくまで、母親業、母的思考がじっさいに何をする／しているのかを分節化するためのものである。現在、母親業や母的思考は私事化されているために、公的領域から分断され、政治的な力を剝奪されている。しかし、税制や社会保障の単位を母子対と明確化し公的に可視化することは、依存の問題、そして依存者をケアする者たちが強いられる二次的依存について、政治的な課題として取り組む契機となるであろう。そして、母子対というメタファーによって、資本主義、個人主義における支配者たちによる「母性」の意味づけから、母親業を担う者たち、そして母親たちを解放し、社会的資源の再配分をめぐる政治に変革を起こすことが期待できるのだ。

「母親」をフェミニズム論争に肯定的に導入しようとする私の試みは、多くの人々から危険すぎると思われるのは承知の上である。〔…〕母性は未知の力を有している。つまり私たちが親密性について考える場合、支配的なセクシュアリティの威力に挑戦する力、私たちの家族の概念を再定義する力をもっている。おそらく、だからこそ、男たちがかくも長い間、その意味を支配しようとしてきたのである(同：二五八―二五九)。

第5章　誰も取り残されない社会へ
――ケアから始めるオルタナティヴな政治思想

わたしたちはここまで、合衆国を中心にではあるが、第二次世界大戦後のフェミニズム運動と、その経験から生まれたフェミニズム思想／理論のなかでいかに、ケアの倫理という新しい道徳理論が編み出されてきたかを跡づけてきた。本章では、フェミニスト研究者たちが格闘したうえでようやく摑んだケアの倫理という道徳理論が、どのような人間観、社会観、そして世界観をオルタナティヴとして提起しようとしているのかを考えていきたい。つまり、道徳をめぐる議論が、いかに社会のあるべき姿を考えるフェミニズムの政治思想へと展開していったかをみることにする。ケアの倫理は、現在のわたしたちの生活、そして主に政治にどのようにかかわろうとしているのだろうか。そして、異なりを抱え、特定の環境のなかで生きているわたしたちの生は、どのような社会であればより善く生きられるのだろうか。

本書でここまで振り返ってきたように、既存の学問体系と対峙しながらフェミニスト思想家たちは、ケア「対」正義といった(不毛な)論争が、ケアの倫理がその核心にもっていた正義への訴えを不可視化してしまうことを訴えてきた。さらに、母親業をめぐる関心を母性の称揚と取り違えて批判することは、ケアの担い手が受けている社会不正義から目を逸らしてしまうだけでなく、ケア実践の目的が果たされず、ケアを必要とするひとをも傷つける危険性があることを明らかにした。こうして、以下に見ていくケアの倫理研究は、二〇世紀に悩まされ続けてきた課題を克服し、ケアの倫理がもつアクチュアルな可能性を探求し始めるのだ。

1　新しい人間・社会・世界

——依存と脆弱性《ヴァルネラビリティ》／傷つけられやすさから始める倫理と政治

ケアの倫理の意義

本書でここまで論じてきたケアの倫理は、キャロル・ギリガンの『もうひとつの声で』を嚆矢とし、その後、幅広い分野のフェミニスト研究者たちが、彼女の問題提起をそれぞれの分野で発展させてきた一連の研究分野である。ケアの倫理が登場する以前のフェミニズム思想は、リベラル・フェミニズムやマルクス主義フェミニズムがそうであるように、フェミニズムを端緒にした思想が存在しなかった。たしかにケアの倫理は、女性らしい《フェミニンな》倫理であるものの、フェミニスト倫理ではないとの批判も浴びてきたが、すでに見てきた正義論との対峙と母性主義の克服を経たいま、マリリン・フリードマンらが論じるように、「ケアの倫理はフェミニスト思想と実践から生まれた」(Friedman and Bolte 2007: 82)、フェミニストの手による、修飾語なしのフェミニスト思想である。

心理学者のギリガンが提起したジェンダー問題の核心とは、男性《メン》だけを対象にした研究から生まれた道徳性の発達が人間《メン》のあるべき道徳を代表していること、そして男性の道徳観に投影されている理想の人間観——各人の権利を尊重し、他者や環境に左右されない判断能力を備え、普遍的原理を自らの力で発見し、その原理に自ら従う自律的で独立した個人——が広く社会一般にも共有されていることに対する異議申し立てであった。男性の手による理論につきまとうこの問題は、各分野においてフェミニストたちによる根源的な批判を呼び起こし、その分野において前提とされている人間観を見直す契機となった。

たとえば、『正義論』ではケア関係が人間にとって不可欠の存在基盤であることが無視されていると批判したキテイは、ケアの倫理が西洋哲学の歴史を通じて顧みられてこなかったことを、驚きをもって受け止めている。彼女にとっては、ケアをめぐる問題は、すでに見てきたように、いかにより良いケアを必要なひとに提供するかという点を捉えてみても、人びとにさまざまな判断を迫る道徳的問題であることは明らかである。しかしキテイによれば、倫理学の古典であるアリストテレスの『ニコマコス倫理学』では友情についての議論はあっても、ケアの与え手と受け手という非対称的な関係性についての言及はない。義務論的な正義論にとっての拠り所の一つであるカント哲学においては、ケアは義務ではなく慈愛である。たしかに慈愛といった動機がケア関係に働いていることがあるかもしれないが、ケアが慈愛そのものだとはいいがたい。さらに、キテイはこの驚きについて、次のようにも論じている。

道徳理論にケアが不在だったのと同じく驚くべきなのは、政治理論にも不在だったということです。どのように社会秩序が人間の依存の必要に応える(あるいは応えることができない)のかを、政治理論は何も議論してこなかったのです。ですから、いまわたしたちみなが取り組んでいるしごとは、一つの共通のプロジェクトであるとわたしは考えているのです(キテイ二〇一一：八八)。

人文社会科学におけるケアの不在

ここでキテイが「わたしたち」と表現しているように、この驚きは、ケアの倫理研究に携わる研究者に共有された驚きであった。ケア「対」正義の論争じたいがいかに不毛だったかはすでに幾度も触れてきたが、既存の道徳理論や政治理論がケアをめぐって沈黙を貫くがゆえに、それらが主題の一つとしてきた正義論もまた、ケアをめぐる抑圧や搾取、さらには人権侵害の最たるものである暴力についても語ってこなかったということは、いっそう強調されておくべきだろう。そして、だからこそケアの倫理は、既存の正義論によって沈黙を強いられてきた異なる正義への訴えを掬い上げようとしてきたのだった。

道徳理論にも政治理論にもケアに対する関心が不在だったのは、なぜなのだろうか。わたしたちの誰もが、誰かにケアされ、キテイの言葉を繰り返すならば〈みな誰かお母さんの子ども〉であるにもかかわらず、この不在、沈黙はなぜ放置されてきたのだろうか。この不在は、人間社会についていったい何を語っているのか。ケアの倫理に依拠するフェミニストたちがそこに聴き取ったのが、依存に対する恐怖や、その恐怖心に根ざす侮蔑であった。そうした恐怖は、哲学者たちがなぜ人間には国家が必要なのか、あるいはいかに国家が創設されたかを語る、かれらの物語のなかにケアをめぐる議論が存在しないことによく示されている。ソクラテスは『国家』において、国家の端緒は、衣食住を得るための仲間たちの相互依存であると論じていたし、一七世紀イギリスで社会契約論を説いたホッブズの場合は、国家創設以前のひとはキノコのように土地に自生していると仮定されていた。

こうした依存をめぐる隠蔽、あるいは歪んだ描写――しかし、哲学史上は歪んでいるとは受け止められてもこなかった――に対して、ケアの倫理は、理想の社会や、理想状態を前提に平等や自由、そして正義といった理念を構想するのではなく、まずは、現在の社会に位置づけられたわたしたちの生の現実から社会を構想しようと呼びかけるのだ。以下、ケアの倫理が出発点とする人間の諸条件について、キテイも触れている政治理論上の前提との対比から、人間の条件について一つひとつ確認しておこう。

依存の排除

まずは、いまわたしたちがどのような営みを政治と捉えているのか、自問することから始めてみよう。多くのひとが思い起こすのは、政治家たち、つまり現在の民主主義制度の下では、わたしたち主権者が投票を通じて選ぶ、国会議員や地方議員の活動ではないだろうか。あるいは、もしかすると路上で行われる市民たちのデモ活動、#MeToo運動などの市民たちの集まりについても、政治的なものを感じ取るかもしれない。わたしたちみなが政治学や政治理論を学んでいるわけではないが、政治的なものと、政治的でないものを区別する基準をわたしたちは確かにもっている。

国会での、どこか権威的な公式の政治とはまったく異なる活動であるように思える#MeToo運動を考えてみても、これまで自分のなかだけに留めておいた経験を他者と共有するためにＳＮＳで発信したり、路上に集まったりするということから、次のような意味で政治的といえる。ここでは、第1章に見た第二波フェミニストたちの〈個人的なことは、政治的である〉という標語やコンシャスネス・レイジングといったフェミニストたちがとった方法を思い出すことができるかもしれない。とりわけ#MeToo運動では、私的な経験をTwitter（現X）のフォロワーや、路上にじっさいに集まる人びとをも越えて広く社会に訴え、これまで私的だとされていた出来事が、社会において生じた出来事、同じような経験をしていないひとにとっても、社会の問題として捉えられなければならない課題として提示しようとする行動といえる。こうした点から、国会で行われている、わたしたちの税金の使い方を決めたり、日本社会に生きるすべてのひとに強制的に適用され、影響を与える法制度を作ったりするもっとも政治的とされる活動と、#MeToo 運動との共通項も見えてくるだろう。すなわち、活動そのものに私的な利害関心を超えた、社会全体になんらかの影響を与えようとする意図が存在しているということだ。

政治学の教科書を手に取れば、政治学は、政治とは何かを定義することから始まっていることがよく分かる。その定義によれば、政治を公的領域にかかわる現象、すなわち制度や公的行動として限定的に理解すること、それが政治学の始まりとされている。もちろん、私的なことと公的なことは、#MeToo 運動に見られるように峻別することは難しい。しかしながら、政治学は、そもそも私的ではないとされる現象や行動を規定することに始まり、かつ、他者を巻き込みつつ、話したり、聞いたりというコミュニケーション活動を通じて、互いの異なりや共通した利害関心を確かめあいながら、新たな価値観に出会ったり、広く社会の変化を求めたりすることこそが政治だと定義してきた。そして、そうした政治の在り方がまた、ある事象や経験を私的なものとして、政治の領域から繰り返し排除してきた。

他方で、国会での議員の活動と #MeToo 運動とでは、異なる面ももちろん存在する。それが権力である。狭義に定義される政治とは、誰もが従わざるをえない力の行使である。その権力を帯びた政治は、諸価値を人びとに配分する。諸価値の配分とは、税率や税金の使い方などの物質的な財の配分や、社会保障の在り方、法定労働時間や、義務教育の期間、家族のあるべき姿のほか、さまざまな側面にわたる法制度を通じて、わたしたちの価値観を決定する行為を意味している。

こうして、政治とは何かを限定的に、そして精緻に捉えていく政治学の端緒に、私的なものをそこから排除する力が働いていることが分かる。政治は、扱う対象も公的なものであるうえに、諸価値の権威的配分とされた権力の行使という活動も、そうした活動をする者もまた、公的な存在として前提されている。そして、そこから取りこぼされていくのが、ケアの倫理研究が注目する、依存という普遍的かつ不変的な人間の条件なのだ。

依存と依存関係における不平等

フェミニストのケアの倫理研究者たちが着目する依存は、ソクラテスが言及したような、生産労働に携わることのできる健常な男性市民といった対等な者たちの間の互恵関係ではなく、他者の手だけでなく、時間を共に過ごしたり、気遣いといった心の動きまでをも要請するような、圧倒的な依存、自身の力だけでは生存すらままならないような無力な状態がまず想定されている。こうした依存状態は、誰もが経験しながらも、依存状態にある者の記憶の域を超えている。したがって、この経験は他者の経験として、その無力な状態にある依存者の、生や成長を支え促すためにケアをしている者が想像力を介して経験し、記憶するしかない。

この人間存在の原初にある依存状態は、ケアの受け手とケアの担い手との間の非対称性——体力、判断力、コミュニケーション能力といった能力においても、社会的、経済的地位においても——に特徴づけられ、そのため、依存とそれを取り巻く人間関係は、不平等を特徴とする。つまり、ケアする者は、ケアされる者がいま必要としているもの《ニーズ》は何かを決め、ある意味では有無をいわさず、ケアその生理に介入する。さらにケアする者は、ケアされる者のニーズを読み取る必要があるため、ケアされる者に寄り添い、注視し、その労力だけでなく時間をもケアされる者のために使い、ケアされる者についての知識を経験的に獲得しながら、刻々と変化する心身に時に振り回されることがある。そうした労力や時間に対して、当然のことながら、ケアされている者からそれに相応する見返りがあるわけではない。もちろん、ケアする者が主観的に、ケアされる者の反応から喜びや満足を感じることがあったにせよ、である。

ケアの倫理の中心にあるもの——文脈依存とそこから生じる脆弱性/傷つけられやすさ《ヴァルネラビリティ》

人間の原初に刻まれる圧倒的な他者への依存は、そこに直接かかわる者たちを、あらゆる点において不平等な関係性のなかに置く。したがって、その関係性は、前章で触れたロールズの正義論を特徴づけていた、社会的な協働関係、より公正な配分、自分にとっての善とは何かを判断できる合理性からも程遠い。それはあくまで私的な関係性であり、そこには政治や経済の領域とされる公的領域における人びとが従う行動原理とは異なる行動原理が存在しているように見える。その原理とは、一般的には愛情と呼ばれる。それは、権利義務関係とは異なる、政治的領域の外でわたしたちが育んできたような、自然に育まれた感情の在り方として理解されてきたものであろう。

しかし、ケアの倫理は、愛という言葉で理解されてきた、あるいは美化され自然視されてきたものではない行動原理をそこに見いだそうとする。それは、不平等な依存関係ゆえに、ケアされる者がケアする者の対応に左右されてしまうことから生じる、傷つけられやすさへの着目から生まれた原理、責任の原理である。人間にとっての依存という普遍的事実は、人間が他の動物に比べても未熟な状態で生まれてくるという、否定しえない生物学的な条件であると同時に、人間社会や文化の在りようも加わり、一人ではその生を維持できない期間が長いという社会的条件でもある。依存は、人間個体の状況を表す記述的な概念である——したがって、その状態自体には、良いも悪いもない——ものの、自立した存在こそが社会人であるという想定が強いために、人生のほんの一時期の状態であるとされ、社会的に周辺化されがちである。つまり、依存状態からいつかは自立した存在となることが期待されている。その延長線上で、病気や事故などだけでなく、障がいや老衰といった事象もまた、例外的なものとして扱われてしまう。

他方で、脆弱性は、ヴァルネラビリティという英語にも表れているように、他者に傷つけられやすい、攻撃に晒されやすいという可能性と、他者関係のなかに置かれた状態を指す。すなわち、依存状態にある人間は、他者からのケアを当てにしなければならず、他者の能力に頼《ディペンド》るがゆえに、他者のふるまいや態度にその生存は左右される。したがって、他者に依存する者の被傷性《ヴァルネラビリティ》は高まるのである。しかし、脆弱性という概念は、依存が一時的なある段階における人間の在りようを含意するのとは異なり、自らのコントロールの及ばない他者の行為や環境に左右される状態を意味するがゆえに、つねに傷つけられやすいという常態をさす。すなわち、脆弱性は他者のケアによってのみ生存や身体の安全が保たれている事態にのみ内在するのではなく、じっさいには身体とともに生きるあらゆる人間にとっての、否定しえない事実である。したがってファインマンによれば、脆弱性とは、身体と共に生きるわたしたち人間の特徴の一つなのだ。一方でそうした脆弱性は、危害や損傷を被る、あるいは運の悪さといった可能性にわたしたちがつねに開かれていることであり、他方で、身体的に被る危害は、多様な形態があり、不快や迷惑といったものから、破壊的でとりかえしのつかないものまで幅があるという(Fineman 2013)。

依存状態が、ケアする者とケアされる者との二者関係にわたしたちの目を向けがちであるのに対して、その関係性に内包される脆弱性は、わたしたち人間が、予測不可能な物質的環境につねに左右されている事実に気づかせてくれるだけではない。脆弱性に気づくということは、人間の知恵と努力によって、人間の被傷性の程度を緩和したり、避ける可能性を高めたりすることができたとしても、人間社会は被傷性を根こそぎにはできないという事実にも気づかせてくれるのだ。

こうして、依存という事実から、ひとが身体性を備えつつ、ある環境や他者との関係のなかで生きているがゆえに、つねに脆弱であること、すなわち攻撃を受けやすい、あるいは環境のなかで心身を傷つけられる可能性があることにわたしたちは気づかされる。依存の事実と異なり、脆弱性はあくまで可能性であり、その可能性は根こそぎにできない一方で、じっさいの危害に至らないように、環境を整えたり、じっさいに危害にあったとしてもそこでの傷を和らげるよう努めたりすることは十分可能なのだ。さらに、ファインマンやキテイが二次的依存という、ケア提供者が陥る依存に強い警鐘を鳴らしてきたのは、二次的依存に陥るがゆえに、経済的剝奪だけでなく、孤立した状態で物理的暴力を受けたり、社会福祉へのアクセスが閉ざされ、脆弱性からじっさいの危害に至ったりする可能性が高まるからであった。したがって、脆弱性は誰しもが避けられない人間条件であるとはいえ、じっさいの危険に陥る可能性は、そのひとが置かれた人間関係や社会的・制度的なしくみによって軽減したり、増大したりする。この脆弱性への注目こそが、ケアの倫理を社会構想へと導いていくのである。

個別具体的で、異なりを抱える人間観へ

脆弱性への着目は、人間とはどのような存在かを問い続けてきた哲学の伝統の基底に流れる理性

の重視にも疑問を呈することとなる。コールバーグの道徳性の発達理論にも顕著であったように、環境に左右されず、どのような場面においても適用可能な普遍的原理を見いだせるとされる自律的存在は、身体的な反応――外界・他者に左右される感情――を捨象する論理的な思考をもつ者、いわゆる理性的存在であり、そうした存在であることが人間にとっての理想とされてきた。そして、人間の本質――他の動物には見られない特徴――とは、理性的存在であることに求められてきた。こうした人間の本質を探究しようとする哲学は、その陰において、身体やそのニーズに強く規定される者――依存関係にある者たち――を劣ったひととして、時に動物に譬えながら差別する歴史を支えてきた。健常な男性市民を理性の側に置くことで、その他の者――その典型が女性――を、感情、自然、非歴史的な――歴史を編むには能力に欠ける――存在とみなす心性を作り上げてきた。そして、こうした心性は、哲学を離れ一般社会においても、ある程度浸透している。

　理性を重視する伝統的な哲学に対して、脆弱性の定義に見たようにケアの倫理は、身体を具えた具体的な人間存在が前提である。そして、あらゆる身体は脆弱性を抱えているという点において、ひとは平等であり、かつ一人ひとりその心身は別個《ディスティンクティヴ》であるだけでなく、人間関係を含めた異なる環境に左右されやすい《ヴァルネラブル》という個別性において、唯一無二《ユニーク》の存在であると、ケアの倫理は考える。

　ケアの倫理における人間観の転換は、哲学者のウォーカーやラディクの認識論の転換を促しただけでなく、当然、その社会観にも大きな転換を迫ったのだった。

契約社会から、脆弱性を第一に考える社会へ

わたしたちは例外なく、脆弱で傷つけられやすい存在であり、人間が制御しえない自然からの脅威だけでなく、他者からの危害や放置・無視によっても傷つけられる可能性を生きざるをえない。それは、人間の生の端緒や最期にある不可避の依存という事実だけでなく、互恵性という意味における相互依存的な人間の在りようによって他者へのある程度の依存が不可避であることからも、そういえる。

しかし、あくまでこの脆弱性は可能性にすぎず、じっさいの危害に至らないために知恵を働かすことで、人間の被傷性は緩和できる。人間社会を、理性ある存在者が協働することによって、より良い生活を目指す契約から成立すると考える契約論に対して、ケアの倫理は、異なりを抱えた存在者たちの不平等な関係性のために、個々の被傷性の程度には大きな違いが存在していることに対応するために人間社会は存在しているし、存在すべきだと考える。すなわち、わたしたち人間には、もっとも傷つけられやすい者たちを含めた、傷つけられやすい者たちがじっさいに傷つかないように配慮する社会的責任がある。その認識こそが、社会を構成する原理の端緒にあるはずだと考えるのだ。

ホッブズのようにひとが自生するかのように想定するのをやめ、むしろ、一人ひとりの生の端緒

に思いを至らせてみる。すると、傷つけられやすい、環境によって左右されやすい、放置されると死に至るような脆弱な身体がある。そして、そうした身体が発するニーズを感知した者たちが、あるケア関係へと包摂されていくと想像できないだろうか。既存の政治学は、自立的・自律的であることによって、ひとは社会人となることを当然視してきた。したがって、依存する者は、社会の包摂から取り残されがちであった。しかし、ひとの端緒に傷つけられやすい身体があることから、そのニーズを満たすために社会が構成されていくと発想を転換することで、包摂を呼び掛けているのは、他者に晒される身体をもつ依存する者たちであり、依存する者たちがまず社会に存在すると考えることができる。そして、このような傷つけられやすさと依存を根絶することは不可能であり、かつ理想でもない。

　こうして、ケアの倫理は、直接的なケアの二者関係を越えて、ケア関係にある者たちをより傷つけられやすい立場に位置づけている現在の社会構造を変革するために、つまり、ケア実践をよりよく果たせる社会環境を手に入れるために、自らも新たな社会を構想し始めるのである。その一つが、ケアの倫理に基づくフェミニスト的な民主主義論である。

2　ケアする民主主義――自己責任論との対決

ケアと民主主義、そして政治

キテイが驚くべきこととして触れていたように、政治(学)の端緒にもわたしたちは、依存関係の消去が刻印されていることに気づかざるをえない。いや、依存関係の消去こそが、政治の始まりであるといってよい歴史のなかに、今もなおわたしたちは生きている。政治学においては、古代ギリシャの哲学者の営為のなかに、政治の発見、そして、民主主義の発見を見てきた。本節では、ケアの倫理をいかに社会構想へとつなげていくかにフェミニスト理論家としてその研究者生命をかけてきたといってよい、ジョアン・トロントの議論に沿って、民主主義とケアをめぐる緊張関係をほぐしながら、ケアの倫理から、いかに新しい政治の構想へと向かうのかを考えてみたい。

まずは、トロントによる民主主義の定義——批判的であることを越えて、皮肉ともとれるかもしれない——を見てみよう。トロントによれば、民主主義論はいまなお政治思想のメインテーマの一つであり、自由民主主義をはじめ、さまざまなタイプの民主主義論が盛んだが、そこに共通するのがケアの排除である。哲学におけるケアの排除が、その学問の神髄である人間とは何かという問いにかかわっていたように、民主主義におけるケアの排除もまた、民主主義の神髄ともいえる政治参加にかかわっている。なぜなら、歴史を通じて民主主義は、政治から排除してきた者たちにケアの担い手となることを強制してきたからだ。たとえば、参加民主主義の先駆けとして、政治学においては賞賛される、時には理想ともされる古代ギリシャのアテネにおける民主主義は、家事労働を女性だけでなく奴隷にも負わせることで、その高度な参加民主主義を維持してきた（トロント二〇二〇）。

すでに本章第1節で詳しく見てきたように、わたしたち人間は、例外なく母から生まれ、そして社会人として認められるようになるまでは、誰かに、さまざまな形で依存することが避けられない。さらに、人間は脳の発達のため頭部の比率が他の動物に比べ大きく、出産時に母体にかかる負担が大きいため、未熟な状態で生まれてくる。馬などは誕生後まもなく自分の足で歩行できるが、人間はたとえば首がすわるまで三カ月、二足歩行に至ってはおよそ一年かかる。つまり、社会的な存在としても生物学的な存在としても、人間はケアされる／する人びと（*homines curans*）なのだ。

ところが、トロントが重く受け止めているように、哲学者たちが政治的動物（ゾーン・ポリティコン）として人間を定義して以来、もっとも多くのひとが平等に政治参加するしくみとして考え出された民主主義でさえ、家庭内でケア労働に携わる者たちを政治から排除してきた。二〇世紀に入るまで――正確には、一八九三年にニュージーランドで初めて女性参政権が認められるまで――は、女性たちが一律に、そして二一世紀の現代では、ケア労働の多くを移民労働者に引き受けさせることで、ケア労働はやはり政治的に排除される者たちに任せられる／強制される傾向にある。そして、既存の民主主義論は、歴史上自明ともいえるこの事実に向き合ってこなかった。ケアに携わる者たちが政治から排除されてきたことは、よりよい民主主義の実現途上にある未完の民主主義の問題としてリップサーヴィス的に触れられるか、あるいは、そもそも精緻に民主主義とは何かを定義する議論にとっては些末なこととして、見向きもされてこなかった。

しかしトロントら、ケアの倫理から政治理論を鍛え直そうとするフェミニストたちが突き付けるのは、自律／自立的で理性的な存在を前提に政治理論を組み立てるために、依存する者をそうした自律／自立的存在へと誰が育て上げるかといった問いを、第3章でベイアーが批判したように、解決済としておかなければならなかったという事実である。さらに強調されるべきなのは、政治とは今まさに、わたしたちが存在するこの社会に作用し、わたしたちの相互行為を制度のなかで規制・編成していく力であるかぎり、じっさいには解決済であるどころか、日々、誰がケアに値し、誰がケアをいかに担うのか、そしてそのケアを社会的にどのように評価するかが、政治的に決定され続けている。その決定の連続は、一人ひとりの市民によって実践されているため、ケアとは政治的には議論するまでもない私事であるという意識がまさに今、実践するひとのなかにも芽生え、植えつけられる。こうした意識を体得し、他者と共有し、常識を作りだしていく市民、すなわち、公私二元論をつねに体現する市民を刻一刻と産出し続けているのが、政治的な力である。

じっさいにこの日本社会においても、政治こそが、何が無償で行われるべきケアであり、有償で行われる場合にはケアの報酬を決めることでその社会的な価値を決定している。すなわち、政治(学)が政治とそうでないものを境界づけているという事実から、わたしたちは、非政治的と思われているものこそが政治的な力の作用をもっとも強く受けているのではないかと疑ってみる必要がある。

民主主義論については、古代から続くその長い伝統のなかで、さまざまに定義されてきた。現在も、自由民主主義や代議制民主主義の危機について多くの研究者が論じるなかで、民主主義とはいったいどのような政治を行うことなのかといった議論は、枚挙にいとまがない。民主主義論については多くの良書が存在するため、詳しい議論はそちらに譲り、字義通り、「民衆《デモス》の支配《クラティア》」という原義に忠実に、統治の在り方・仕組みと考え、民衆であるすべての者が等しく、全体にかかわることを議論し、決定する政体と捉えておきたい。本書でも多くの翻訳に従って民主主義と訳しているが、デモクラシーとは自由主義や社会主義のように主義主張がそこに存在するというよりも、政治の営まれ方そのもののなかに平等という理念が内在している政治体制である。

ケアと平等

そうであるならば、民主主義の下での政治に対して、なによりも問われるべきは、誰がその構成員なのかといった問いであろう。すなわち、その政体で誰が平等だとみなされているのか、と。民主主義に対する初発の問いが、誰が平等とみなされるべきかという問いであったとするならば、女性が参政権を得る二〇世紀に入るまで、民主主義はケアを担う（べきとされてきた）者たちを平等とみなさなかった政体だったということになる。西欧社会において、長きにわたって市民はかれらが生きる政体のなかでの政治秩序にいかに貢献するかが問われ、貢献しうる能力において市民としての地位／資格を与えられてきた。古代ギリシャであれば、その能力は戦闘能力であっただろうし、第二次世界大戦後の西洋福祉国家、そして日本においてのそれは、家事・育児責任から自由に、労働に専念できることであった。そうした市民像を理想としたがゆえに、一手に家事・育児を担う主婦が家庭内に一人存在することが想定され続け、そのように社会制度は構築されてきた。

ここでトロントは問うのだ。では、女性参政権が認められたからといって、民主主義は、こうした特徴を変えたのだろうか。ケアを担う者たちが平等な政治的構成員と認められるように、二〇世紀的な平等観は民主化されたといえるのか、と。

トロントの答えは、極めて明確に〈否〉である。ケアされる者は、一方的に誰かにケアされなければならないという特徴があるために、ある社会を編成するにさいして、この不可避のケアはどのように満たされるべきなのかを決めざるをえない。政治とはまさにここに大きくかかわっており、じっさいに、近代以降、資本主義の発展にともない、ケアを私事として家庭領域にとどめ置き、さらに公的領域から女性を排除することで彼女たちを家庭的な存在とした。そのため、男性労働者が政治的な権利を獲得していくなかで、参政権が認められる最後のカテゴリーが女性であったことは、いかにケアを担う者たちを排除する政治を中心とした社会編成が強固に維持されてきたかを物語っている。そして、いまなお、社会保障や税制、労働条件などを通じて、女性たちをケア労働に向かわせようとする機制は強く働いている。

トロントによれば、いまなおケアする者たちは平等な存在として認められていない。なぜならば、ケアをめぐる議論はいまだに政治的な議論ではない、あるいは、政治的には些末な問題とされているからだ。民主主義において誰が平等な構成員なのかと問うことは、逆説的に、誰がその社会でケアを担っているかを問うことにも等しい。もう少し正確にいえば、政治的な構成員たちの義務や責任のなかに、ケア労働が入っていないとするならば、ケアされるひともするひともじっさいには構成員から排除されているのだ。したがって、民主主義はその性格を、古代ギリシャ以来変えていないのではないかと、トロントは問う。

しかし、トロントはなお、ケアを排除してきた民主主義から、ケアを中心にする民主主義へと転換すべきだと訴える。その理由は、民主主義の下で行われる政治に内在する平等化の力を信じるからであり、このあと論じるように、ケア関係を二者関係に閉じ込めることは、ケアの質を劣化させ、暴力や搾取の温床ともなるからである。では、いかに、そもそも政治的な関心事にふさわしくない、すなわち動物的で人間的な営み以下とされるか、慈愛に満ちた高貴で政治以上の営みとされてきたケアを、民主主義のなかに、そして政治の根本にかかわる問題として組み込んでいけるのだろうか。そもそも、人間観や社会観の転換を促そうとするケアの倫理は、わたしたちの政治を動かす公的な規範となりうるのだろうか。

トロントによるケアの定義

第4章までで紹介してきたケアをめぐるフェミニストたちの議論は、ケアの受け手と、そのニーズに直接的・物理的に応えるケアの与え手との関係性を中心に行われてきた。とはいえその議論は、二者関係のみを焦点化してきたわけではない。むしろ、ケアを担う者——多くの場合は女性たち——の葛藤に焦点を当てることで、いかなる社会のなかでそのケア実践は行われているのかに目を向け、その評価をめぐり社会正義への訴えに繋げてきたことも、第4章に至るまでに繰り返し確認した。そして、こうした議論の展開のなかでこそ、トロントのケアと民主主義をめぐる議論、正確には、ケアの倫理を政治理論として鍛え上げようとする試みが生まれてきたのだった。

トロントが、八〇年代にギリガンが提起したケアの倫理に触発されて、一九九〇年にベレニス・フィッシャーと共に練り上げたケアの定義は、こうした文脈のなかでこそ、その意義がより鮮明となるだろう。トロントは一九九三年に『道徳の諸境界——ケアの倫理のための政治的議論』を公刊して以降、ケアの政治理論を国際的に牽引する第一人者として、「差異か平等か」といったフェミニズムが長く悩まされていた問題から、ケアとシティズンシップ、ケアと国際政治、ケアと新自由主義へと、大きくその議論を展開してきた。しかし、次のケアの定義は、三〇年以上前から揺るぎなく使用し続けている。

もっとも一般的な意味において、ケアは人類的な活動であり、わたしたちがこの世界で、できるかぎり善く生きるために、世界を維持し、継続させ、そして修復するためになす、すべての活動を含んでいる。この世界とは、わたしたちの身体、わたしたち自身、そして環境のことであり、生命を維持するための複雑な網の目へと、わたしたちが編みこもうとする、あらゆるものを含んでいる(トロント二〇二〇：二四)。

ここまで本書を読まれてきた方は、この定義に戸惑うのではないだろうか。これでは、あまりに多くの活動がケアに含まれ、ケアを私事に閉じ込めてきた政治や、ケアの価値を安価に、あるいは無償で当然なのだと評価しがちな市場経済における諸活動も含まれるのではないか、と。じっさい、あまりに広範で、あらゆる活動を含む定義は、そもそも定義として成り立つのかといった辛辣な批判もなされてきた。しかし、人間をケアされる／する人びとだと考えるトロントは、そうした批判に対して、〈その通り、人間のあらゆる活動は、まさしくケアなのだ〉と答え、問題はむしろ、じっさいにはケアであるのに、多くの活動がケアとして考えられていない点にあるという。それはどういうことだろう。もう少しこの定義の意味を考えながら、トロントがいかにケアを考えているかを見てみたい。

まずトロントは、多くの、とりわけ社会学におけるケア研究によって、ケアが、ある特定の感情的動きや責任を伴う、親密な関係性のなかでの「愛の労働」として捉えられがちであることに警鐘を鳴らす。多くの社会学研究、そして本書第4章まででもそのように捉えられてきたケア（労働・活動）は、対面的な相互交流のなかで、ある特定の個人のニーズや福利のためになされ、その関係性に固有の愛情・感情、そして責任が生まれる。こうした個別のケア活動やケア関係に着目することは、多岐にわたるケアのそれぞれの特徴を深く捉え、ある活動とそれに伴う心の動きを詳細に描くことができるため、とても重要ではある。しかし他方で、こうしたケアの狭義の定義には、トロントによれば、ケアの範囲にかかわる欠点と、ケアの概念化に関する問題がある。

ケアの範囲と概念化

ケアの範囲については、第一に、狭義のケアの定義は、個人が担うケアに焦点があたるため、諸制度や集団によって担われるケア、また物理的に距離がある者たちが行うケアが見過ごされてしまう。高齢者介護のさい、高齢者の家族と連携したり、地域内の病院を探し当該の高齢者につないだりするソーシャルワークが、狭義のケア定義から漏れてしまう恐れがある。第二に、個人のケアに注目することで、責任感も愛情・愛着もなしに行われるケアが見えなくなる。ケアの定義に愛情や責任感をあらかじめ埋め込んでおくことは、義務感や世間体からのみ果たされるケアをそもそもケアとみなさないため、ケアの質を問う回路が断たれてしまう。さらには、たしかにトロントたちの定義にも「できるかぎり善く生きるため」といった規範が込められているものの、たとえば病院の清掃や洗濯を担うひとたちなしに病院でのケアは立ち行かないことは明らかだ。すなわち、ケアのニーズを抱えるひとに直接的に応えるケア提供といった対人的関係のなかで生まれるもののみを――そこにケア実践の、他の活動にはない特徴が顕著に表れることは確かではあるが――ケアとして取り出してしまうことは、ケア実践をさらに支えるさまざまな活動との連関を見えなくする。病院の清掃をする労働者は、ケアのニーズを抱えるひとに対して責任を感じているかもしれないが、そうでなく単なる仕事として、病院という職場に特段の関心もない労働者がいるかもしれない。しかし、彼女たち・かれらの労働もまた、対人的なケア関係を支えていることは確かなのだ。

　さらに重要なのは、ケアを担う女性たち、とりわけ母親業の経験から狭義のケア概念が生まれてきた歴史をどう捉えるかである。ケアへの関心は、〈なぜ、女性は母親業を担うことになるのか〉という問いが心理学的な省察に偏りがちであった研究動向から、ケア実践の内実とその社会的意義や社会的位置づけを問い直し、その研究対象は、人間観から世界観までと大きく広がった。しかし、トロントはなお、対面的な二者関係を中心にケアが概念化されてしまうと、それはケア提供者の視点を中心にしたものにならざるをえないという。このことは、誰もがケアされる者として平等という、トロントが提案しようとしている平等観に対する妨げともなっている。他方でしかし、たとえば母子関係を考察する男性研究者たちが、あたかも母親を子が育つ環境のように扱ってきたことを多くのケアの倫理研究者たちが批判してきたことも、本書においては再度強調しておきたい。

第二の概念化をめぐる問題は、ケア関係に必然的に内包される権力問題が、さまざまなケアの形態を分類し損ねることで見えなくなってしまうことである。狭義のケアの定義は、女性たちが担うケア労働が家庭で担われているといった事実に注目するあまり、ケアそのものに胚胎している権力性を見過ごしてしまう傾向がある。たとえば、一九九五年の正義とケアをめぐるフェミニスト哲学雑誌『ヒュパティア(*Hypatia*)』の特集に寄稿した論文でウマ・ナーラーヤンは、植民地的なケアといった視点から、家父長的なケアの存在を指摘している(Narayan 1995)。彼女によれば、そもそも植民者たちは、「責任とケア」といったレトリックで、つまり、脆弱な被植民地の人びとの福利を高めるプロジェクトとして植民地主義を捉えていた。狭い対人的なケア概念は、そのケア関係が置かれた政治的・歴史的文脈からわたしたちの意識を逸らしてしまう危険性がある。そもそも、政治から家庭が分け隔てられたことによって、ケアを担う女性たちは政治的には無力化された。つまり、社会のなかで従属的な立場に置かれた女性たちは、自らのケア実践が社会全体のなかでどのような機能を果たしているかについては、一切コントロールする力がないのだ。わたしたちは第4章において、母親業をめぐる葛藤から、だからこそ平和の政治へと母的思考が連動していかなければならないとラディクが論じていることをすでに確認している。

ケア実践のさまざまな局面

こうして、トロントは、フィッシャーとの定義をさらに意味あるものとするために、そして政治過程を分析するさいにもケア概念を活用するために――それは、ケア・アプローチと呼ばれる――、まずケア実践のプロセスを四つの局面に分け、さらにそれぞれその四つの局面を評価する第五の局面を、二〇一三年の『ケアリング・デモクラシー』において付け加える。まず四つの局面とは、①ニーズをしっかり見極めようと「関心を向けること(caring about)」、②存在していると気づいたニーズに対して、誰かが責任を引き受け、なにかがなされないといけないと認識する「配慮すること(caring for)」、③特定のニーズは満たされないといけないため、誰かがその「ケアを提供すること(care-giving)」、そして、④初発のニーズがしっかりと満たされた、すなわち、「ケアを受け取ること(care-receiving)」で、ケアの受け手がケアに対する何らかの応答を示すことである。トロントによれば、このそれぞれの局面では異なる道徳的能力が試され、すなわち、①物事・ひとを注意深く見る、②責任を担う、③物事をやり通す、④他者からの働きかけに敏感に応答する、といった能力がそこで磨かれていく。ケア実践をこうしてさまざまな局面に分けて捉えてみることで、まずなにより気づかされるのは、一連のケアは、同じひとたちが担わなくてもよい、むしろ、多くのケア実践は、複数の人びとが互いに連携することで特定のニーズが満たされていくということである。あるニーズを満たすために、こうして複数の人びとが異なる役割、営みに従事している/しうることが分節化されるならば、より鮮明にそこに権力が起動することも容易に理解できるだろう。なぜなら、それぞれの局面で活動する人びとは、そもそもその能力や社会的立場において不平等であることを免れえないからだ。ケア関係で想定されるもっとも典型的な、直接手をかけるケア提供者とケアの受け手との関係がいかに非対称であるかは、本書でこれまでも繰り返し論じてきたが、それだけでなく、こうした一連のプロセスとしてケア実践を捉え返すと、いかにそれぞれの局面が、人間関係、諸制度、社会構造に位置づけられることで、そこに不均等な権力が働いているかがより鮮明となってくる。

こうして、トロントは、ケアの倫理を公的規範に鍛え上げ、民主主義理論へと連動させるために、つまりフェミニスト的で民主的なケアの倫理へと磨き上げるために、第五の局面として、「共にケアすること」といった局面を新たに導入する。つまり、そもそも不平等を内包するケア関係を、より平等で、より公正で、より自由を担保するものにするためには、ケアはみなで共に、そして平等、正義、自由といった理念と共に、実践されなければならない。

こうして、ケアか正義かといったかつての二項対立がいかに虚構であったかがよく理解できるようになるだろう。むしろケア実践には正義が必要であり、正義を遂行するためには、ケア実践を社会のなかで分け隔てておくことはできないという、両者の結びつきが明らかになる。

トロントと同様に哲学者のキテイも、二〇一〇年代に入ると、サーヴィスや財として捉えることのできる、いままさに行われているケアは、リベラルな配分的正義の原理にしたがって配分されるべきだと揺るぎなく主張するようになる。たしかに現在は私的領域で行われているとしても、私的領域の創設こそが政治の一義的な効果であることが明らかである以上、もはやケアは隔離された私的領域に属するものではない。ケアの受け手も担い手も搾取されないこと、また生存にかかわるニーズを満たすことは政治的な重要課題であるのだから、ケア関係にある者たちを剝奪状況に置かないこと、さらには、政治的なアクセス権を奪ったり社会的に周辺化したり差別したりしない政治理論を、キテイははっきりとケア理論として打ち出している(Kittay 2015)。

政治理論との協働作業としてのケアの倫理へ

ケアの一般的な広義の定義と、満たされるべきニーズを発見することから始まるケアを一連の実践プロセスとして捉えることで、それぞれの局面においてかかわる人びとが不平等であるために、ケア実践の現場では不当な権力の濫用がなされたり、最悪の場合、暴力が誘発されたりすることがより可視化される。そもそも、トロントが民主主義の端緒に見た、市民から一部のひとたちを排除することによって特定のケアを担わせてきた歴史は、いまなおわたしたちの眼前で行われている不正として、正していくことが求められている。現在の民主主義は、その意味で、民主主義たりえない。むろんこうした批判は、民主主義を、市民を平等に扱い、その政治プロセスにあらゆる者を包摂するという理念として捉えた場合という限定はつくのだが。こうして、トロントは新たな民主主義の定義を提示する。

> 民主的な政治は、ケアに対する責任配分を中心にすえるべきであり、かつ、民主的な市民が、そうした責任の割り当てにできる限り参加できるよう保障することを核にすべきである(Tronto 2013: 30)。

この定義で重要なのは、「責任」という言葉である。先に触れたように、責任は五つの局面のなかの第二の局面、「配慮する」に現れる実践の在り方の一つにすぎない。しかしトロントは、ケアに満ち《ケアリング》た民主主義を考える、あるいは新しくそうした民主的な生き方を構想するために、責任はとりわけ重要な概念であると考えている。そして、責任こそが、ケアの倫理と民主主義理論を結びつけ、フェミニスト的なケアの民主的倫理へと練り上げていく契機となるのだ。

具体的に考えてみよう。ケアのプロセスの第一局面において、満たされるべきなのに満たされていないニーズが社会に存在していることに、誰かが気づく。しかし、気づかれたからといって——自らの目によってであれ、報道を通じてであれ——、そのニーズが満たされることには直接つながらない。残念ながら多くの場合は、家族や自治体、あるいは企業といった現行の諸制度、法制度が作り上げる境界線によって、誰かが対応するだろう、あるいは自分にはかかわりがない、つまりWho Cares?――〈自分の知ったことではない〉を意味する日常語――という関心のあり方とともに、そのニーズは満たされないままに放置される。この点は終章にて詳述しよう。

満たされていないニーズに対して向けられた関心を受けて、そのニーズを満たすためには、どのような責任をどこに――そのニーズに直接かかわる具体的な人びとや、特定の集団や諸制度など――割り当てればよいのだろうか。トロントは、この課題にこそ政治の働きを見る。じっさい、歴史を振り返れば、一九世紀には家族領域が発見されることで、二〇世紀には専門化や制度化、そして二〇世紀後半以降は、市場化を通じて、ケア責任は政治的に配分されてきた。なによりも家事や子育てをめぐっては、一九世紀に家族領域を発見することで女性たちにケア責任を担わせた影響力は、いまなお強く残存している。ケアの女性化を通じた責任の割り当てこそが、政治力であったのだが、女性がケアを担うことが「自然」に見えるほど、その力が強力であったことは強調しておきたい。そして、いま問われるべきことは、こうしたケア責任の配分が、そもそも民主主義の理念に沿った、あらゆる人びととの包摂、つまり自由や平等や正義といった諸理念を実現していこうとする政治にとってふさわしいかどうかなのだ。

政治はけっして、わたしたちがひととして、あるいは社会で生きるために抱えるニーズを満たすためだけに存在しているのではない。しかし、自由や正義、あるいは平等や平和といった理念を実現するためには、まずなにより、いかにニーズをめぐる共通理解を形成し、ニーズを満たす責任をどのように社会全体で果たしていくかが問われる。そしてそれは、政治運営の端緒に解決されておかねばならない問題である。逆説的に聞こえるかもしれないが、だからこそ、ケア問題はあたかも自然の問題であるかのように、議論の余地がないもののようにして解決されてきたのだった。

ケアと責任概念

トロントは、民主主義の定義にケアだけでなく、責任という概念を導入することによって、責任をめぐって多くの哲学的、政治的な議論がなされてきたその歴史を振り返ろうとする。責任は、義務や責務という言葉と混同されがちだが、英語で責任があることを意味するresponsibleという用語に「可能性」を意味するableが入っていることからも分かるように、確定的に〈……すべき〉と命じる義務や責務に比べて、誰にどこまで、いかなる状況で責任を問うことができるのかといった具合に、責任には曖昧さがつきまとうと論じられてきた。とはいえ、責任を割り当てることは、責任がある者を特定し、他の者たちをその責任から解放する。また、その語に「可能性」が含意されていることに暗示されているように、責任の割り当ては、責任を問われる者がその責任を遂行する能力があることを前提としている。最後に、責任という考えから直接的には、責任をとる当事者以外、つまり誰がその責任の割り当てをするのか、誰がその責任がしっかりと果たされているかどうかを精査するのかといったことは、導き出せない。だからこそ、責任は非常に政治的な決定のなかで遂行される。とはいえ、ケアをめぐってはケアを必要とするひとが現に存在し、必ずその責任は誰かに割り当てられないといけないために——そうでないと、社会もひとも存続できない——、逆にいえば、つねに誰かをケア責任から免除するという効果が、政治的に作り出されてきた。

他方で、責任をめぐる多くの議論では、ある主体が自由になした行為について、その行為の結果と責任を結びつける議論がこれまでなされてきた。すなわち、ある結果について、過去に遡ってその結果を生みだした者に責任を負わせる、過去遡及的な責任割り当てである。ここでトロントは、本書第4章でも触れたウォーカーの「表出的＝協働モデル」と「理論的＝司法モデル」といったメタ倫理の区別に依拠しながら、前者とフェミニスト的な責任を結びつける。男性中心の「理論的＝司法モデル」が、具体的な文脈を越えた普遍的な正しさをめざしたのに対して、ウォーカーは、責任はつねに関係性のなかで生まれ、社会的な関係性のなかにおける立場を前提にしていると考えた。そのモデルによれば、どのような責任なら担うことができ、担えない責任があるとすれば他に担える者がいるのではないか、よりよく責任を果たすためには、どのような手段、政策、法体系に頼ることができるのかといった、広がりのあるコミュニケーションを責任概念は生んでいくのだ。

ここに、ケア関係が二者関係のように捉えられてきた限界を越えて、交渉・コミュニケーションを通じた、コミュニティの新たな再構成・再創造へとつながっていることが示唆される。ケアの実践プロセスのなかで、トロントが責任にとりわけ意味を見いだすのは、責任は有無をいわさずその命令に従わせるような絶対的なものではなく、つねに対話に開かれ、コミュニケーションを通じて、共同体＝コミュニティを造り出す可能性を秘めてもいるからなのだ。

こうしてケアと責任を結びつけることで、そもそもケアに内在するより良いケア、ケアを受ける者の福利や安寧、その潜在能力を引き出すといった目的のためには、どのような責任の割り当てがふさわしいかについて、ケアを受ける者を中心とした、新しいコミュニティが切り拓かれる。すなわち、ケアの責任の割り当てを、政治以前のこととして長きにわたって家族（＝女性）に押しつけてきた政治そのものの在り方が厳しく問われるのである。政治思想史に関心のある読者はぜひ、アリストテレスから、近代的な社会契約論を経て、自由主義思想、ユートピア思想、現代の熟議民主主義ほかの政治思想の文献のなかで、どのようにケアをめぐる責任について論じられているか振り返ってみてほしい。その出発点でケアはあたかも解決済みのように扱われてはいないか、ケアのニーズが満たされる場所とされた家族がいかに非政治的、あるいは非歴史的な自然として描かれているか。ケアの倫理はその政治性を、ずっと問い続けてきたのだった。

フェミニスト的で民主的なケアの倫理

民主主義論が政治的課題として〈誰がケアするのか?〉といった問いに向き合っていないのだとす

ると、それは、政治の担い手である市民とは誰であるべきか、そして市民たちの生活とはいかにあるべきかについて、そもそもの考え方が誤っている。なぜなら、責任ある市民とは誰か、といった問いを具体的に考えてみても、現在の民主主義論はあまりに労働者としての市民の生活を過大評価し、ケア関係に携わり、直接的にもケア責任を果たしているひとたちの生活を過小評価、あるいは端的に無視しているからだ(Tronto 2013: 26)。

民主主義の理念に沿って、ケア責任を配分すること、そして、民主主義を、ケアの倫理と責任への呼びかけにどう応答するかといった関心のなかで再構想することによって、新しい民主主義の可能性を、トロントほか多くの理論家たちが模索している。その問い直しの中心にあるのは、誰もケアなしには、所与の社会において個人として、あるいはまさに社会人として「自立」しているかのようには生きられない、つまり、誰もがケアされる/する人びとであるという人間観である。

いま現在、自分は誰にも依存せず――社会制度に頼って生きているという事実からだけでも、それは単に思い込みに過ぎないことが分かるのだが、それでもなお――「自立」していると考える者も、誰が自分をケアしてきたのかと自問しなければならない。そのケアは、トロントが指摘するように、決して二者関係のなかでのみ受け取ってきたのでは<u>ない</u>。たしかに、ケアするひとのニーズを察知し、じっさいにそのニーズを満たしてくれるひとは必要だろう。他方で、自分を直接ケアしてくれたひとの関係を取り巻く環境を整えてくれたひともいるだろう。それは、自分の想像を超えるほどの、ケアのネットワーク、ケア責任の重層的なつながりのなかで、わたしという個人が存在させられていることへの気づきにもつながっていくに違いない。

ケアに満ちた民主主義のために、わたしたち人間がケアされ、ケアするひとであるという原点から、政治をいかに組み立てていけるだろうか。ケアされるひととケアするひとが、決して排除されることなく、人間社会の根幹にかかわるケア責任をいかにして社会で配分していくかという政治的決定にしっかり参加できるために。その第一歩は、トロントが幾度も強調するように、誰もがケアされてきた、脆弱なひとであるという点で平等なのだと認め合うことであろう。〈誰かが、わたしたちをケアしてくれた〉。この普遍的な事実から、民主主義を再生させるために、知恵を働かそう。この掛け声が、「フェミニスト的で民主的なケアの倫理」の現在地である。

国境を越える、責任の「社会的つながりモデル」

ここまではケアの倫理を責任といった観点から捉え直すことで、ケア責任の割り当てこそを民主的な政治の中心にすべきであるというトロントの提言を確認してきた。責任には、誰が、どこまで、何に、誰に対して、いかに担うべきなのかといった多くの論点において、決して自明な答えが存在しない。だからこそ、それは政治的な決定を必要とする。とりわけケア責任については、第1章ですでに論じたように、国家的な家父長制と資本制との結託のなかで、極めて政治的に家庭へ、つまり女性たちに多くが担わされてきたことは、その事例の一つである。そして、家庭内のケア責任を一手に担わされている状況に対する第二波フェミニズムにおける批判と運動こそがケアの倫理の端緒にあったことは、ここで再度思い起こしておいてもよいかもしれない。

ウォーカーに倣いながら、「表出的＝協働モデル」と「理論的＝司法モデル」といった二つの責任モデルに触れたが、やはりフェミニスト政治哲学者のアイリス・ヤングは、責任を、「社会的つながりモデル」と「帰責モデル」とに分類した(ヤング二〇二二)。ウォーカーとヤングに共通するのは、伝統的な哲学や政治理論において論じられてきた責任は、後者に偏っており、その典型例が、なされた危害行為に対して、罪刑をあらかじめ決めておくといった司法において問われる責任である。そこでは、あらかじめ危害行為が類型化され、その類型に応じて量刑もまた決められている。そして、ある危害が生じたときに、過去を遡り、その危害を誰が起こしたのかを特定化していく。じっさいの裁判過程では、責任を問われる者は特定され、つまり、責任を問われる者以外は、責任から免除される。

それに対して、ウォーカーがコミュニケーションによるコミュニティの創造をも示唆したように、ヤングもまた未来志向的な責任論を展開する。合衆国では一九八〇年代より、人種差別はすでに解決されたという前提の下に、貧困問題をめぐって自己責任論が社会的に優勢となる。つまり、七〇年代までは貧困の原因を社会構造の歪みに求める社会学的なモデルが優勢であったが、八〇年代に入ると社会における経済格差を始めとしたさまざまな不平等は、各人の行動や態度、努力のせいとされ、たとえば貧困にあえぐ者がいると、その者の過去の行動や選択にその原因を帰す帰責モデルにとって代わられたのだ。二〇世紀後半から合衆国ほかで優勢となる、そして日本もまたその例外ではない自己責任論に対して、ヤングは、社会構造そのものに対する責任が、その社会構造のなかで生きる一人ひとりにあるとして、それを責任の「社会的つながりモデル」と名づけた。

構造的不正義への責任

ヤングの遺作となった『正義への責任』では、合衆国でシングルマザーが陥りがちな困難からヤングが創作した、二人の子どもを抱えるシングルマザーのサンディの事例が語られる。サンディは、都市中心部にあったアパートが分譲マンションに改築される予定になったのを機に引っ越さなければならなくなる。ところが、開発が進む中心部にはもはや三人が住める手ごろな賃貸住宅はなく、現在の職場へ通うことが困難な郊外にしかアパートは見つからない。そこで、通勤のために、家賃のためにとっておいたお金の一部で車を購入する。しかし、そのことがあだになり、ようやく見つけた、安全面からも三人の住まいとしても決して理想的とはいえない新しいアパートに支払うための三カ月分の前払いの保証金に、手持ちが足りないという結果を招いてしまう。

サンディが陥った困難をめぐっては、誰にも責任がないように見える。たしかに、住宅開発業者も、元のアパートの大家も、新しい賃貸住宅を見つけてくれた不動産屋も、法に従っており、また道徳的にもとくに責められる行動をしているわけではない。もしかすると、サンディがシングルマザーであることを責めるひとがいるかもしれない。しかし、その理由じたいも彼女には何ら責任がないどころか、子どもの福祉のためにサンディが最善の行動をとった結果かもしれない。

ヤングが目を向けるのは、諸機関、諸制度が絡み合って、長い時間をかけて形成された現在の社会構造が、そこで生きる諸個人の選択やコントロールを越えたものになっているという事実である。しかも、その社会構造は、誰にとっても同じ環境ではない。たとえば、サンディの二人の子どもには、その苦境に対する責任は一切ないことは、誰しも異論がないであろう。他方で、その同じ町に生きる、裕福な家庭に生まれた子どもたちは、安全な環境で、よりよい教育を受け、将来的な不安も感じることなく未来を展望しているかもしれない。この歴然とした子どもたちの格差に対しては、いったい誰が責任をとるのだろうか。

ヤングによれば、この社会構造のなかで生きるすべてのひとが責任を取らなければならない。その理由は、端的に、その社会構造のなかでつながりながらすべてのひとが生きているからである。つまり、ある特定の社会構造が、ある者にとってはその潜在能力を育み、新たなことを試みるためのチャンスを広げ、さらなる選択肢が未来に拓かれるような環境であっても、他の者にとっては、そもそもチャンスへ通じる手段にアクセスできず、現状から抜け出せず、より苦境へと追いやられる環境ともなるからである。前者が、それを当然の権利として享受することが、後者にとっては構造の再強化となり、さらに自分の生き方をコントロールする力を殺ぐことにつながりもする。

　ヤングはこうした事態を構造的不正義と呼び、特定のひとの行動に直接責任があるわけではないが——子どもたちには一切の責任はない——、それでもなお、構造的不正義のなかで生きているすべてのひとに、この不正義を改善する責任があり、それは、司法上の罪責とは異なり、政治的責任なのだと論じる。政治的責任は、過去遡及的な帰責責任とは異なり、ある者により多くの責任があるとはいえても、誰も責任から逃れられない。帰責責任という意味ではまったく責任がない子どもたちも、社会について関心をもち、将来の変革のために勉強したり、活動したりするといった責任の取り方は可能である。ヤング自身は、権力、社会的な特権性、利害関係、そして集団的な行動がとれるための諸条件といった諸個人が置かれた社会的立場によって、責任の比重は異なることを強調する。政治的責任はなにより、よりよく取りうる者——現状では、立法者であろう——がとるべきなのだ。すでに触れたように、責任はつねに可能性を内包し、だからこそ未来の改革へとわたしたちを導いてもくれる倫理でもあった。

　ヤングの責任論がケアの倫理にとって示唆的なのは、関係性のなかから責任が生まれ、その責任がさらに新たな関係性を紡ぎあげていくといった一連の実践プロセス——トロントが分類したケアの五つの局面のように——のなかにあるということを明らかにしている点だ。たとえばヤングは、第三世界におけるグローバルなアパレル企業の搾取工場の存在に気づいた合衆国の大学生たちの活動を取り上げている。彼女たちは、大学の生協に圧力をかけて、そうした企業の製品を購買しないようにと声を上げるだけでなく、国境を越える複雑なアパレル産業における供給経路の一つひとつで搾取や不正、あるいは暴力的な組合つぶしなどがないように監視する制度・政策づくりへと運動を広げた。グローバルな市場が展開するなかで、構造的不正義の構造自体はますます見えにくくなっているのと反比例するかのように、グローバルな不平等はますます深刻に、そして人びとの生の脆弱さはますます不均等に配置されるようになってきている。ニーズが満たされない者たちが多く存在することに関心が向けられても、じっさいに誰が責任をとり、誰がそのニーズを具体的にケアするのか。トロントのいう第二の局面において、ケアのプロセスが途切れてしまっているのが現在の国際社会なのだ。ヤングのつながりモデルは、その断絶をつなぎ直すのはこの地球にすむわたしたち一人ひとりすべての責任であると、重い現実を突きつけている。

責任論を背景にケアの倫理における関係性の重要な働きを見ることとは、ケアの倫理を狭い二者関係や私的領域から解き放ち、より大きな、つまり国民国家をも超える、グローバルな倫理として構想する道を拓くことにもつながっていく。

3　ケアする平和論——安全保障論との対決

ケアから社会構想へ

ギリガンに始まるケアの倫理に強い影響を受けたフェミニスト哲学者のヴァージニア・ヘルドは、一九七〇年に『公益と個々の諸関心』を執筆して以降、一九九三年に『フェミニストの道徳性——文化、社会、政治を変革する』を発表し、その後本書でも参照してきた論文集『正義とケア——フェミニスト倫理学の基本論文集』を編集するなど、ケアと正義をめぐる論争に深くかかわってきた。二〇〇六年には主著『ケアの倫理——個人的、政治的、そしてグローバルな』を公刊したヘルドは、合衆国においてケアの倫理を長年研究する代表的なフェミニスト哲学者である。ヘルドの一貫した関心は、正義とケアをどのように「編み合わせる」かであり、主流の道徳理論、とくにカントに始まりロールズに代表されるリベラルな正義論や、なお国家政策の立案に大きな影響をもつ功利主義——最大多数の最大幸福——と、ケアの倫理との関係について多くの論考を残している。

ヘルドによれば、カント的な正義論は司法領域に、功利主義は立法領域にふさわしいが、これらの主流の道徳理論から社会全体を構想したり、現実の社会を理解したりすることは誤っており、むしろそれぞれの理論にふさわしい領域に留めておく、もっといえばその影響力やそれらの考え方が優先される領域は縮減されるべきである。一般的に考えられているのとは異なり、正義よりもケアの倫理のほうが広範な妥当性をもつと、彼女は考えているからだ。

第3章で展開したケアと正義をめぐる論争ともかかわるので再度確認しておくと、ケアの倫理は、ケアの関心や諸活動にも正義論を適用する(のも、まずは必要だが)だけでなく、わたしたちに社会をこれまでとは違う形で構想することを迫っている。これがケアの倫理の重要な主張の一つであり、ヘルドがその主著で、諸個人の関係性にはじまり、政治的領域、そしてグローバルな領域すべてを、ケアの倫理から再考しようとするのはそのためである。ケア実践を通じて編み出される関係性のなかから浮かびあがってくる、その関係性にふさわしい倫理を出発点にしながら、ヘルドは、市民社会や正義の原理、そしてグローバル社会そのものへの見方・考え方を変容すべきだと主張する。

カント的な正義論における無関心

カント的なリベラルな正義論は普遍的な原理を説くので、グローバル社会に公正さを取り戻すのにふさわしいと考えられがちであるが、ヘルドもヤングと同様に、カント的な正義論に、グローバルに広がる現在の不正や暴力を放置してきた原因の一端を見ている。というのも、当事者を自律的で合理的判断ができる者と想定する正義論は、他者の困窮や苦悩に無関心だからだ。これほどの不平等と不正が横行し、傷ついた者たちが数知れず存在するグローバル社会でこの前提はあまりに不適切である。ヘルドによれば、ケアの倫理を私的領域にこそふさわしいと論じるリベラルな理論家たちは、成人した市民は見ず知らずのひとに関心を払《ケアアバウト》わないし、見ず知らずのひとに配慮《ケアフォー》すると期待されたくもないと想定しているとして厳しく批判する。こうした人間観から、だからこそ当てにならない諸個人のつながりではなく、契約をモデルとする国家・国民の形成が構想されるのだが、現実には、誰が国民であるかは同意によるものではなく、各国が採用する出生地主義か血統主義かの法律によって、つまり生まれの運によって決められている。

　ケアは私的領域にこそふさわしいと考えるこうした人間観は、国内外で満たされないケアのニーズを抱える人びとにとっては、致命的である。正義論の説く、一人ひとりの権利を尊重すべきであるという原理に対しても、ヘルドは、権利があると認められた者たち同士にもまた、互いにつながっており、相互に依存しているといった感覚が必要であると論じる。ここで、ヘルドがつながっている状態を指すのに受動態から派生したコネクティッドネスという語を使用していることは強調しておかなければならないだろう。つまり、社会生活を送る上で、どのような権利が尊重されるべきかを論じられる以前に、権利を主張する者たちが、すでにつながりあっていることが認識されなければ、その権利を尊重することなどできないと彼女は指摘するのだ。たとえば、本書でこれまで見てきたように、女性たちは、家庭内でその多くを担う家事労働や育児に対して不正・不当な配分であり、自分たちの労働が搾取されているという声を上げてきた。しかしながら、彼女たちの家事労働と、市場での有償労働、さらに政治がいかにつながっているかが顧みられなかったがゆえに、目の前で苦悩する女性たちの声すら聴き取られてこなかったことは、ここで繰り返すまでもないだろう。

ケアと暴力は両立しない

ヘルドは主著『ケアの倫理』のなかで、グローバルな文脈においてケアの倫理が果たす役割を、安全保障、ケア労働者の移民問題や性搾取を伴う人身取引問題、フェミニズム内にも見られる西洋中心主義、すなわち文化的な帝国主義の問題を論じるなかで検討している。しかしここでは、二〇〇一年に起こった9・11合衆国同時多発テロ直後にブッシュ政権が打ち出した対テロ戦争についての論考を含めた『いかにテロリズムは間違っているか――道徳性と政治的暴力』(二〇〇八年)においてヘルドが論じた、暴力に関する議論について紹介したい。なぜならそこに、『もうひとつの声で』におけるギリガンの考察を見て取ることができるからである。

ケアの倫理が第一に命じるのは、「他者を傷つけないこと」「危害を避けること」であり、その他者の状態とその者が置かれた文脈を注視することであった。したがって、明らかにケアと暴力は両立しない。なぜなら、暴力は、ケアが苦慮・苦労しながら紡ぎ育んできたもの――ひと、関係性、生活、環境――のすべてを破壊することを目的とするからだ。9・11同時多発テロの後、フェミニストを含め少なくない研究者たちが、正義の戦争であると対テロ戦争に賛意を示した。しかしケアの倫理の観点からは、テロに対する武力による報復は、文脈に即して厳密に評価される必要がある。

たしかに、ケアの倫理を批判する者たちはしばしば、ケアの倫理が家庭の温かさをバラ色に描く一方で暴力については向き合っていないのではないかと疑問を呈してきた。しかし、本書で論じてきたように、ケアの倫理は、ケア実践を丁寧に見てきたからこそ、そこにはつねに軋轢、暴力が胚胎していることに注意を向け、だからこそ、たとえば母親業を担う者たちはつねに、暴力をいかに避けるかについて考えてきたことに光を当てたのだ。ヘルドは、『いかにテロリズムは間違っているか』のなかで、自分は決してあらゆる暴力に反対しているわけではないという。むしろ彼女は、これまでも正当化され（続け）てきた暴力をさらに精緻に、いかなる諸条件下であれば暴力が正当化されるのかを道徳的に評価する必要性を説く。その場合、合法化されている暴力、つまり国家暴力と、既存の国家を変革するために非合法の暴力に訴える政治的暴力をどう考えるかが焦点となる。

ヘルドがとりわけ注目するのは、腐敗した政府や既存の法制度によって抑圧されている人びとが集団で起こす実力行使や一斉蜂起である。労働者の破壊行為を含むようなストライキは、その後の法改正や、よりよい政権樹立のためには正当化されるのだろうか。実力行使は、抵抗の手段としてのみ理解されがちであるが、むしろ自分たちの存在、あるいは窮状を社会的に配慮しろという、ケアへの要求そのものだとも考えられる。あるいは、暴力はそれによって実現する目的のための手段に過ぎないが、時として、手段であることを超えさらなる暴力を惹起し、現在の軍拡競争のように、より多くの武力、暴力手段を獲得することが目的へと変わってしまうという、暴力の連鎖をも引き起こす。

世界から放置されることの暴力性

ヘルドの議論は、①実定法の執行などの暴力が法的に正当化される場合、②後により善い政体が創設され、その成果が認められるなど、暴力が政治的に正当化される場合、そして、③道徳原理を表明しようとしても他者から拒まれているがゆえに、その障壁を取り除こうとするなど、暴力が道徳的に正当化される場合と、三つに分類しながら暴力が遂行されることが許される状況を細かに検討していく。

ケアの倫理との関係で強調されるべきは、文脈依存的に個別の事象に注視することを強調する一方で、ヘルドはけっして、暴力が正当化される必要十分条件を明示しているわけではない点である。ケアの倫理が、社会状況に埋め込まれた人びとの関係性に注意を向けることを要請するかぎり、そうした条件を鮮明にすることは、極めて困難だからだ。ケアの倫理の立場からは、現在のけっして公正でも平等でもない社会で声を奪われた——現在の法・政治制度のなかで発言権が認められない——ひとたちの、数少ない抵抗手段が、非合法の実力行使であるという現実から目を逸らすことはできない。しかしさらに悲劇的なことには、彼女たち・かれらが少数者であればあるほど、彼女たちが実力行使に訴えたとしても、それがその犠牲を上回る善い結果を生むという蓋然性も低い。したがって、暴力行為に訴えるしか現状の打破が難しい少数者であればあるほど、ヘルドが分析する三つの場合のいずれにも、その暴力行為は当てはまらなくなっていく。

ヘルドによるこうした詳細な議論は、グローバルな視野に立つとその含意は大きい。なぜなら彼女の詳細な暴力論を通じて、グローバル社会において声を上げられない者の存在や、その窮状に十分な関心が払われていない状況が鮮明にされることで、国内的には非合法の暴力的行為は許されないという規範が浸透し共有されている社会に生きる者たちこそが、暴力的でない方法でこうした状況を改善する手段に開かれていることに気づかされるからだ。無数の暴力行為のなかから、検討に値する数例を詳細に分析するヘルドによれば、暴力行為からその危害を上回る福利や利得が生まれることは、じっさいにはない。しかし彼女はまた、暴力的行為に訴えるしか手段がなく、その暴力によって、いまだ存在しない道徳的原理——平和、平等、正義——が切り拓かれる可能性は決して否定されるべきではないとも主張する。ケアと暴力という難問に正面から取り組む彼女の議論は、法的にも、政治的にも、そして道徳的にも正当化されることが不可能にさえ思える、暴力的行為にしか訴えられないほどの窮状に、一部の者たちを追いやっているのは誰なのかという問いをわたしたちに投げかけているのだ。

ヘルドによれば、人間には「暴力的な抑圧に抵抗するといった道徳的な規則」がある(Held 2008:

144）。そして、そうした規則に従った行為の善し悪しを判断することができなければならないと続ける。その抵抗が暴力的行為であったとき、以上で論じてきたように、暴力行為が引き起こした帰結によるだけでなく、法的、政治的、そして道徳的といった観点からも、正当化されるか否かの判断は異なる。それでもなお、わたしたちはつねに、そうした判断に迫られているという。

暴力が生じる前に暴力を避ける

しかし、暴力をめぐりなにより重要なのは、これまでの実証的な検証からも、あるいは具体的な過去の実例からも次のことである。わたしたちは、現在自分たちが知っていると思っている以上に、暴力について、とりわけじっさいの被害と、暴力的に引き起こされた結果について知る必要がある。ヘルドによれば、現在のわたしたちは、非暴力的な努力によって期待される帰結と、暴力的なそれとを、現実的に比較することができる状況にはない。むしろ、暴力が巻き起こす一瞬のスペクタクルに目を奪われ、その後については想像も及ばなかったり、あるいは局地的な暴力そのものから目を逸らされたりしているのが、わたしたちの世界の現状ではないだろうか。

暴力の評価については、結果ではなく、行為そのもの——たとえば、法の執行という暴力行為——に善し悪しを見る義務論的な正当化はいっさい役に立たない。しかし、現在の帰結主義的な評価についても、わたしたちは、じつは十分な情報に基づいて暴力行為を正当化してはいない。このような視点は、ケアの倫理を主導してきた研究者の一人としてのヘルドならではであろう。なぜなら、ケアの倫理こそがケア実践を通じて、ある暴力行為が及ぼす危害は、時間的にも領域的にも大きな広がりをもち、その危害の修復には想像以上に時間がかかること、そして多くの労力が必要なことを学んできたからである。

現実世界のなかから暴力が根絶されないかぎり、暴力は事後的に評価されるしかない。ヘルドによれば、歴史的に見れば、暴力による暴力の阻止、戦争による戦争の終焉は、ほとんど正当化されない。暴力に対して暴力で挑むことは、わたしたちが住む世界をさらに暴力に満ちたものにせざるをえないからである。

したがって、『ケアの倫理』でヘルドは、ケア実践を通じてつねに軋轢が存在することを学んでいるわたしたちは、家庭内だけでなく、社会にもそしてある集団と国家のあいだにも、なにより国家間につねに軋轢が存在することが理解可能であるからこそ、いかに既存の政治体制や社会状況で誘発されがちな暴力を避けるかを学んできたのだと注意を促す。たとえば、国家間のレヴェルであれば、ケアの倫理は軍事力の行使に対して非暴力的なオルタナティヴを提案できるであろうし、暴力と力の行使の違い——危険な行動をする子どもに対して、傷つけない程度の力の行使、説得によって、その行動をとめるなど——を見極めてきたケア実践から、国家による権利侵害や、暴力的な個人の犯罪、そして子どもたちの時に破滅的な行動にどう対応するかに示唆を得られるだろうと提案する。そのさい、決して手放してはいけない標準とは、〈暴力が生じる前に暴力を避けること〉である。ケアの現場は、ケアを受ける者だけでなく、ケア提供者——多くの場合は女性——も暴力に巻き込まれがちである。それでもなお、ケア実践のなかで、このケアの標準を維持しようとしてきたのが、ケアの倫理である。「暴力を行使した者は、たとえ通常ならば正当化可能な行使であったとしても、暴力行使が必要となることを避けるための適切な方法を開拓しなかったという点では、道徳的に失敗しているとケアの倫理は考える」のだ(Held 2006: 139)。

暴力に溢れた世界を、より暴力が誘発されない世界へ。ギリガンもまた、かつてケア活動をこう定義していた。ケア活動とは「孤立を回避し、攻撃を予防することによって、この実社会を安全なものにしていこうという活動である」と(Gilligan 1993=1982: 43/135)。以下の簡潔でありながら、既存の正義論のなかで扱われてこなかった、わたしたちの経験に訴える主張には、暴力をめぐって「もうひとつの声」が反響しているともいえよう。

> ケアに満ちた社会においては、あらゆる子どものニーズに注意を向けることが、主要目的となるだろう。そして、そのようにすることは、共同体の構成員たちが本当に必要とする、経済的な支援と教育的な支援、子どもの養育支援や医療支援などを提供する社会構成を要請することになるだろう(Held 2006: 136. 強調は引用者)。

ケア「対」安全保障

ヘルドと同様に、リベラルな正義論は、国際関係上の問題を解決するのにはふさわしくないと考えるフィオナ・ロビンソンは、サラ・ラディクの平和論に大きな影響を受け、彼女の知的遺産を継承するカナダのフェミニスト国際政治学者である。ロビンソンは、二〇一一年のラディクの死を悼み、また彼女がなしたフェミニスト国際政治学・国際関係論への貢献と影響を記念して刊行された『国際政治理論ジャーナル』での特集号の巻頭言「シンポジウム——国際関係のための母的思考？サラ・ラディクに敬意を表して」の共著者として、ラディクがいかに、母親業をめぐる哲学と国際政治、いわゆるハイ・ポリティクスが相いれないという一般論を覆したかを論じている。

ロビンソンもまた、ケアの倫理が本質主義的で排他的、したがって偏狭だと批判されてきたのに対して、むしろ国際的には、リベラルな正義論は普遍性を掲げるがゆえに、それぞれの地域文化、歴史の文脈を捉えることができず、とりわけ植民地主義や戦争で傷ついた人びとの記憶を取り扱うことができないと厳しく批判する。いやそれどころか、自らの原理は普遍的であると騙りながら、国境の外の者たちを無視してきたのが、リベラルな正義論であったとさえいうのだ。

ロビンソンによれば、リベラルな倫理は、それが掲げる原理について、自律、自立や独立、公正さ、そして権利といった価値の優位性が共有されているということを前提に、国際関係においても、価値に対する態度が異なる多様な人びとが受け容れ可能な道徳を代表するかのように考えられてきた。しかし、「こうした前提の結果、グローバル規模の「ネグレクト文化」を作り上げてしまった。なぜなら、相互依存、むすびつき、遠くの他者の生に積極的にかかわるといった考え方の価値が、組織的に切り下げられたからである」(Robinson 1999: 7)。

ヘルドがケアは暴力と両立しえないがゆえに、暴力の正当化論をケアの倫理から批判的に再考しなければならないと考えたように、ロビンソンもまた、ケアと安全保障は、理論的にも政治的にも対立する概念であり、したがって、安全保障という概念そのものを批判的に再考するべきだと考えた。とりわけ、二〇一一年に出版された『ケアの倫理――人間の安全保障に対するフェミニスト的アプローチ』は、それまで軍事専門家や戦略家、政治家に独占されてきた既存の国家安全保障論について、批判的安全保障研究に依拠しながら再考した著書である。批判的安全保障研究とは、米ソの冷戦下で主流となった国際関係論の在り方を、国際関係の主体を国家から諸個人へ、安全保障が対象とする危機を敵対する国家から自国の権力の偏りや経済的不平等へと視点を移し、安全保障という概念そのものについても権力関係が生み出すプロセスとして動的に捉え返すといった形で、安全保障研究を大きく見直そうとする研究分野である。

ケアの倫理からグローバルな課題へ

ロビンソンもまた、国家中心の国際関係論を、国家に生きる人びとの安全をいかに確保すべきかという視点から見直し、次のような幅広いテーマを扱っている。すなわち、家事労働者とセックスワーカーの国境を越えた移動、人道的介入とグローバルな安全保障統治、平和構築のさいに見られる西側諸国による価値観の押しつけ、すなわち、パターナリズム問題、健康安全保障と国際的な感染問題、そして環境安全保障などである。彼女は、そうした二一世紀の喫緊のグローバル問題の一つひとつに、ケアの倫理を核とするフェミニスト理論家として立ち向かおうとする。

ロビンソンはなぜ、こうした緊急かつ、国家を超えた――いっけんすると遠くの――諸問題を解決するには、ケアの倫理がふさわしいと考えるのだろうか。さまざまな問題に取り組む彼女の姿勢は、次のような二つのケアの倫理理解と強く結びついている。第一に、たしかにケア実践は、親密で近しい関係性にある特定のひとたちの間で行われる。しかし、このことは、その実践が「私的な」実践であるということを意味しない。なぜなら、すでに本書で幾度も見てきたように、ケア関係や親密な関係は、その本質や形態が、さまざまな歴史を通じて国家権力を始めとした権力構造のなかで決定されてきているという点で、極めて政治的な関係性であるからだ。

第二に、一部のケア論に見られるように、ケアを無条件に善きものとして捉えたり、人間のニーズを議論の余地のない所与のものと捉えたりする議論とは逆に、つまり、ある理想的な高みに立った地点から現状を裁断するのではなく、わたしたちが今まさに生きているこの世界をどのように理解しているかについて、ケアの倫理はなによりも注意を向けてきた。ギリガンが、これまで調査者によって未熟だとされがちだった女性の声に耳を傾けたように、そして彼女たちの語りの意味とその意味に投影されている自己像や世界像を吟味したように、ロビンソンは、自分自身の考えを精査・反省・批判し、それを一つの主張として声を上げることのできる環境を作り上げていく一連の試みこそが、ケアの倫理のもつ理論的力だと考えている。

ラディクは、ある社会に生きる者たちが担う母親業がいかに葛藤に満ちたものであったかを明らかにした。またウォーカーは、道徳はつねに社会的文脈に位置づけられたものであると訴えた。ロビンソンはこれまでのケアの倫理研究に学びながら、ケアの倫理を次のように理解する。ケアの倫理は、現実社会の実態をまず見据え、道徳的な力点やその配置を反省的に分析する。そのさい、とくに考察されるのが、いかなる態度や行為が社会的に価値をもつとされるのか、社会的に高い評価を得ている領域が何者かを排除していないかどうかといった点であり、この考察において、ケアの倫理は本領を発揮する。ロビンソンはそれを、フェミニスト的なケアの倫理の方法論の一つとして、反省的分析と呼ぶ。国境が存在することによって、じっさいのグローバルな関係性の広がりにかかわらず、国民国家に生きるわたしたちは、誰がケアに値し、誰がケアのニーズの責任を負うべきかをあらかじめ固定的に考える傾向を身につけてしまっている。反省的分析は、国際問題を扱うさいに、よりその分析力の鋭さを増す。

リベラルな正義論を「ネグレクト文化」を醸成したとして厳しく批判したロビンソンは、たとえば、玄関先にいる見知らぬひとは無視できないと考える程度には慈悲深いひとたちが、なぜアフリカの飢えに苦しむ子どもには関心を向けないのかと問いかける。飢えに苦しむ子どもたちと自分たちの生活が、いかに現代の世界においてつながっているか、そしてわたしたちがなしてきた数えきれない私的な、あるいは公的な決断が、いかにこの世界を作り上げてきたかについて、今こそわたしたちの理解力が試されている。ロビンソンによれば、自分たちが位置づけられている状況を——その歴史の起点をどこに置き、どの立場から、誰として——どう理解するのかということは、これまでわたしたちが積み上げてきた政治的判断によって大きく左右されるのだ。

さらにロビンソンは、フェミニスト的なケアの倫理を、「……べき」を語る理想理論ではなく、批判理論と定義する(Robinson 1999: chap. 7, Robinson 2011: 28)。反省的な分析と同様、その出発点はいまわたしたちが住んでいる世界であり、そこで下される道徳的、政治的判断が、どのようにジェンダー規範や性別役割、そして権力関係によって維持され、当然視されてきたのかを検討するからだ。こうして、「フェミニストの批判的ケアの倫理」は、とりわけ安全保障分野で有意な働きをする。というのも、その視点は、ケア実践が女性たちの役割として構築されてきたことと、ケアについては無視《ネグレクト》してもよいという意識につながる自律性や、つながりに頼らない自立性が男性性として構築されてきたことが、現在のケアの価値やケア実践をめぐる理解と暴力、とりわけ国家暴力に対する理解をどのように左右してきたかを考察するという理論的な挑戦に取り組むことになるからだ。男性性が自律性や独立性と強く結びついていることと、暴力惹起の因果関係を明らかにすることは確かに難しい。しかし、人びとの関心を呼ばない領域、放置された地域、ケアのニーズに十分な対応ができない環境において多くの暴力が発生していることは見過ごされてはいけない。こうした議論にもまた、ひとはケアされないことによって傷つくと論じた、ギリガンの声がこだましている。

ケアの価値を切り下げることと、軍事主義をイデオロギーとして支える暴力文化、女性に対する暴力を含むさまざまな暴力の正当化は、どこかでつながっている。そもそも、安全保障《セキュリティ》という言葉が、「ケアがない」ことを意味していたことを、今一度真剣に考えることが、現在進行形で多くのケア倫理研究者たちによって取り組まれている(ケア・コレクティヴ二〇二一)。

4　気候正義とケア——生産中心主義との対決

ケアの倫理のグローバルな射程

本書ではここまで、ケアの倫理を主にアメリカ合衆国におけるフェミニズム理論の展開、とりわけ第二波フェミニズム運動以降のフェミニズムの議論のなかに位置づけることで、その主張の歴史的・社会的な意義を、フェミニスト・ケア倫理研究者たちの議論に内在的に、彼女たちが抱えていた理論的葛藤を含めて辿ってきた。第5章の最後に、ケアの倫理がもつグローバルな射程を、現在欧米を中心にミレニアル世代やZ世代と呼ばれている若者たちが立ち上がり、主張し始めた気候正義の問題へとつなげたい。

世界的な気候の変化は、広大な規模の山火事や水害——日本では台風によって毎年必ず、多くの被害者・死者を出すようになってどのくらいになるだろうか——、干ばつ、生物多様性の減少、そして海面上昇による国土の消滅の危機に晒される国まで、その被害の甚大さは、二〇〇三年生まれのスウェーデンの環境活動家グレタ・トゥーンベリをはじめとした、世界中の若者たちを突き動かしている。「地球に替わる惑星はない(There is No Planet B)」——代替案として使用されるプランBという言葉にかけている——、それが彼女たち・かれらの切実な主張である。

ナオミ・クラインによって全人類にむけて投げかけられた衝撃の書『地球が燃えている』は、「私たちの未来を燃やさないで!」「昆虫の四五%が気候変動で失われました。動物の六〇%が過去五〇年間で消えました」といった子どもたちや若者が掲げたプラカードの紹介から始まっている。それは、二〇一九年三月、トゥーンベリの行動に触発された世界的な学校ストライキでの様子である。彼女たち・かれらが駆り立てられたのは、単に気候変動について学んだからではない。むしろ、生活のなかで経験した干ばつやハリケーン被害、そして、太平洋の群島国バヌアツですでに五つの小島が海に沈んでしまったように、それらが、もはや迫りくる危機ですらなく、彼女たちにとっての日々の現実だからだ。バヌアツの生徒たちは、「海面じゃなく、声を上げよう！」と訴えていた。主催者の推計では、一二五カ国でおよそ一六〇万人の若者が、世界で一斉に開催された気候ストに参加した(クライン二〇二〇：七―一四)。

日本でも斎藤幸平が、晩期マルクス研究のなかから環境破壊がもたらす地球規模の危機を読み取り、資本主義によって有限の地球、自然、そし人間一人ひとりが使い尽くされてしまう深刻な人類史的な危機について、「人新世」という新たな時代認識とともに、強く警鐘を鳴らしている。

斎藤がこうした地球そのものの危機を資本主義の「生産力至上主義」がもたらす矛盾と捉えているように、この「生産力至上主義」に女性たちもまた苦しめられてきた。すなわち、女性たちの家事労働や育児が支えているに他ならない資本主義によって、彼女たちが文字通り産みだし、あるいは育み、労る――自分自身と家族の――労働力は使い尽くされ、そのうえ、その無償の労働についてはなんら見返りも受けず、その価値を貶められさえするというその矛盾に、多くの女性たちが喘いできたし、いまなお苦しんでいる。

囲い込みと女性の歴史

シルヴィア・フェデリーチは、こうした事態を資本主義の発展という世界史のなかで捉え返しながら大著『キャリバンと魔女』のなかで劇的に、そしてまざまざと描き出した。一六世紀にイングランドで起こった囲い込み運動、すなわち、当時農民が共同で使用していた「共有地（コモンズ）」を奪い、そこから農民を追い出したことによって、農民女性の社会的地位は、同じ地位にいる男性とは切り離され、異なる社会領域へと組み入れられてしまった。つまり、それ以前も女性は、たとえば同じ農奴の男性たちからすれば、たしかに二級の地位に甘んじなければならなかったものの、むしろ共有地における家畜の世話などを通じて生産物を売ることもでき、生活のために夫に依存するということもなかった。また、共有地では洗濯などを通じて女性同士の社交の場をもっていた。共有地を奪われたことは、それゆえに、男性に比べより女性にとって深刻な事態を招いた。

わたしたちが世界史で学んだように、囲い込みは西洋社会において共有地から農民を追放したが、それだけでなく、農民の労働力の再生産の場をも家庭内へと追放した。フェデリーチはそれを、女性たちの社会的な囲い込みとも言い直している。囲い込み以前に公共空間、つまり共有地やその境界で活動していた女性たちは、こうして家庭化／馴化《ドメスティケイト》されていく。

魔女狩りという国家テロ

フェデリーチの眼目は、資本主義の原点とされる囲い込み運動がいかに男女に異なるインパクトを与えたかを、やはり一六世紀に始まる西洋キリスト教社会に見られた魔女狩りの歴史とともに考察することであった。彼女によれば、魔女狩りとは、再生産機能を自分自身で管理する女性たちの能力を破壊し、あらゆる労働者から再生産の手段、つまり自給自足の可能性を奪い、労働市場において賃金を稼いでくる者（＝男）の支配（賃金家父長制）を、史上まれに見る暴力と国家の干渉によって成立させた、資本主義社会への移行のなかで行われた。

　女性たちは、貨幣経済への移行によって、財産権も奪われ、収入を得る機会は大幅に狭められた。それまでの社会でもたしかに最貧困層であったものの、彼女たちは、家内労働者として、あるいは職能組合員の最下層に位置しながら都市でなんとか生き延び、他の女性たちとの共同生活を始めることで新しいコミュニティを形成しさえもしていた。また、一四世紀までには、医師や外科医の女性もいたという記録が残っている。資本主義社会の発展を通じて、そしてそれを支えた近代国家によって、女性たちのこうした自立した生活にいっせいに攻撃が向けられるのが一六世紀以降のキリスト教世界であった。

　たとえば、やはり一六世紀には、飢えの恐怖や厳しい仕打ちによっては労働者を働かせるどころか、劣悪な環境では労働力を維持することができないと分かると、国家は地方行政などを通じて公的扶助制度を行き届かせ、労働力の確保と労働者の規律化、そして人口の維持に着手し始める。労働力確保、つまり再生産への国家による介入はさまざまな法制度によってなされていく。資本主義の先駆となったイングランドでは放浪を常習とする者には、奴隷化やときに死刑さえ課された。ヘンリー八世統治下の一五三八年救貧法は、放浪の禁止が主たる目的であった。さらに、一六世紀の西ヨーロッパは、一四世紀のペスト大流行以来の人口減少に見舞われた。なぜなら、労働力を最大限搾取しようとする初期の資本主義が、その貪欲さによって労働力の再生産を危機に陥らせてしまったからだ。こうした資本主義の矛盾は、新自由主義体制のなかでの少子化を生きる現在のわたしたちも目にしている現象でもある。そしてこの人口減少もまた、現在同様に、出生率の低さと貧民が再生産を怠っているせいにされ、国家が望む人口を取り戻すためになされたのは、「女性に対してまさしく真の戦争をけしかけること」であった(フェデリーチ二〇一七：一四六)。それこそが、魔女狩りである。

フェデリーチが女性に対する「国家テロ」であったと考える魔女狩りは、女性の身体と再生産能力に対する自己管理能力を奪うことが目的とされ、「子どもを悪魔の生贄にしていると女性を告発する一方で、産児制限や出産を目的としない性行為であれば何でも文字通りに悪魔化した」(同：一四六)。それ以前に女性たちが手にしていた避妊方法、出産過程の管理などは、男性と国家の支配下に置かれ、まさに「女性の子宮は公的領域」になったのだ(同：一四九)。

こうして女性はあらゆる社会生活から追い出され、独立した存在として経済活動を営む法的な権利が奪われていく。女性は無能力者、男性より劣る者、過度に感情的で性的に奔放、道理が分からず野蛮であるなどと、文学作品から演劇、パンフレットには女性蔑視、女嫌いの言葉が溢れ、だからこそ男性の監視の下に置かねばならないとされる。そして、貧しい女性たちが収入を得るための数少ない手段であった売春もまた、イギリスやスペインでは規制の対象とされ犯罪化され、残酷な刑を科せられるに至る。同時期、フランスでは、娼婦の強姦が非犯罪化される。

一六世紀から二世紀をかけて、西欧キリスト教社会に生きる女性たちは、徹底して生産領域からは排除され、公的領域――家の外――で働こうとする女性は、魔女、売女といった罵声を浴びせられ、残酷な刑といった恐怖に晒され続けた。こうして、財産をもたない女性たちは、男性労働者たちにとって「囲い込みによって失われた土地の代用品となった」(同：一六三)。誰もが意のままに利用でき、無尽蔵であり、女性の労働はのきなみ、あたかも空気や水のように誰もが使用可能な天然資源のように考えられるようになった。

フェデリーチによれば、「女性自身がコモンズとなってしまった」(同：一六四。強調は原文)。そして、女性に対する過酷な暴力という歴史の上に、女らしさという新しい規範が生まれた。国家から、家庭内では夫から、道に出れば男性たちから監視され、暴力によって規律化された女性たちは、一八世紀には、「受動的で性的な関心がなく、男性に対して道徳的な影響を行使できる」従順で、道徳的な存在として(同：一七六)、「家庭の天使」として称揚され始める。こうして、本源的蓄積と呼ばれる、暴力的で残虐な初期資本主義の収奪の歴史は、本書の第1章で第二波フェミニズムが提起した家事労働がなぜ無償なのかといった問いかけと、意識覚醒運動を始めとした女性たちの運動に引き継がれていくのだった。

自然視される女性労働

コモンズとは万人にとっての使用価値であるという斎藤の言葉を参照するならば(斎藤二〇二〇：二五〇)、自然も、そして女性たちが担ってきた出産も、公的領域から放逐されつつ担わされてきたケア労働・実践も、わたしたち人類が生きていくために欠かせないものである。そのことを上野千鶴子は、『家父長制と資本制』(一九九〇年)において卓抜した図によって示した。資本主義は資源を収奪し、無償で使用し、産業廃棄物を垂れ流しては自然を破壊してきたように、家族(≒女性)の再生産労働を収奪し、そこで育まれた労働力を搾取しながら他方で、労働市場において障がいを負ったり、病気になったり、あるいは退職した者を家族に送り戻す。

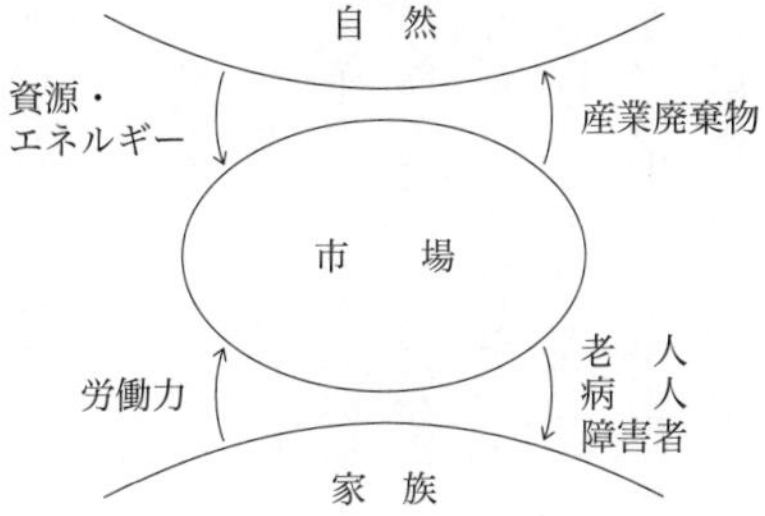

出所：上野(2009＝1990: 9)

上野のこのアナロジーによれば、自然だけでなく家族もまた、資本主義によって破壊されている。しかし、そこで具体的に破壊されているのは何なのだろうか。この問いは、わたしたち一人ひとりに開かれた問いであり続けるだろう。しかし、本書の関心から導かれる答えの一つは、破壊されてきたのはケアの価値、そしてわたしたちのケアへの関心といえるのではないだろうか。

ケアから始める地域政治

気候変動のなか、脱炭素が唱えられ、地球を守るためにわたしたちの消費行動の変容だけでなく、産業構造そのものの抜本的見直しが待ったなしで行われなければならない。世界を見渡せば、地方分権を超えてさらなる自治を打ち出し、資本主義による公共性の解体——たとえば、水道の民営化など——に抗して、人びとの間で資源を分かち合い、生活用品の共有や再利用をコミュニティ単位で行うとするミュニシパリズムの試みが始まっている。なによりも、ひとを育む、労る、寄り添うケア労働は、脱炭素時代にふさわしい労働の形である。ケアをあたかも家庭内でこそ行われるべき、自己責任の範囲で担うものとみなす私たちの意識は、フェデリーチが見事に描いたように、文字通り暴力的に形成された社会意識であった。ケア実践を、使用価値から交換価値へと変換し、稀少価値を高めることで儲けようとする市場ではなく、むしろわたしたち万人の使用価値として共有し、共にケアする市民の能力を高めていこうとする試みは、日本にもその小さな芽が撒かれたばかりである。

「資本主義は労働力を得るためにやむを得ずこのライフメイキングシステム（命を育む仕組み）に依存しながら、常にこれを攻撃してくるのです。そして生かさず殺さずのところまで圧縮する。賃金を減らし民営化を推し進めるような方法で」(岸本二〇二二：一九九)。『九九%のためのフェミニズム宣言』の著者の一人であるティティ・バタチャーリャのこの言葉を引用する岸本聡子は、学生時代から気候変動問題に関する運動に参加し、水道の民営化に反対してきた研究者であり、活動家である。二〇年以上にわたって世界の環境問題を正義の問題として研究し、二〇二二年六月二〇日に杉並区長に当選した彼女が、脱炭素社会にむけて注目するものこそまた、ケアに他ならない。

岸本はオランダを拠点とするトランスナショナル研究所に二〇年勤めた経験から、ミュニシパリズムの一つの特徴である「政治のフェミナイゼーション(女性化)」を、社会のあらゆる領域における女性の共同参加をめざす女性の代表性と区別して、次のように特徴づけている。それは、政治そのものの意味・意義を変えていくことであり、トロントの民主主義のケア化にも近い。「競争ではなく共有を、妥協ではなく共同を、かけひきではなく協力を」、そうした政治は、「生活者や生きにくい人の視線や声に耳を傾けるもの」であり、政治そのものが、政治にかかわるひとも含めケアする文化を率先して作っていくのだと訴える(同：一九〇—一九二)。ケアがあらゆるひとにかかわっているように、気候変動もあらゆるひとにかかわっている。杉並区という小さな——とはいえ、六〇万人近い人口を抱える——自治体において、市民みなで知恵をだしあい、環境をいかにケアするのかを考える。こうした小さな取り組みこそが、グローバルな気候変動にしっかり向き合う取り組みに他ならないと岸本は訴える。「各地域がこうした課題に取り組み、民主的な解決策を見つけていく。そして、それが水平的につながり、世界全体の問題解決にもなっていく」(岸本二〇二三：三九)。そこで生まれる共にケアする政治文化は、民主主義の一つの実験であり、日本における新たな試みとして今後も注目され続けるだろう。

収奪や地球破壊から、トロントが定義したように「この世界で、できるかぎり善く生きるために、この世界を維持し、継続させ、そして修復する」ケアへ(トロント二〇二〇：二四)。生産や経済を中心とするのではなく、ケアを中心とする人間観、社会観、世界観へとわたしたちの意識を転換することは、とても時間のかかる大きな変革を必要とするように思われるかもしれない。しかしその課題の山の前にひるんでいる時間は、地球にも、そしてわたしたちにも残されていない。クラインがいうように、「いまこそ私たちの持てるすべてを懸けて、限りない「テイキング」(略奪)の文化から、同意と「ケア・テイキング」(世話をする)の文化へと移行するとき」なのだ(クライン二〇二〇：二三一)。

地球をケアすることは、世界の人びとをケアすることである。それだけでなく、身近なケア実践から、同じ環境のなかでも異なりを抱える人びととの多様なニーズに気づくことによって、わたしたちは、世界へのケアへと導かれていく。そうした取り組みが現にいま、世界の若者たちによって実践されている。

終章　コロナ・パンデミックの後を生きる

――ケアから始める民主主義

一九六〇年代に始まった第二波フェミニズム運動を源流とするケアの倫理。その流れを振り返る本書の長い旅は、ここで終わる。ここまでの議論を通じて、ケアを中心とする政治の萌芽を伝えられていることを願う。ケアの倫理は、これまで不正義を訴える声としては響かなかったひとたちの声を、主流社会における「もうひとつの声」として聴きとってきた。第5章で取り上げた気候正義を訴える行動もまた、地球・自然という声なき声に耳を傾けようとする実践に他ならない。しかし今なお世界各地で多くの不正義は黙認され、抑圧される者たちの正義を求める声は封殺され続けている。

二〇二〇年代には、コロナ・パンデミックを契機に、ケアという営みに世界的に関心が向けられるようになった。家庭内外におけるケア不足とケア労働に携わる者たちの搾取が明らかになっただけでなく、ケアを中心に、いやもっと正確には社会全体がケアに依存しながらわたしたちの生が維持されてきたことが白日の下に晒されたのだ。この経験を振り返りながら、日本社会における今後の展望を示しておきたい。

パンデミックの経験からわたしたちが学んだことをしっかりと記憶することが、一人ひとりの声にしっかり応答する民主主義への第一歩となることを、本書でわたしは願っている。

1　コロナ・パンデミックという経験から——つながりあうケア

コロナ禍とケア

二〇一九年末より世界中を襲った新型コロナウイルスは、ソーシャル・ディスタンスやステイホームといった新しい生活様式を浸透させながら、二〇二三年冬現在、いっけんすると終息に向かったように思われている。しかし、全世界的な自然破壊の結果、こうしたパンデミックはこれまでも起こってきたし、今後も避けられないであろう。

この三年間の日本政府の対策については、コロナ禍ではなくコロナ対策禍であったという評価や、コロナ対策担当大臣を経済再生担当大臣が兼任したことに現れていたように、わたしたちの健康や命よりも経済第一を掲げ続けたことへの批判、具体的には、当初は開催反対の声が強かった二〇二〇東京オリンピックの二一年開催を強行した政府に対する不信など、多くの経験や出来事が今後も語り続けられていくだろうし、今からでもしっかりと検証されるべきである。

では、本書でここまで論じてきたケアの倫理の観点からは、何をわたしたちは記憶しておくべきだろうか。第5章でフェミニストのケア倫理研究が、ケアと安全保障はそもそも相容れないと論じてきたことに触れたが、二〇二二年二月のロシアによるウクライナへの違法な侵略戦争後の日本政府の姿勢が、いかに安全保障問題がケア問題を不可視化するかを物語っているようである。コロナ・パンデミックによってようやく人びとに意識され始めたケア不足をいかに解消するか、人びとの健康・命を守り、維持していくにはどのような社会負担が必要なのかといった課題は、日本の政治ではすでに後景化されてしまっているようだ。ケアを語り続けることは、その意味でも、一人ひとりの生活や命よりも、国家やグローバル経済といった全体性を前面に押し出そうとする政治に対する抵抗の一つの試みともいえるだろう。

コロナ禍で明らかになった医療体制や保健所体制の脆弱さ、保育や教育現場の人員不足、介助や介護職の過労と低賃金問題は、パンデミックによって突然噴出した問題では決してなく、日本社会がこれまでにも抱えてきた問題であった。ただ、コロナ禍以前は、そのほころびは、各現場の努力でなんとか繕われてきたか、あるいは各所における疲弊や苦悩、それどころか悲痛な叫びが社会全体には伝わってこなかっただけである。しかしながらコロナ禍において、社会がどのような状況におかれようとも不可欠で重要な働きが、エッセンシャル・ワークとして注目を浴びた。なかでもその多くがケアにかかわる仕事であったことから、ケア労働の社会的意義にこれまでにない光――だがそれは、全体を照らすような大きなものではなかったことは強調しておきたい――があてられた。

日本政府は何をし、何をしなかったのか

ここでは、パンデミックであることがようやく認知され、見通しが立たないなかで政策を打ち出しはじめた日本政府の初動について考えておきたい。そこには、日本の政治がいかにケアについては他人任せであったか、そしてケアを任されたひとたちがいかに、社会の中枢でその他の人びとの働きを支えていたかといった、ふたつの極が現れていたからである。ここで中枢と極という言葉を選んでいるのは、次のことを意味しようとしているからだ。

第一に、日本に限らず、ほとんどの社会でケアは、社会制度の外——たとえば私的な家族——にあると考えられてきた。しかし、じっさいにはケア活動・実践は、市民を文字通り育て、また日々市民活動を支えている。ケアの倫理の視点にたてば、ケア実践がよりよく果たされるためにこそ社会は存在しているという意味においても、ケアは社会の中枢に位置している。

第二に、しかしながら、ケアの担い手は、市民活動——じっさいにはその多くは経済活動だが——に積極的に参加することができない者たちのニーズを満たすことがその実践内容であるために、あたかも市民たちの活動の外部にあるかのように見える。ケアの倫理は、だからこそ、政治的にそのケア実践が支えられなければ、経済活動に熱中しているひとの視野に入ることが困難であると訴えてきた。だが、現実には、政治はその現状に介入せず、むしろケアを担う人びとの実践を評価しようとしないことで、さらにそのひとたちの負担を重くしてきた。いや、そもそも政治の力こそが、

公私二元論を強化することで、市民社会の周辺にケアを押しとどめてきたのだ。本書で論じたように、ケア、とりわけケア責任をいかに社会的に割り当てていくかを考えることから政治は始まるが、日本政治はこれまで、ケアは他人任せ、さらにはその多くを女性任せにしてきた。

つまり、ケアと政治は対極にあるかのように見えるが、実際には現在の政治の中枢を占めている権力によってそう見せかけられているだけである。ケアが政治を支えているという意味だけでなく、誰がケアを担うべきかは政治の力で決められてきたという意味においても、ケアは政治の中枢にある。

二〇二〇年、日本での新型コロナウイルスの感染力とその威力は、横浜に停泊中のクルーズ船内の深刻な感染状況から徐々に日本社会に伝わるようになるが、三月二四日に二〇二〇年のオリンピック開催を断念するまで、同月一三日には成立していた特措法に基づく対策本部も日本では設置されていなかった。四月七日に緊急事態宣言が発出されるまで、マスクの供給が間に合わず、日常品・食料品の買い占めでスーパーが大混雑するなど、市民生活は大いに混乱した。

そんななかで、当時の首相が唯一といってよい「決断」をした。それは、科学的根拠も法的根拠もないままに、他の対策に比べて二月二七日という早期の段階で突然公表された、小中高の全国一斉休校の要請だった。その後も政府は「お肉券」や、減収世帯への三〇万給付、住民一人あたり一〇万円一律給付、アベノマスクの全戸配布などあれやこれやの施策を発表するが、閣議決定した後に撤回されたり、批判を受けても強行したりと混乱ぶりを見せた。そのなかでも、この全国一斉休校要請には、日本政治の特徴が顕著に表れていた。とくにこの要請には、ケア実践や生きるための条件に対する侮蔑感と、市民生活に対する無関心、そして社会的な特権者／権力者が陥りがちな傲慢さが凝縮されているからだ。以下では、この点についてもう少し詳しく考えてみたい。

ケア実践への侮蔑感——女・子どものこと？

しかし、振り返ってみてもつくづく考えさせられるのは、感染すれば重症化することが予測される高齢の政治家たちもいまだマスクをしておらず、多くの市民も遠くの出来事だと思っていたような段階で、なぜ小中高の全国一斉休校が要請されたのだろうかという点である。少なくともわたしの直感的な反応は、それが〈女・子ども〉に対する命令だから、というものだった。なによりも影響を受ける直接的な当事者である子どもたちは、わたしたちの社会のなかでその発言力と影響力を限りなく剝奪されている。彼女たち・かれらの生活の中心である社会活動の場を奪っても文句はいえまいというかのごとく、子どもの権利を踏みにじるかのような行為だった。子どもたちの一日の中心をなしている学校生活は、単に学びの場であるだけでなく、身体の鍛錬、生活習慣の獲得、他者との触れ合いや会話に満ちた、生きるために必要な睡眠や食事と同じ、生きることそのものにかかわる重要な機能を果たしている。したがって一斉休校は、学校に行かずに家で勉強、といった学びの場の移動以上の負の影響を子どもたちに与えた暴挙であったといえないだろうか。いまだに当時の休校が心身ともに子どもたちに与えた影響について、社会的に共有された理解は存在していない。

さらに、現場にかかわる教育者たちの意見も聴かれることなく決定されたという事実は、権利の行使から遠ざけられているひとにかかわる者たちもまた、その声は聴くに値しないという考えの現れである。加えて、なにより一斉休校要請にパニックに陥ったのは、社会活動の場を奪われる子どもたちを放っておくわけにはいかないと思ったひとたち、すなわち子どもの保護者たちであった。しかし、一斉休校中もっとも多くの負担を背負わされたひとたちの疲弊に、どれほど社会的な関心が寄せられていただろうか。

Who Cares?

Who Cares? という英語表現がある。文字通り訳せば、〈誰がケアするのか?〉という疑問文だが、この表現はむしろ慣用表現として、〈自分の知ったことか!〉という反語になる(トロント・岡野二〇二〇)。休校という案を思いついた首相、あるいは首相周辺の者たちは、休校のあいだ子どもたちがどこに行き、誰と何をするのか、少しでも考えたのだろうか。あるいは、そんなことは保護者が考えればよく、〈自分たちが考えることではない〉と高を括ったのだろうか。それとも、家では必ず保護者が待っているとでも夢想したのだろうか。

とはいえ、この一斉休校のさいには、保育園は政府の要請対象から外されていた。つまり、就学前の子どもの保育・育児については、当時の政権も少しは考慮したのだろう。子の保育を必要としている保護者の労働を優先した、ということも容易に推察できる。しかし、ここでも問うてみたい。保育士に限らず保育園で働くひとたちの子どもを、誰がケアしている《Who cares?》のかと。

もし、誰もがケアを必要としているし、じっさいにケアに頼って生きている、だからケアするひとにも当然ケアが必要だという、ケアの入れ子状態といってよい相互依存の関係を少しでも考慮すれば、保育士もまた、自らの子を育て、彼女たち・かれらが働いている間、その子が誰かにケアされていることは自明だろう。もちろん、このコロナ禍のなか、もっとも重い労働と過度の緊張、そして社会的責任のなかでその職務を果たしていた医療関係者にも子どもがおり、誰かのケアに頼りながら、ケア活動をしてきたのだ。ケアするひともまた、ケアされるひとであり、なにより、自分には他人によるケアは必要ないと思えるひとほど、じっさいには他者からの気遣いや配慮、物理的な世話になってきた／なっていることに、わたしたちはもっと目を向けるべきだろう。

しかし、こうしたケアの連鎖ともいえるつながりは、ケアは女性が担うものという大前提が揺るがないかぎり、社会的に注目されない。しかし、コロナ禍で在宅勤務が増加し、これまで子育てや家事に参加していなかった者も、家で過ごすことになった。だからこそ、とくに子育て中の家庭内では、無償で、あるいはそれまで主に女性たちが担ってきたケアが露見し、以前よりもケアが注目されるようになった。とはいえ、家庭内でのケア実践を「見れども見えず」の男性が少なからずいたことが、当時の実態調査からも分かっている（落合・鈴木二〇二〇）。

社会インフラとしてのケア

二〇二〇年四月七日の第一次緊急事態宣言直後、在宅勤務に関する詳細な調査を始めたのは、家族社会学者の落合恵美子である。彼女は、市民、とりわけ子どもを抱える母親たちの混乱、困難に対する自治体の長らの対応に、やはり深い疑問を感じ、コロナ禍が可視化させたジェンダー問題を社会問題として提起する契機となればと、在宅勤務の調査を始めている。彼女も注目したコロナ禍のなかで増大する家事・ケア負担については、二〇二一年四月二八日に内閣府男女共同参画局によって「コロナ下の女性への影響と課題に関する研究会報告書」が公表されている（以下、報告書と略記）。そこでは、二一年二月までの、つまりパンデミック下の一年を、政府統計を使いつつ、経済、健康、無償ケア労働、そしてジェンダーに基づく暴力といった四つの観点から、女性が受けた影響について分析されている。

報告書には詳細な図表も付されているので、ぜひとも多くのひとに読んでいただき、パンデミック下で男女が受けるその影響の違いについて実感してほしい。自然災害やパンデミックといった無差別にひとに襲いかかる現象は、個々のひとたちが位置づけられた社会的文脈によって、その影響力を大きく変えることが一目瞭然に理解されるであろう。報告書では、DV相談件数の増大に始まり、男性よりも女性のほうが多く仕事を失い、そのなかでも非正規雇用労働における失業者が多かったことが女性の大量失業に直接つながったことが指摘されている。男女のこうした違いは、先にも触れたように、平時の状況がパンデミックによって危機的な形であぶりだされたにすぎない、日本社会の常態が反映したものである。つまり日本型雇用の特徴として、現在女性労働者の半数以上が非正規雇用という現実があり、かつ宿泊・飲食業などパンデミックの影響によって休業を余儀なくされた職種では非正規雇用が多かったことの帰結である。

そして、女性たちの常日頃の就労状況の帰結としての就業率の大幅な低下にさらに追い打ちをかけたのが、小中高の一斉休校という政治的判断であった。落合も次のような報告書の分析に注目している。つまり、小学生以下の末子をもつ女性労働者の就業率は、子どものいない女性労働者の就業率に比べて大幅に低下しており、なかでも保育園などに通えていたであろう未就学児よりも、小学生を抱える女性たちのほうが仕事を多く失っているのだ。報告書ではこれを「休校効果」と名づけ、小学生がいる女性労働者は、働くことをあきらめ非労働力化した割合が上昇し、負の影響をより大きく受けたことを明らかにしている(落合二〇二三：三五五—三五六、「報告書」二〇二一：二五—二六)。

その他にも報告書は、二〇二〇年の合計自殺者数が男性の場合は減少したのに対して、女性の自殺者、とくに主婦や女子高生の自殺者増大に触れ、経済問題、DV被害、家族問題が影響していると指摘している。また、六歳未満の子どもをもつ夫婦の家事育児関連時間の国際比較のグラフも掲載されており、夫婦の合計時間では諸外国との違いがそれほどないなか、日本の特徴として、女性の育児時間が際立って長いこと、そして男性の育児時間が極めて短いことが分かる。

こうした報告書からわたしたちが学ぶのは、経済活動とケア活動とは連動しており、とくに女性にとっては、ケアの社会的分担なしには経済活動がままならないといった事実である。そう考えれば、シングル・マザーたちがパンデミックによってどのような困窮を強いられたかは容易に想像できるし、働くシングル・マザーの相対的貧困率が諸外国に比べてやはり突出して高い日本社会において、彼女たちが紡ぐケア関係をいかに良好な形で社会的に維持するかといった問題は、その家族の命にもかかわる喫緊の政治的課題となろう。

ケアなしで経済は成り立たない

コロナ禍において子を育てる母親たちの就労環境の劇的な悪化は日本だけでなく、たとえば合衆国でも社会問題化された。合衆国では二〇二一年になると、学齢期の子どもを育てる母親のうち一〇〇〇万人もが離職した。それは、前年に比べると一四〇万人の増加である。『ニューヨーク・タイムズ』のビジネス面で、日本よりも子育てと仕事の両立支援策が乏しい合衆国の働く親たちの悲鳴と苦悶が紹介されている。その記事は、「保育問題を無視してきた政治家たち、そこにパンデミックが襲来した」とのタイトルで、さらに「ケアをめぐる経済に警鐘を鳴らしてきた専門家たちは、しばしば政策論議の脇に追いやられてきたが、これからはそうではない」との副題が付けられている(ペック二〇二二)。合衆国有数の全国紙におけるビジネス面で保育問題が取り上げられているのは、いかにケアと経済は切り離すことができないものであるかを物語ってもいる。

新聞記事「保育問題を無視してきた政治家たち」は、フェミニスト経済学者で、ケア経済を提唱してきたナンシー・フォーブレのインタヴューから書き始められている。そう、本書第1章第5節で論じた『マルクス主義とフェミニズムの不幸な結婚』に論文を寄稿していた、あのフォーブレである。主流の経済学では、女性たちが無償で担う育児や介護は母性愛の自然の発露であって、労働ではないと考えられてきた。しかし、一九八〇年代以降フォーブレは、労働概念だけでなく、そもそも経済とは何かについても根底から見直し、ケア労働は経済の一部であるどころか、狭い市場経済をむしろ支える、広範囲で多くの人びとによって担われている経済活動であると主張し続けてきた。そして、経済学者として、無償、あるいは低賃金に抑えられてきたケア労働の、じっさいの価値を金銭換算するとすればいくらになるかを試算してきた。

そのフォーブレは、パンデミックを経験することで合衆国の政治が転換期にあることが明らかになったと語っている。つまり、彼女によれば、バイデン政権がなによりも取り組むべき課題の一つは、市場経済が潤滑に動くための基盤として、保育や介護などのケアを社会的、政治的にいかに支えるかである。じっさい、多くの女性にとって、安心して保育や介護を任せることのできる公的・社会的な諸制度の整備は、彼女たちが経済活動を行うためには不可欠である。フォーブレは次のように問いかける。合衆国の政治家たちが保育問題を無視、あるいは軽視してきたのと同じように、もし現在の社会インフラ、つまり道路網や電力網、その他の公共物に対する国家予算の執行をやめてしまえば何が起こるだろうか、と。保育を欠いた社会とは、車で通勤する労働者が、親戚、友人、近隣のひとを頼って、そのつど道路を整備し、必要なら橋をつくり、毎朝信号機を支えてもらいながら会社に行くようなものではないか、と。この多くの女性労働者にとっては自明なことをなぜ、政治家たちは無視しえてきたのだろうか。

2　ケアに満ちた民主主義へ——〈わたしたち〉への呼びかけ

ケアから始める、新しい政治へ

フォーブレはフェミニスト経済学者として、市場を中心とした経済概念を転換させ、むしろ市場外の環境——これを、経済学的には外部性という——とされる、家族やコミュニティやその他の経済活動こそが多くの財やサーヴィスを生み出していると考える。彼女が想定する経済は、市場における財の交換に限られず、より広い、人間が生きるうえで他者と相互依存したり、自分たちの心身が必要とする欲求充足のために相互行為したりすることである。市場経済とは、そうした広大な経済活動からもたらされたさまざまな資源、たとえば、労働力やひとが結ぶ信頼関係などを利用することで初めて成り立つ、大海に浮かぶ小さな島のような存在なのだ。

では、フェミニスト政治学者たちは、ケアを中心にどのような提案をしてきたのだろうか。第5章で確認したように、トロントは政治の第一の課題として、ケア責任の配分について、すべての者に平等な発言権が与えられ、自由に意見が表明でき、搾取や抑圧さらには暴力に晒されないような、つまり正義にかなったケアが行われるよう、法制度を整備していくことを掲げていた。フォーブレが主流の経済学における経済概念が狭すぎると批判するように、トロントもまた、国会議員たちの活動に代表される大文字の政治と、日常生活のなかで行われている小文字の政治という分類をし、そもそもわたしたちの政治についての考え方が間違っているとさえ論じる。

たとえば、トロントは次のように、わたしたちに問いかける。ケア責任について、いかに社会的にみなで担っていくかを論じ決定していくことを、わたしたちが政治の第一の課題として考え始めるならば、たとえば子どもたちが通う学校の時間割の決定や、子育てや介護により時間を多く割かなければならない状況になることを考慮に入れた労働時間を設定することこそ、政治的な決定となるのではないだろうか、と。市場で多くを生産できているかに見える労働者の働きは、彼女たち・

かれらがそうした労働に集中できるよう支える、その他の多くの働きや営みによって可能となっている。政治とは、こうした網の目のように広がる社会的な働きについて、個々の働きを注視しつつも、それらのつながりをよりよい形で維持できるように考えることである。政治をそのように捉え始めるならば、育児や介護で疲弊していたり、あるいは低賃金に喘いでいたりする人びとの生活のどれ一つとして、政治は無視することは許されないはずである。そうした事態は、社会の周辺に置かれた人びとの個別的な問題ではなく、わたしたちの社会のつながり方の間違いそのものであり、社会的不正義の問題として同じ社会に生きるわたしたち一人ひとりがその責任を免れない政治的課題である。

根腐れを起こしている日本社会

日本社会においては、政府の産業政策の下で、仕事・家族・教育という三つの異なる領域が市場労働の中心となる正規労働者を生み出すために強固につながりながら、ひとや資源を回していることに問題の根源があると、教育社会学者の本田由紀によって端的に指摘されてきた。つまり、職場から父が賃金を家族(≒母)に渡し、母は子の教育に力を注ぎ、教育機関は新しい労働者を市場労働へと送り出すというこの流れの根源である三つの領域それぞれが、根腐れを起こしているのだ。単純化された図式にあえて訴えることで本田は、この三つの流れそれぞれは、たとえば公的な教育支出が少ないことや、学生の新規一括採用などの問題を含みながらも改善されることなく、三つの関係を維持することが自己目的化されたと指摘し、日本社会を次のように特徴づけている。三つの領域間の流れが一方的であるために、送り出す側のエネルギーを奪い、やせ細らせていく。そしていまや、なぜ働くのか、なぜ愛し合うひとが生活を共にするのか、そしてなぜ学ぶのかという、それぞれの領域が存在する根本的な意味や意義をも見失わせているのだ。本田は、コロナ禍のなかで公刊した著書『「日本」ってどんな国？』のなかで、政治そのものの見直しを「病巣」という言葉を使いながら、長期政権という事態の変革から始めるべきだと呼びかけている。

今や、とくにコロナ禍を経て、資源の枯渇からくるわたしたちの困難は、本田のいう各領域にあふれている。にもかかわらず、なお切迫した課題を社会的不正義の問題として捉え損ねているのであれば、わたしたちは物事を逆に捉えてしまっているのである。わたしにとって生きるとは何か、どのような生を送ることを願っているのか、その願いと、政治をどこかで切り離していないだろうか。自らの切なる願いからこそ、政治とは何かが問い直されるべきである。わたしたちは、善く生きるためには、ケアに満ちた生活、つまり、必要なときにしっかりと他者からの配慮や資源、そしてじっさいに手を差し伸べられる、そうしたことが期待できる生活が必要であることをいやというほど知っている。いや、知っているだけでなく、ケアの失敗事例も含め経験している。政治をあたかもそのようなケアから遠く離れたもののように捉えてしまうことは、一人ひとりの市民の生活に対して無関心で、不注意で、ぞんざいなケアを顧みない政治を認め（ケア・コレクティヴ二〇二一：二）、それどころか維持強化さえしている。

再度トロントが提示したケア実践の定義に戻れば、そこでいわれていた「できるかぎり善く生きるために、この世界を維持し、継続させ、そして修復するための」活動が政治に他ならないことは、本書をここまで読まれてきた方には、もはや自明となったのではないだろうか。わたしたちに善き生を提供しうる政治を一足飛びに構想することは難しくとも、現在の政治が、トロントのいうケアの五つの局面それぞれをしっかりと実践しているか否かを検証し始める時がきている。

〈わたしたち〉を／が形づくるケア

主流の政治学に対してケアの倫理がなしうる貢献の一つに、そもそも政治とは何かといった根源に立ち戻って、政治を見つめ直すことへの要請がある。政治の世界は、あたかも一人ひとりの市民のコントロールが及ばない、大きな力（＝権力）が交差する決定が繰り返される領域のようである。しかし、トロントのいうように、それでは物事が逆転してしまっているのだ。なぜなら、そうした大鉈を振るうような政治の捉え方は、むしろその巨大な権力行使の影響を受けるのは、まぎれもないわたしたち一人ひとりの生であり、その権力の外部には誰も逃れられないという、わたしたちの日常を忘れさせてしまう。わたしたちのコントロールが及ばないどころか、逆に政治は、わたしたちだけがコントロールできる働きなのだ。

　日本社会に生きる者はすべて——それは、けっして国民だけではない——、現在行われている政治の効力から逃れられないのは、政治をいかに理解しようとたしかな事実である。しかし、〈だから上から決められた政策や法律に従って生きるのは当然〉、なのではない。なぜなら、同じ法律、政策の下に生きていようとも、個々の文脈に置かれ、異なる状況に生きるひとにもたらす効果はそれぞれまったく異なるからである。同じ一つの政策が、あるひとにとってその潜在能力をさらに活かせる機会となると同時に、あるひとにとってそれは、今日を生きる術をも奪ってしまうことがある。したがって、わたしたちはつねに、この社会にあふれるこうした不均等から生じるニーズに応え続けなければならない。

　ケアの倫理が、満たされるべきニーズをもつひとへの応答から始まったように、誰かのニーズに気づくことは、ケア実践を結び目としてさまざまな〈わたしたち〉を形成する。そこで何を、いかになすべきかという問いは、普遍的に適用可能な、どこかに書かれたルールによって答えがあらかじめ与えられてはいない。むしろ、ニーズの表明に気づき、声をかけ、試行錯誤を繰り返しながらつかみ取られていく、つまりコミュニケーションを通じてようやく、その関係性にふさわしい、ケアに満ちた応答が見いだされていくのだ。だからこそ、マーガレット・ウォーカーは、そのような道徳の在り方を、表出的＝協働モデルと呼んでいた。ケアを必要としているひとのニーズが気づかれ、何らかの形でそこに配慮が示され、誰かが責任をとり、ケア実践されていくというこの一連の、とはいえ、紆余曲折する実践のなかで、〈わたしたち〉というコミュニティが作られていく(し、失敗すれば、〈わたしたち〉は解消される)。

共にケアすること

生きるためのニーズに対する気づきから始まる、こうした一連のケア実践が〈わたしたち〉を構成し、その先に政治的共同体が存在していると考えれば、逆に次のような問いも成り立つはずだ。現在の日本社会のどこに、そのような〈わたしたち〉が存在しているのだろうか、と。ケアの倫理に学んだウォーカーの道徳モデルが示唆に富むのは、道徳をめぐる対話に入れない者、いやそこからそもそも排除されている者は、〈わたしたち〉というコミュニティからも排除されていることを明示したからだ。子どもたちの学校生活のカレンダーと、働く親たちのカレンダーが異なっているのは、いつ誰が決めたことなのだろう。これだけ身近なことに、〈わたしたち〉が誰も口を挟めないのだとしたら、教育という国家を支える中心的な公的事業から、〈わたしたち〉が排除されているということだ。当事者である者たちが、そのニーズを表明する機会さえ与えられていないこの生活状況は、民主的な社会で許されることなのだろうか。

ここで、わたしたちは、トロントのいうケアの第五の局面の重要性に気づくだろう。第五の局面とは、「共にケアすること」であった。この第五の局面は、ケア実践をつうじて編み出されてくる〈わたしたち〉が、さらにその時々に不正がなかったか、しっかりとケアのニーズが応えられているかを、みなで振り返りながら、見落としたり応え損ねたりされたニーズがないかどうかを再度、正義や平等、自由といった理念に照らして検証する局面である。この検証のなかで、必ずや新しいケアのニーズが発見される。こうして、〈わたしたち〉は新たなケアのニーズを発見し、第一の局面へと立ち返っていく。そして新たなケアのニーズに注目する〈わたしたち〉は、その新しいケア実践に再着手することで、新しい〈わたしたち〉へと生まれ変わっていく。ケアは決して、ケアする者からケアの受け手への一方的な実践でないことを、ここでも思い出しておこう。ケアが求められ応えられるという呼応の関係であることは、つねに検証に付され、信頼や敬意によって結びついた開かれた〈わたしたち〉の在り方を担保し、ここに開かれた民主主義という構想が浮かび上がってくるだろう(Tronto 2013: 23, 35)。

では、どこから始めるのか?――時間をめぐる政治へ

国家予算をめぐる大企業や圧力団体の攻防や外交、国会審議。たしかに政治は、どうも遠くに感じられるかもしれない。だが、繰り返すならば、政治はわたしたちだけがコントロールできる活動であるし、今もじっさい多くの者はコントロールに携わらないという形で、一部の者が我が物顔で

権力を握り続けることを許している。わたしたち市民にできることは、いま何を必要としているかを自分に問うてみることだろう。そのニーズはひとによってさまざまなはずだ。しかし、本書を締めくくるにあたり、統計上明らかな、日本社会に足りていない資源をあげることで、わたしたちがどこから始めるべきかについて、小さな提案を試みたい。

それは、わたしたちの時間である。先に触れた報告書においても、六歳未満の子どもをもつ夫婦の家事育児関連時間について、日本の特徴として、女性の育児時間が際立って長い、翻って男性の育児時間が極めて短いことが指摘されていた。この現象は、何もコロナ禍で初めて起こったことではなく、以前より労働時間の長さは、首都圏をはじめとした通勤時間の長さも加わって、日本社会の顕著な特徴として知られてきた。たとえば、内閣府男女共同参画局が毎年発表する『男女共同参画白書』の二〇二〇年版では、労働時間に関する国際比較がなされている。日本では、以前にも増して女性たちが有償労働に就くようになり、男女ともに有償労働時間が長い。とくに男性の有償労働時間が極端に長い反面、女性に無償労働が極端に偏っている。そして、「男女ともに有償・無償をあわせた総労働時間が長く、時間的にはすでに限界まで労働している」と指摘されているのだ。

日本社会における時間の枯渇は、経済状況の違いによる時間活用の仕方の違い、つまり富裕層は自由時間を購入することができるが、貧困層は逆に多くの事柄を自らなさなければならないために時間を多く奪われるといった格差をも生じさせている。そのような時間の不足から心身への負の影響があることはいうまでもないが、政治的にはさらに深刻な事態を惹起している。先ほど、本田を参照しながら、家族・仕事・教育の三つの領域について論じたが、わたしたち人間の社会は、この三つの領域だけでなく、じっさいには、地域コミュニティでの活動や、ケア活動の一環として第5章で論じたような気候変動に対して警鐘を鳴らす運動や、政府のケアを顧みない決定に対して反対の声を上げたり、地方や国の政府が気づかない個別のニーズについて世論を喚起したりするような、さまざまな市民活動によっても成り立っている。しかし、日本社会に生きる者たちは、家族と職場の往復だけで、もはや時間的には「限界」なのだ。

日本では市民の政治意識の低さが唱えられて久しい。コロナ禍においても、東アジア諸国のなかでも日本では、市民が政府にニーズを訴える声が小さかったように思われる。しかしそれは、意識の問題ではなく、わたしたちにはそもそも、そのような活動の時間が与えられていないからだ。男性の労働時間が長いために、女性はその分、家事育児時間が長く、そもそも労働時間に生活時間のほとんどを奪われている男性は、自身のケアさえおぼつかない。ケア、とくに、他者に依存せざるをえないひとへのケアは、なによりも時間が必要だ。それは、ケア活動そのものに時間がかかるというだけでなく、ケアする相手への注視やニーズへの対応をめぐる思索や気遣いなど、物理的なケアをしていない時間でさえ、ある意味での余裕がないと、ケアの質を左右してしまうからだ。さらに、労働によって生み出される市場価値が重視される日本社会では、その他のケアはどうしても後回しになってしまう。日本でもっとも後回しにされるケアこそが、政治的活動なのだ。こうして、政治以外のケアを、誰かに任せておける特権的な者たちだけが、政治を動かすという社会が強固にできあがってしまった。

時間に追われた〈わたしたち〉は、こうしたケアのあまりに偏った配分を不正義として捉え直し、今こそ声を、つまりケアを求める声を上げるべきであろう。本書の最後に、なぜここまで執拗に家父長制といった構造的不正義が持続しているのか、その倫理的抵抗の源泉はどこにあるのかを問うギリガンの自身の声を聴いて、本書の長い旅を終えることにしよう。

こうした疑問に対する探求を通じてわたしたちは、声と関係性に基礎をもつケアの倫理を、不正義と自分の沈黙の双方に対する抵抗の倫理としてみるようになった。ケアの倫理は、人間の倫理の一つであり、民主主義の実践とそして、グローバルな社会が機能するためには欠かせない倫理なのだ。もっと論争的なことをいうならば、それは、フェミニストの一つの倫理であり、家父長制から民主主義を解き放つための歴史的な闘争を率先する一つの倫理である(Gilligan 2011: 175/214-215)。

あとがき　女性たちの手による、もう一つの政治思想史

わたしがケアの倫理という研究領域に最初に出会ったのは、同時多発テロの余波のなかアフガニスタン、そしてイラクと戦争する合衆国ニューヨーク市に在外研究のため滞在していた二〇〇二年、尊敬する故ドゥルシラ・コーネルが出版したばかりの『女たちの絆』(原題 *Between Women and Generations: Legacies of Dignity*, New York: Palgrave, 2002)を読むなかであったことを今なお鮮明に覚えている。女性たちの生が、その時代の政治的社会的文脈のなかで強く拘束されるがゆえに、女性間、世代間の溝は深く、労働組合活動を経てポスト構造主義フェミニストを代表する研究者となったコーネルもまた、専業主婦であった母との葛藤を抱えつつ、なお母の尊厳を娘として受け止めようとした書が『女たちの絆』であった。

哲学者コーネルが憤慨していたように、古代ギリシャに始まる西洋政治思想史は長きにわたり好戦的で、身体性を侮蔑・嫌悪し、人格・身体の統合をひとが身につけるプロセスには無関心であった。わたしは、市民が受けた被害に対する報復とその安全を理由に、世界から見捨てられたかのような小国に爆撃を加える軍事超大国で生活しながら、攻撃の的にされたからこそなお軍事行動に反

対し、国境を越えた連帯を訴える女性たちの世代間のつながりを経験した。そこで出会ったのが、ケアの倫理、つまり非対称的な、分かり合えない他者のニーズに、いかに非暴力的に応え、暴力の誘惑に抵抗するかを論じる倫理だった。

生殖能力ゆえに身体性や自然に結びつけられてきた女性たちは、なにより自身の経験を語る言葉を奪われ続けた。言葉を発したとしても、男性の経験から紡がれた強固な論理の前では、傾聴に値しない、ましてや哲学的な吟味には及ばないつまらないお喋り、あるいは動物的な呻きのようにさえ扱われてきた。そうした女性たちの語り、声、逡巡がどのような文脈から、社会的位置づけから、そして女性たちが担わされてきたどのような活動から生まれているのかを考察し、分節化し始めた一つの思想の系譜が、ケアの倫理研究だとわたしは理解している。そう、ケアの倫理は、女性たちが自らの言葉で、女性たちの経験から編み出した、形容詞なしのフェミニズム思想に他ならない。

ケアの倫理に出会ってから、このように理解できるまでに二〇年の歳月を要した。今ではもう跡形もなく書き換えられてしまった、本書のための最初の一文字を入力したのは、二〇一六年末のことであった。つまり、本書執筆に七年以上要したことになる。ケアの倫理の思想的歩みを振り返るのに、ここまで時間を要した理由の一つに、二〇一九年末から世界を襲った新型コロナウイルスによるパンデミックの影響がある。

二〇一〇年代に入り、ケアの倫理研究だけでなく他領域におけるケア研究の国際ネットワークづくりが盛んになったが、パンデミック下において、エッセンシャル・ワークの最たるものであるケアワークの不足が国際的な注目を浴び、学際的なネットワーキングはますます盛んになった。毎年のように行われてきた対面での国際会議は開催できなくなる一方で、多くの研究者たち、ケアワーカーたちの団体、市民活動家たちが、各国、各地域の状況や課題を発信し、わたしもそこから多くを学び、新たな分野、とくにフェミニスト経済学の重要性を痛感させられた。本書の第1章、そして終章でも言及されるナンシー・フォーブレの研究はじめ、フェミニスト経済学を一から学ぶ時間が、ケアの倫理の知的射程の広さ、なによりその批判力を考えるためには必要だった。

一冊の本を書き上げるのは例外なく苦しい作業であり、その途上は先が見えない不安との闘いだ。本書は、日本ではあまり紹介されていない、されていたとしても、フェミニスト研究としての苦しみや葛藤に深く寄り添った読解がなされているわけではない多くの著作を、語弊を恐れずにいえば、わたしの独断で選び、一つのストーリーのなかに位置づけた。それだけに、わたしの取捨選択も、そして本書で展開したストーリーそのものも、もしかすると間違っているのかもしれないという恐れでいっぱいである。本書は、ケアの倫理研究のほんの一部を切り取ったにすぎない。しかし本書を契機に、ケアの倫理をめぐって異なる視点からのストーリーが今後紡がれ、フェミニスト政治思想史研究に新たな一幕が訪れることを願ってやまない。

お一人おひとりの名前をここには記せないが、研究書を読めば読むほど暗闇に落ち込んでいくような歳月に、暖かな光を当ててくれた多くのフェミニスト研究仲間に、心から感謝したい。また、同志社大学大学院グローバル・スタディーズ研究科で講義を受講してくれている学生の方たち、あまり進歩のないわたしの研究にいつもつきあってくれてありがとう。

最後になりますが、わたしに初めての新書執筆のお声がけをしてくださった岩波書店の十時由紀子さんに感謝いたします。わたしが苦手とする「愛」についての考察は、十時さんの励ましのなかから生まれました。その後、十時さんを引き継いだ藤田紀子さんには、前著『戦争に抗する——ケアの倫理と平和の構想』の編集を担当していただいて以降、政治状況に振り回されるがごとく足を踏み外すわたしを、じっと見守り続けていただき、言葉に尽くせないほどのケアを受けてきました。十時さん、藤田さん、長い間本当にありがとうございました。

二〇二三年冬の京都にて

岡野八代

参考文献

序章

上野千鶴子(2011)『ケアの社会学——当事者主権の福祉社会へ』太田出版.

キテイ，エヴァ・F. (2023)(＝2010)牟田和恵・岡野八代監訳『愛の労働あるいは依存とケアの正義論[新装版]』白澤社.

Gilligan, Carol (1993)(＝1982) *In a Different Voice: Psychological Theory and Women's Development*, With a New Preface by the Author, Cambridge MA: Harvard University Press(川本隆史・山辺恵理子・米典子訳『もうひとつの声で——心理学の理論とケアの倫理』風行社, 2022年).

———(2011) *Joining the Resistance*, Cambridge UK: Polity Press(小西真理子・田中壮泰・小田切建太郎訳『抵抗への参加——フェミニストのケアの倫理』晃洋書房, 2023年).

第1章

上野千鶴子(1984)「訳者解説」アネット・クーン，アンマリー・ウォルプ編，上野千鶴子ほか訳『マルクス主義フェミニズムの挑戦』勁草書房.

———(2009)(＝1990)『家父長制と資本制——マルクス主義フェミニズムの地平』岩波現代文庫.

エヴァンズ，サラ・M. (1997)小檜山ルイ・竹俣初美・矢口祐人訳『アメリカの女性の歴史』明石書店.

コーエン，マーシア(1996)森泉弘次・宮内華代子訳『世界を変えた女性たち——現代アメリカ・フェミニズム史』誠信書房.

佐藤千登勢(2003)『軍需産業と女性労働——第二次世界大戦下の日米比較』彩流社.

竹村和子(2000)『フェミニズム』岩波書店.

ファイアストーン，シュラミス(1972)林弘子訳『性の弁証法——女性解放革命の場合』評論社.

フリーダン，ベティ（2004）三浦冨美子訳『新しい女性の創造 改訂版』大和書房.
ミード，マーガレット（1961）田中寿美子・加藤秀俊訳『男性と女性――移りゆく世界における両性の研究』下，東京創元社.
ミレット，ケイト（1985）藤枝澪子ほか訳『性の政治学』ドメス出版.
Evans, Judith (1995) *Feminist Theory Today: An Introduction to Second-Wave Feminism*, London: Sage Publications.
Goldin, Claudia D. (1991) "The Role of World War II in the Rise of Women's Employment," *The American Economic Review*, Vol. 81, No. 4 (September).
Morgan, Robin ed. (1970) *Sisterhood is Powerful: An Anthology of Writings from the Women's Liberation Movement*, New York: Vintage Books.
Rubin, Gayle (1997) (＝1975) "The Traffic in Women: Notes on the 'Political Economy' of Sex," in Linda Nicholson ed., *The Second Wave: A Reader in Feminist Theory*, New York: Routledge（長原豊訳「女たちによる交通――性の「政治経済学」についてのノート」『現代思想』第28巻2号，2000年）.
Sargent, Lydia ed. (1981) *Women and Revolution: A Discussion of the Unhappy Marriage of Marxism and Feminism*, Boston: South End Press（田中かず子訳『マルクス主義とフェミニズムの不幸な結婚』勁草書房，1991年）.

第2章

江原由美子（2000）『フェミニズムのパラドックス――定着による拡散』勁草書房.
荻野美穂（2014）『女のからだ フェミニズム以後』岩波新書.
山根純佳（2005）「「ケアの倫理」と「ケア労働」――ギリガン『もうひとつの声』が語らなかったこと」『ソシオロゴス』第29号.
Gilligan, Carol (1977) "In a Different Voice: Women's Conceptions of Self and of Morality," *Harvard Educational Review*, Vol. 47, No. 4 (November).
――― (1993) (＝1982) *In a Different Voice: Psychological Theory and Women's Development*（前掲序章）.
Mansbridge, Jane J. (1986) *Why We Lost the ERA*, Chicago: University of

Chicago Press.

第 3 章
岡野八代(2012)『フェミニズムの政治学——ケアの倫理をグローバル社会へ』みすず書房.
葛生栄二郎(2011)『ケアと尊厳の倫理』法律文化社.
品川哲彦(2007)『正義と境を接するもの——責任という原理とケアの倫理』ナカニシヤ出版.
山根純佳(2010)『なぜ女性はケア労働をするのか——性別分業の再生産を超えて』勁草書房.
Auerbach, Judy, Linda Blum, Vicki Smith, and Christine Williams (1985) “On Gilligan's ‘In a Different Voice’,” *Feminist Studies*, Vol. 11, No. 1 (Spring).
Baier, Annette (1993) (=1985) “What Do Women Want in a Moral Theory,” in Larrabee ed.
———(1995) (=1987) “The Need for More than Justice,” in ed. by Virginia Held, *Justice and Care: Essential Readings in Feminist Ethics*, Boulder: Westview Press.
Friedman, Marilyn (1993) *What Are Friends For?: Feminist Perspectives on Personal Relationships and Moral Theory*, Ithaka and London: Cornell University Press.
———(1995) “Beyond Caring: The De-Moralization of Gender,” in Held ed.
Gilligan, Carol (1986) “Reply by Carol Gilligan,” *Signs: Journal of Women in Culture and Society*, Vol. 11, No. 2 (Winter).
———(1993) (=1982) *In a Different Voice: Psychological Theory and Women's Development*(前掲序章).
———(1995) (=1987) “Moral Orientation and Moral Development,” in Held ed. (小西真理子訳「道徳の方向性と道徳的な発達」『生存学』第 7 号, 2014 年).
———(2011) *Joining the Resistance*(前掲序章).
Held, Virginia ed. (1995) *Justice and Care: Essential Readings in Feminist Ethics*, Boulder: Westview Press.
———(2006) *The Ethics of Care: Personal, Political, and Global*, Oxford:

Oxford University Press.
Kerber, Linda K., Catherine G. Greeno, Elenor E. Maccoby, Zella Luria, Carol B. Stack, and Carol Gilligan (1986) "On 'In a Different Voice': An Interdisciplinary Forum," *Signs: Journal of Women in Culture and Society,* Vol. 11, No. 2.
Larrabee, Mary J. ed. (1993) *An Ethic of Care: Feminist and Interdisciplinary Perspectives*, New York and London: Routledge.
Miller, Jean Baker (1986) (=1976) *Toward a New Psychology of Women*, Boston: Beacon Press (河野貴代美監訳『Yes, But…――フェミニズム心理学をめざして』新宿書房, 1989年).
Nicholson, Linda J. (1993) (=1983) "Women, Morality, and History," in Larrabee ed.
Noddings, Nel (1984) *Caring: A Feminine Approach to Ethics and Moral Education*, Berkeley: University of California Press (立山善康ほか訳『ケアリング　倫理と道徳の教育――女性の観点から』晃洋書房, 1997年).
―――(1995) "Caring," in Held ed.
Ruddick, Sara (1995) "Injustice in Families: Assault and Domination," in Held ed., *Justice and Care*(前掲).
Walker, Margaret U. (2007) (=1998) *Moral Understandings: A Feminist Study in Ethics*, 2nd ed., Oxford: Oxford University Press.

第4章

岡野八代(2012)『フェミニズムの政治学』(前掲第3章).
―――(2016)「フェミニズム倫理学から考える, 日韓合意――「日韓合意」がなぜ, 元「慰安婦」の女性たちを何度も殺すのか」前田朗編『「慰安婦」問題・日韓「合意」を考える――日本軍性奴隷制の隠ぺいを許さないために』彩流社ブックレット.
―――(2019)「批判的安全保障とケア――フェミニズム理論は「安全保障」を語れるのか?」『ジェンダー研究』第22号.
オーキン, スーザン・M. (2010) 田林葉・重森臣広訳『政治思想のなかの女――その西洋的伝統』晃洋書房.
―――(2013)山根純佳・内藤準・久保田裕之訳『正義・ジェンダー・家族』岩波書店.

キテイ，エヴァ・F.（2023）牟田和恵・岡野八代監訳『愛の労働あるいは依存とケアの正義論［新装版］』白澤社.
グラスペル，スザン（2009-10）山名章二訳「女仲間の評決」（その1）（その2）『*Otsuma review*』第42-43号.
ヌスバウム，マーサ（1993）川本隆史訳「女たちに正義を！」『みすず』第389号（8月）.
元橋利恵（2021）『母性の抑圧と抵抗――ケアの倫理を通して考える戦略的母性主義』晃洋書房.
ロールズ，ジョン（2010）川本隆史・福間聡・神島裕子訳『正義論 改訂版』紀伊國屋書店.
Fineman, Martha A.（1995）*The Neutered Mother, the Sexual Family, and Other Twentieth Century Tragedies*, New York and London: Routledge（上野千鶴子監訳『家族，積みすぎた方舟――ポスト平等主義のフェミニズム法理論』学陽書房，2003年）.
———（2002）"Masking Dependency: The Political Role of Family Rhetoric," in *The Subject of Care: Feminist Perspectives on Dependency*, eds. by Eva F. Kittay E. and Ellen K. Feder, New York: Rowman & Littlefield Publishers.
———（2004）*The Autonomy Myth: A Theory of Dependency*, New York and London: The New Press（穐田信子・速水葉子訳『ケアの絆――自律神話を超えて』岩波書店，2009年）.
Gilligan, Caroll（1995）（＝1987）"Moral Orientation and Moral Development"（前掲第3章）.
Kittay, Eva F.（2001）"A Feminist Public Ethics of Care Meets the New Communitarian Family Policy," *Ethics*, Vol. 111, No. 3（April）.
Ruddick, Sara（1980）"Maternal Thinking," *Feminist Studies*, Vol. 6, No. 2（Summer）.
———（1983）"Pacifying the Forces: Drafting Women in the Interests of Peace," *Sings: Journal of Women in Culture and Society*, Vol. 8, No. 3（Spring）.
———（1989）*Maternal Thinking: Toward a Politics of Peace*, Boston: Beacon Press.
Walker, Margaret U.（2007）（＝1998）*Moral Understandings*（前掲第3章）.
———（2010）*What is Reparative Justice?* Milwaukee: Marquette Univer-

sity Press.

第 5 章

上野千鶴子(2009)(＝1990)『家父長制と資本制』(前掲第 1 章).
岸本聡子(2020)『水道，再び公営化！――欧州・水の闘いから日本が学ぶこと』集英社新書.
―――(2022)『私がつかんだコモンと民主主義――日本人女性移民，ヨーロッパの NGO で働く』晶文社.
―――(2023)『地域主権という希望――欧州から杉並へ，恐れぬ自治体の挑戦』大月書店.
キテイ，エヴァ・F. (2011)「〈インタビュー〉社会的プロジェクトとしてのケアの倫理――未知の可能性に心を閉ざすことはできない」牟田和恵・岡野八代編著・訳『ケアの倫理からはじめる正義論――支えあう平等』白澤社.
クライン，ナオミ(2020)中野真紀子・関房江訳『地球が燃えている――気候崩壊から人類を救うグリーン・ニューディールの提言』大月書店.
ケア・コレクティヴ(2021)岡野八代・冨岡薫・武田宏子訳・解説『ケア宣言――相互依存の政治へ』大月書店.
斎藤幸平(2020)『人新世の「資本論」』集英社新書.
トロント，ジョアン・C. (2020)岡野八代訳「ケアするのは誰か？――いかに，民主主義を再編するか」トロント・岡野(2020)所収.
トロント，ジョアン・C. 著，岡野八代訳・著(2020)『ケアするのは誰か？――新しい民主主義のかたちへ』白澤社.
フェデリーチ，シルヴィア(2017)小田原琳・後藤あゆみ訳『キャリバンと魔女――資本主義に抗する女性の身体』以文社.
ヤング，アイリス・M. (2022)(＝2014)岡野八代・池田直子訳『正義への責任』岩波現代文庫.
Fineman, Martha A. (2013) “Equality, Autonomy, and the Vulnerable Subject in Law and Politics,” in eds. by Martha A. Fineman and Anna Grear, *Vulnerability: Reflections on a New Ethical Foundation for Law and Politics*, New York: Routledge.
Friedman, Marilyn and Angela Bolte (2007) “Ethics and Feminism,” in eds. by Linda M. Alcoff and Eva F. Kittay, *The Blackwell Guide to Femi-*

nist Philosophy, Malden: Blackwell Publishing.
Gilligan, Carol (1993) (＝1982) *In a Different Voice*(前掲序章).
———(2011) *Joining the Resistance*(前掲序章).
Held, Virginia (2006) *The Ethics of Care*(前掲第 3 章).
———(2008) *How Terrorism is Wrong: Morality and Political Violence*, Oxford: Oxford University Press.
Kittay, Eva F. (2015) "A Theory of Justice as Fair Terms of Social Life Given Our Inevitable Dependency and Our Inextricable Interdependency," in eds. by Daniel Engster and Maurice Hamington, *Care Ethics and Political Theory*, Oxford: Oxford University Press.
Narayan, Uma (1995) "Colonialism and Its Others: Considerations on Rights and Care Discourses," *Hypatia*, Vol. 10, No. 2 (Spring).
Robinson, Fiona (1999) *Globalizing Care: Ethics, Feminist Theory, and International Relations*, Boulder: Westview Press.
———(2011) *The Ethics of Care: A Feminist Approach to Human Security*, Philadelphia: Temple University Press.
Tronto, Joan (2013) *Caring Democracy: Markets, Equality, and Justice*, New York: New York University Press(岡野八代監訳『ケアリング・デモクラシー』勁草書房より近刊予定).

終 章

落合恵美子(2023)「新型コロナが露呈させたジェンダー問題とケアの危機——生を包摂する社会科学とは」『親密圏と公共圏の社会学——ケアの 20 世紀体制を超えて』有斐閣.
落合恵美子・鈴木七海(2020)「睡眠時間激減……在宅勤務で「子どものいる女性負担増」という現実」『現代ビジネス』5 月 14 日 https://gendai.media/articles/-/72531?imp=0(最終アクセス 2023 年 7 月 6 日).
金井利之(2021)『コロナ対策禍の国と自治体——災害行政の迷走と閉塞』ちくま新書.
ケア・コレクティヴ(2021)『ケア宣言』(前掲第 5 章).
トロント，ジョアン・C.・岡野八代(2020)『ケアするのは誰か？』(前掲第 5 章).
内閣府男女共同参画局(2020)『男女共同参画白書 令和 2 年版』

https://www.gender.go.jp/about_danjo/whitepaper/r02/zentai/index.html（最終アクセス 2023 年 7 月 20 日）.
———(2021)「コロナ下の女性への影響と課題に関する研究会報告書」https://www.gender.go.jp/kaigi/kento/covid-19/index.html（最終アクセス 2023 年 7 月 20 日）.
ペック，エミリー(2022)加藤しをり訳「保育問題を無視してきた政治家たち――パンデミック襲来で何かが変わる」『世界』第 952 号(1月).
本田由紀(2014)『社会を結びなおす――教育・仕事・家族の連携へ』岩波ブックレット.
———(2021)『「日本」ってどんな国？――国際比較データで社会が見えてくる』ちくまプリマー新書.
Folbre, Nancy (2008) *Valuing Children: Rethinking the Economics of the Family*, Cambridge MA: Harvard University Press.
Gilligan, Carol (2011) *Joining the Resistance*（前掲序章）.
Tronto, Joan (2013) *Caring Democracy*（前掲第 5 章）.

岡野八代

1967年三重県生まれ．早稲田大学大学院政治学研究科修士課程修了．博士(政治学)．
現在―同志社大学大学院グローバル・スタディーズ研究科教授．
専攻―政治思想，フェミニズム理論．
著書―『シティズンシップの政治学――国民・国家主義批判 増補版』(白澤社)，『フェミニズムの政治学――ケアの倫理をグローバル社会へ』(みすず書房)，『戦争に抗する――ケアの倫理と平和の構想』(岩波書店)，『ケアするのは誰か？――新しい民主主義のかたちへ』(共著・訳，白澤社)，エヴァ・F. キテイ『愛の労働あるいは依存とケアの正義論』(共監訳，白澤社)，アイリス・M. ヤング『正義への責任』(共訳，岩波書店) など．

ケアの倫理―フェミニズムの政治思想
岩波新書(新赤版)2001

2024年1月19日 第1刷発行
2024年6月5日 第5刷発行

著 者 岡野八代《おかのやよ》

発行者 坂本政謙

発行所 株式会社 岩波書店
〒101-8002 東京都千代田区一ツ橋2-5-5
案内 03-5210-4000 営業部 03-5210-4111
https://www.iwanami.co.jp/

新書編集部 03-5210-4054
https://www.iwanami.co.jp/sin/

印刷・三秀舎 カバー・半七印刷 製本・中永製本

ISBN 978-4-00-432001-2 Printed in Japan

岩波新書新赤版一〇〇〇点に際して

ひとつの時代が終わったと言われて久しい。だが、その先にいかなる時代を展望するのか、私たちはその輪郭すら描きえていない。二〇世紀から持ち越した課題の多くは、未だ解決の緒を見つけることのできないままであり、二一世紀が新たに招きよせた問題も少なくない。グローバル資本主義の浸透、憎悪の連鎖、暴力の応酬――世界は混沌として深い不安の只中にある。

現代社会においては変化が常態となり、速さと新しさに絶対的な価値が与えられた。消費社会の深化と情報技術の革命は、種々の境界を無くし、人々の生活やコミュニケーションの様式を根底から変容させてきた。ライフスタイルは多様化し、一面では個人の生き方をそれぞれが選びとる時代が始まっている。同時に、新たな格差が生まれ、様々な次元での亀裂や分断が深まっている。社会や歴史に対する意識が揺らぎ、普遍的な理念に対する根本的な懐疑や、現実を変えることへの無力感がひそかに根を張りつつある。そして生きることに誰もが困難を覚える時代が到来している。

しかし、日常生活のそれぞれの場で、自由と民主主義を獲得し実践することを通じて、私たち自身がそうした閉塞を乗り超え、希望の時代の幕開けを告げてゆくことは不可能ではあるまい。そのために、いま求められていること――それは、個と個の間で開かれた対話を積み重ねながら、人間らしく生きることの条件について一人ひとりが粘り強く思考することではないか。その営みの糧となるものが、教養に外ならないと私たちは考える。歴史とは何か、よく生きるとはいかなることか、世界そして人間はどこへ向かうべきなのか――こうした根源的な問いとの格闘が、文化と知の厚みを作り出し、個人と社会を支える基盤としての教養となった。まさにそのような教養への道案内こそ、岩波新書が創刊以来、追求してきたことである。

岩波新書は、日中戦争下の一九三八年一一月に赤版として創刊された。創刊の辞は、道義の精神に則らない日本の行動を憂慮し、批判的精神と良心的行動の欠如を戒めつつ、現代人の現代的教養を刊行の目的とする、と謳っている。以後、青版、黄版、新赤版と装いを改めながら、合計二五〇〇点余りを世に問うてきた。そして、いままた新赤版が一〇〇〇点を迎えたのを機に、人間の理性と良心への信頼を再確認し、それに裏打ちされた文化を培っていく決意を込めて、新しい装丁のもとに再出発したいと思う。一冊一冊から吹き出す新風が一人でも多くの読者の許に届くこと、そして希望ある時代への想像力を豊かにかき立てることを切に願う。

（二〇〇六年四月）

政治

岩波新書より

社会

女性不況サバイバル　竹信三恵子
パリの音楽サロン　青柳いづみこ
持続可能な発展の話　宮永健太郎
皮革とブランド 変化するファッション倫理　西村祐子
動物がくれる力 教育、福祉、そして人生　大塚敦子
政治と宗教　島薗進編
超デジタル世界　西垣通
現代カタストロフ論　金子勝・児玉龍彦
「移民国家」としての日本　宮島喬
迫りくる核リスク 〈核抑止〉を解体する　吉田文彦
記者がひもとく「少年」事件史　川名壮志
中国のデジタルイノベーション　小池政就
これからの住まい　川崎直宏
検察審査会　デイビッド・T・ジョンソン・平山真理・福来寛
ドキュメント〈アメリカ世〉の沖縄　宮城修
東京大空襲の戦後史　栗原俊雄
土地は誰のものか　五十嵐敬喜
民俗学入門　菊地暁
企業と経済を読み解く小説50　佐高信
視覚化する味覚　久野愛
ロボットと人間 人とは何か　石黒浩
ジョブ型雇用社会とは何か　濱口桂一郎
法医学者の使命 「人の死を生かす」ために　吉田謙一
異文化コミュニケーション学　鳥飼玖美子
モダン語の世界へ　山室信一
時代を撃つノンフィクション100　佐高信
労働組合とは何か　木下武男
プライバシーという権利　宮下紘
地域衰退　宮﨑雅人
江戸問答　田中優子・松岡正剛
広島平和記念資料館は問いかける　志賀賢治
コロナ後の世界を生きる　村上陽一郎編
リスクの正体　神里達博
紫外線の社会史　金凡性
「勤労青年」の教養文化史　福間良明
5G 次世代移動通信規格の可能性　森川博之
客室乗務員の誕生　山口誠
「孤独な育児」のない社会へ　榊原智子
放送の自由　川端和治
社会保障再考 〈地域〉で支える　菊池馨実
生きのびるマンション　山岡淳一郎
虐待死 なぜ起きるのか、どう防ぐか　川崎二三彦
平成時代◆　吉見俊哉
バブル経済事件の深層　奥山俊宏・村山治
日本をどのような国にするか　丹羽宇一郎
なぜ働き続けられない？ 社会と自分の力学　鹿嶋敬
物流危機は終わらない　首藤若菜

岩波新書より

認知症フレンドリー社会　徳田雄人
アナキズム　一丸となってバラバラに生きろ　栗原康
まちづくり都市 金沢　山出保
総介護社会　小竹雅子
賢い患者　山口育子
住まいで「老活」　安楽玲子
現代社会はどこに向かうか　見田宗介
EVと自動運転　クルマをどう変えるか　鶴原吉郎
ルポ 保育格差◆　小林美希
棋士とAI　王銘琬
科学者と軍事研究　池内了
原子力規制委員会　新藤宗幸
東電原発裁判　添田孝史
日本問答　田中優子・松岡正剛
日本の無戸籍者　井戸まさえ
〈ひとり死〉時代のお葬式とお墓　小谷みどり
町を住みこなす　大月敏雄

歩く、見る、聞く 人びとの自然再生　宮内泰介
対話する社会へ　暉峻淑子
悩みいろいろ　金子勝
魚と日本人　食と職の経済学　濱田武士
ルポ 貧困女子　飯島裕子
鳥獣害　動物たちと、どう向きあうか　祖田修
科学者と戦争　池内了
新しい幸福論　橘木俊詔
ブラックバイト　学生が危ない　今野晴貴
原発プロパガンダ　本間龍
ルポ 母子避難　吉田千亜
日本にとって沖縄とは何か　新崎盛暉
日本病　長期衰退のダイナミクス◆　金子勝・児玉龍彦
雇用身分社会　森岡孝二
生命保険とのつき合い方◆　出口治明
ルポ にっぽんのごみ　杉本裕明
鈴木さんにも分かるネットの未来　川上量生

地域に希望あり◆　大江正章
世論調査とは何だろうか◆　岩本裕
フォト・ストーリー 沖縄の70年　石川文洋
ルポ 保育崩壊　小林美希
多数決を疑う　社会的選択理論とは何か　坂井豊貴
アホウドリを追った日本人　平岡昭利
朝鮮と日本に生きる　金時鐘
被災弱者　岡田広行
農山村は消滅しない　小田切徳美
復興〈災害〉　塩崎賢明
「働くこと」を問い直す　山崎憲
原発と大津波　警告を葬った人々　添田孝史
縮小都市の挑戦　矢作弘
福島原発事故　被災者支援政策の欺瞞　日野行介
日本の年金◆　駒村康平
食と農でつなぐ　福島から◆　塩谷弘康・岩崎由美子
過労自殺〔第二版〕◆　川人博

(2023.7)　◆は品切，電子書籍版あり．(D2)

岩波新書より

金沢を歩く　山出　保
ドキュメント 豪雨災害　稲泉　連
ひとり親家庭　赤石千衣子
女のからだ フェミニズム以後　荻野美穂
〈老いがい〉の時代◆　天野正子
子どもの貧困 Ⅱ　阿部　彩
性と法律　角田由紀子
ヘイト・スピーチとは何か◆　師岡康子
生活保護から考える◆　稲葉　剛
かつお節と日本人　宮内泰介・藤林　泰
家事労働ハラスメント　竹信三恵子
福島原発事故 県民健康管理調査の闇◆　日野行介
電気料金はなぜ上がるのか◆　朝日新聞経済部
おとなが育つ条件　柏木惠子
在日外国人〔第三版〕　田中　宏
まち再生の術語集　延藤安弘
震災日録 記憶を記録する◆　森まゆみ
原発をつくらせない人びと　山秋　真

社会人の生き方◆　暉峻淑子
構造災 科学技術社会に潜む危機　松本三和夫
家族という意志◆　芹沢俊介
ルポ 良心と義務　田中伸尚
夢よりも深い覚醒へ◆　大澤真幸
3・11 複合被災◆　外岡秀俊
子どもの声を社会へ　桜井智恵子
就職とは何か◆　森岡孝二
日本のデザイン　原　研哉
ポジティヴ・アクション　辻村みよ子
脱原子力社会へ◆　長谷川公一
希望は絶望のど真ん中に　むのたけじ
アスベスト 広がる被害　大島秀利
原発を終わらせる　石橋克彦編
日本の食糧が危ない　中村靖彦
希望のつくり方　玄田有史
生き方の不平等◆　白波瀬佐和子
同性愛と異性愛　風間　孝・河口和也
新しい労働社会　濱口桂一郎

世代間連帯　上野千鶴子・辻元清美
道路をどうするか　五十嵐敬喜・小川明雄
子どもの貧困　阿部　彩
子どもへの性的虐待◆　森田ゆり
テレワーク 「未来型労働」の現実　佐藤彰男
反貧困　湯浅　誠
不可能性の時代　大澤真幸
地域の力　大江正章
少子社会日本　山田昌弘
親米と反米　吉見俊哉
「悩み」の正体　香山リカ
変えてゆく勇気◆　上川あや
戦争で死ぬ、ということ　島本慈子
ルポ 改憲潮流　斎藤貴男
社会学入門　見田宗介
冠婚葬祭のひみつ　斎藤美奈子
少年事件に取り組む　藤原正範
悪役レスラーは笑う◆　森　達也
いまどきの「常識」◆　香山リカ

(2023.7)　◆は品切，電子書籍版あり．　(D3)

岩波新書より

働きすぎの時代◆　森岡孝二
桜が創った「日本」　佐藤俊樹
生きる意味　上田紀行
社会起業家◆　斎藤槙
逆システム学◆　金子勝・児玉龍彦
男女共同参画の時代　鹿嶋敬
当事者主権　中西正司・上野千鶴子
豊かさの条件　暉峻淑子
クジラと日本人　大隅清治
人生案内　落合恵子
若者の法則　香山リカ
自白の心理学　浜田寿美男
原発事故はなぜくりかえすのか　高木仁三郎
日本の近代化遺産　伊東孝
証言 水俣病　栗原彬編
日の丸・君が代の戦後史◆　田中伸尚
コンクリートが危ない　小林一輔
東京国税局査察部　立石勝規

バリアフリーをつくる　光野有次
ドキュメント屠場　鎌田慧
能力主義と企業社会　熊沢誠
現代社会の理論　見田宗介
原発事故を問う◆　七沢潔
災害救援　野田正彰
スパイの世界　中薗英助
都市開発を考える　大野輝之・レイコ・ハベ・エバンス
ディズニーランドという聖地　能登路雅子
原発はなぜ危険か◆　田中三彦
豊かさとは何か　暉峻淑子
農の情景　杉浦明平
異邦人は君ヶ代丸に乗って　金賛汀
読書と社会科学　内田義彦
文化人類学への招待◆　山口昌男
ビルマ敗戦行記　荒木進
プルトニウムの恐怖　高木仁三郎
日本の私鉄　和久田康雄
社会科学における人間　大塚久雄

女性解放思想の歩み　水田珠枝
沖縄ノート　大江健三郎
沖縄　比嘉春潮
民話　関敬吾
唯物史観と現代〔第二版〕　梅本克己
民話を生む人々　山代巴
米軍と農民　阿波根昌鴻
沖縄からの報告　瀬長亀次郎
結婚退職後の私たち　塩沢美代子
ユダヤ人◆　J-P・サルトル／安堂信也訳
社会認識の歩み◆　内田義彦
社会科学の方法　大塚久雄
自動車の社会的費用　宇沢弘文
上海　殿木圭一
現代支那論　尾崎秀実

(2023.7)　◆は品切，電子書籍版あり．　(D4)

岩波新書より

哲学・思想

- アリストテレスの哲学　中畑正志
- スピノザ　國分功一郎
- 哲人たちの人生談義 ストア哲学をよむ　國方栄二
- 西田幾多郎の哲学　小坂国継
- 死者と霊性　末木文美士編
- 道教思想10講　神塚淑子
- マックス・ヴェーバー　今野元
- 新実存主義　マルクス・ガブリエル 廣瀬覚訳
- 日本思想史　末木文美士
- ミシェル・フーコー　慎改康之
- ヴァルター・ベンヤミン　柿木伸之
- モンテーニュ 人生を旅するための7章　宮下志朗
- マキァヴェッリ　鹿子生浩輝
- 世界史の実験　柄谷行人
- ルイ・アルチュセール　市田良彦
- 異端の時代　森本あんり
- ジョン・ロック　加藤節
- インド哲学10講　赤松明彦
- マルクス 資本論の哲学　熊野純彦
- 日本文化をよむ 5つのキーワード◆　藤田正勝
- 中国近代の思想文化史　坂元ひろ子
- 憲法の無意識　柄谷行人
- ホッブズ リヴァイアサンの哲学者　田中浩
- プラトンとの哲学 対話篇をよむ◆　納富信留
- 〈運ぶヒト〉の人類学　川田順造
- 哲学の使い方　鷲田清一
- ヘーゲルとその時代　権左武志
- 人類哲学序説　梅原猛
- 加藤周一　海老坂武
- 哲学のヒント◆　藤田正勝
- 空海と日本思想◆　篠原資明
- 論語入門　井波律子
- トクヴィル 現代へのまなざし　富永茂樹
- 和辻哲郎　熊野純彦
- 宮本武蔵　魚住孝至
- 西田幾多郎　藤田正勝
- 丸山眞男　苅部直
- 西洋哲学史 近代から現代へ　熊野純彦
- 西洋哲学史 古代から中世へ　熊野純彦
- 世界共和国へ　柄谷行人
- 悪について　中島義道
- 神、この人間的なもの◆　なだいなだ
- 近代の労働観　今村仁司
- プラトンの哲学　藤沢令夫
- 術語集 II　中村雄二郎
- マックス・ヴェーバー入門　山之内靖
- ハイデガーの思想　木田元
- 臨床の知とは何か　中村雄二郎
- 新哲学入門◆　廣松渉
- 「文明論之概略」を読む 上・中・下　丸山真男
- 術語集　中村雄二郎
- 死の思索　松浪信三郎

現代世界